PROPRIÉTÉ

Paris. — Imprimerie W. REMQUET et Cie, rue Garancière, 5.

VIE

DE

SAINT PIERRE D'ALCANTARA

RÉFORMATEUR
DE L'ORDRE DES FRÈRES MINEURS EN ESPAGNE
ET COOPÉRATEUR
DE SAINTE TÉRÈSE DANS LA RÉFORME DES CARMÉLITES,

PAR UN

MEMBRE DU TIERS-ORDRE DE SAINT-FRANÇOIS.

PARIS

LIBRAIRIE DE Mme Ve POUSSIELGUE-RUSAND

RUE SAINT-SULPICE, 23.

—

1860

PRÉFACE.

Lorsque, sur l'océan des langues humaines, apparaît un mot vraiment imposant, ne cherchez pas l'origine de ce mot ailleurs que dans le Christianisme. Au Christianisme seul le secret de ces expressions monumentales sur lesquelles, comme sur leur centre naturel et nécessaire, pivotent les intelligences de tous les lieux et de tous les siècles [1].

Dieu a donné à la parole de l'Église deux caractères manifestement divins : la perpétuité et la fécondité. Les langues humaines n'ont ni l'un ni l'autre de ces caractères. Elles participent de l'infirmité de l'esprit de l'homme, qui *ne reste jamais en un même état* [2]. La passion les altère, la corruption les pénètre, le temps

---

[1] Les grandes vérités exprimées par les philosophes de l'antiquité appartinrent évidemment aux révélations primitives. La Religion est une.

[2] Job, xiv, 2.

les détruit. On les dirait sorties de cette mouvante terre de Naïm que Caïn vint habiter après son crime, et dont le nom, fatalement allégorique, signifiait *fluctuation*. La mobilité de leur destinée semble témoigner contre elles de quelque faute lointaine, inexpiée, toujours subsistante. Ces déshéritées de la primitive innocence vivent dans le trouble et périssent dans l'oubli. La nomenclature des *langues mortes* serait infinie, si les langues aujourd'hui perdues, si les langues vraiment *mortes*, n'étaient précisément exclues de cette nomenclature. Dans les immenses nécropoles de la linguistique que de mémoires effacées! Que de tombes sans nom! Pauvre gloire humaine!

L'inconstance, la versatilité, le caractère précaire des formes du langage, étonna les sages du paganisme. La décadence prévue du bel idiome dont il fut l'un des plus harmonieux échos, attriste le Poëte romain, et lui arrache ces mélancoliques gémissements qui sont restés dans toutes les mémoires. Il compare les mots à la feuille qui tombe : ce qu'il y a de plus fragile dans la nature est à ses yeux un symbole à peine suffisant de la fragilité de la parole humaine. — Oui, ô muse de Tibur! ils tomberont comme la feuille du saule de vos cascades, ces mots qui, sur vos lèvres enchanteresses, prêtèrent si souvent à l'épicurisme les dehors de la sagesse, au délire l'apparence de la raison. Ils tomberont; mais l'heure vient, et elle est déjà venue, où des entrailles de l'idiome romain corrompu va jaillir, chaste et pure, une langue nouvelle que d'infaillibles oracles ont d'avance couronnée de l'auréole de l'immortalité.

Les bois de la Sabine et de l'Apennin, bien des fois, depuis Horace, ont renouvelé leur feuillage. Bien des fois, depuis dix-huit siècles, le rameau des langues européennes a vu s'effeuiller sa couronne. L'oubli dévore les mille dialectes qui florissaient du temps du favori de Mécène : la parole de l'homme a eu la destinée de l'homme. Seule, la langue de Gethsemani et du Cénacle, du Prétoire et du Calvaire, de l'Ergastule et de la prison Mamertine; seule la langue de la Rédemption a résisté à l'inclémence des temps. Ni la sentence du juge, ni le glaive du bourreau, ni la dent du lion, ni les clameurs de l'amphithéâtre, n'en ont altéré l'inaltérable essence. Frappés à l'effigie de la croix, éprouvés par le feu, consacrés par le martyre, les mots de cette langue sont, aujourd'hui encore, dans le domaine de la plus active circulation. L'oracle s'est vérifié : d'inouïes résistances ont été vaincues; et l'Église, jusque sous nos yeux, s'est perpétuée dans une inviolabilité de dix-huit siècles; divine par sa parole et par ses actes, divine par la majesté de sa démarche à travers les âges :

Et vera incessu patuit dea [1].

Avec la perpétuité, Dieu a communiqué à l'Église la fécondité. Il a fait de son Église la source jaillissante, le sel de la terre, la semence, le cep, la lumière, la vie. L'Église est, dans l'ordre moral, la sphère autour de laquelle les autres sphères décrivent leurs révolutions. De ce foyer jaillissent les rayons qui fécondent les mondes. L'âme qui vit ne vit que de cette lumière; et l'âme qui ne vit pas de cette lumière est déjà rayée du nombre des vivants. Autant en dirons-nous des sociétés : les peuples qui suivent la lumière catholique marchent à la civilisation; les peuples qui repoussent cette lumière vont aux ténèbres. L'inégalité des diverses civilisations du globe, proportionnelles partout à la portion conservée de vérité catholique, est une preuve toujours subsistante

---

[1] Virg. Maro, *Æneid.*, l. I.

de cette vérité qui ne saurait être sérieusement contestée. L'abaissement du sauvage et la demi-civilisation de l'Asie proclament la supériorité de notre symbole; et, si nous pouvions oublier la puissance de nos dogmes, les pierres de nos monuments crieraient pour nous la rappeler[1]. Dans l'Église, la fécondité et la vie; hors de l'Église, la stérilité et la mort. Mais quel est le principe de cette fécondité, sinon le Verbe de Dieu, le Verbe de vie, unique vraie vie, unique vraie parole?

Parmi les impérissables formules que la langue du Christianisme a consacrées, il en est une qui, dans le passé et dans l'avenir, a passionné et passionnera diversement et profondément les esprits, et sur laquelle nous croyons devoir appeler d'une manière toute spéciale l'attention du lecteur. Cette formule est celle qui, sur le frontispice de cet ouvrage, précède le nom du héros dont nous écrivons la vie. Chez les Latins, l'adjectif *sanctus*, saint, participe

---

[1] Le niveau moral sera trouvé partout en rapport avec le niveau des croyances religieuses qui, en tant que vraies, sont nécessairement identiques, puisqu'elles émanent, pour tous les peuples, de la même source. Aux yeux de la saine philosophie le pluriel du mot *religion* ne sera jamais qu'un solécisme grossier. La Religion est *une* comme Dieu est *un*.

du verbe *sancio*, signifiait, dans son acception la plus usuelle, ce qui a été sanctionné, rendu respectable et inviolable par une consécration spéciale. C'est le sens que donnent ordinairement à ce mot Virgile et Cicéron [1]. Ces deux écrivains l'emploient quelquefois aussi, mais plus rarement, ce semble, dans un sens analogue à celui de notre mot *pieux*. Le Christianisme naissant prit possession de ce mot, en élargit le sens et les proportions ; il en fit un substantif dont il se servit pour désigner les âmes vivant de la vie surnaturelle ou régnant déjà dans la Gloire.

Nous excéderions les bornes d'une préface si nous essayions d'examiner ici sous toutes ses faces la question de la sainteté. Mais, sans entrer dans les profondeurs de la théologie, nous sera-t-il permis de rappeler certaines vérités élémentaires ? Les *Vies des Saints*, mal lues et mal comprises, sont quelquefois un objet de scandale pour des esprits qui, ne manquant peut-être pas de bonne volonté, manquent certainement de lumières. Ce qui les cho-

---

[1] Les savants des xvᵉ et xvıᵉ siècles affectèrent dans leurs écrits de remplacer le mot *sanctus* par le mot *divus*, suivant eux plus latin et plus chrétien. C'était demander à la terminologie païenne la forme adéquate d'une idée que le paganisme ne connut jamais.

que dans cette sorte d'écrits, c'est le trop de surnaturel, les impossibles jeûnes, les impossibles austérités, toutes choses, pensent-ils, qu'une aveugle crédulité aura probablement exagérées. Leur raison demanderait moins d'extases, de visions, de ravissements, de miracles. Ils voudraient les Saints un peu moins saints, et si le rameau de la sainteté n'est pas raccourci, réduit, émondé à la mesure de leur intelligence, ils s'en prennent à tout le monde : à l'auteur qui raconte les faits, à l'Église qui les constate, et peut-être à Dieu qui les ordonne. A leur avis, de pareils faits décréditent plus qu'ils n'autorisent la religion; et l'Église obtiendrait davantage si, plus indulgente, elle savait quelquefois condescendre à l'exigence des incrédulités contemporaines. Vaines pensées! vaine critique! Enfants des hommes, sortons de la région des ombres; entrons dans la véritable lumière, et comprenons une fois que les choses de Dieu ne veulent être vues que dans la clarté de Dieu.

La Sainteté par essence s'est rendue visible, a pris chair dans l'humanité, s'est montrée aux hommes qui l'ont vue et adorée. Le Christ s'est *sanctifié* pour ses disciples, afin que ses disciples fussent *eux aussi sanctifiés* dans la vérité[1]. En sa personne, *la justice et la miséricorde*, le péché vaincu et l'expiation triomphante se sont rencontrés. Et toute sainteté procède de ce type divin qui seul ayant pu proportionner la réparation au péché, seul aussi a mérité d'être proposé pour modèle de perfection à l'Humanité rachetée. La règle de toute sainteté est contenue dans ces mots : « Fais selon le modèle qui t'a été révélé sur la montagne, *Fac secundum exemplar quod tibi in monte monstratum est*[2]. » Ainsi parle l'Esprit-Saint, ainsi parle l'Église; et celui-là seul est saint qui se conforme à cette parole. Considérée dans son origine, la sainteté ne vient donc pas d'en bas, elle vient d'en haut. La Sainteté n'a rien d'arbitraire, rien de conventionnel. Point de majorité qui l'ait faite, point de majorité qui la puisse défaire. Elle ne relève ni du sénat, ni du peuple romain, ni de Tibère, ni de Néron : c'est de Dieu seul qu'elle procède; l'Oracle est là : « Faites selon le modèle qui vous a été révélé sur la montagne. Vous serez saints, parce que je suis saint, *Sancti eritis, quia Ego sanctus sum*[3]. »

---

[1] Et pro eis Ego sanctifico me ipsum, ut sint et ipsi sanctificati in veritate. (Joan., XVII, 19.)
[2] Exod., XXV, 40.
[3] I Petr., 1.

Mais cet idéal, ce modèle de toute perfection, est-il tel qu'aimerait peut-être à se le figurer le disciple de Platon ou d'Épicure? Nullement. « Nous l'avons vu, dit le Prophète ; il était sans éclat, sans beauté, comme un homme frappé de Dieu, car Dieu l'a chargé seul de l'iniquité de nous tous ; les passants le sifflaient, les buveurs le prenaient pour objet de leur refrain. Son front était marqué du signe Thau. Sur ses épaules se voyait le signe de sa principauté. Il ressemblait à l'agneau que l'on mène à la boucherie. Les princes de la terre criaient : Dégageons-nous de ses liens et brisons son joug. Ses meurtriers tiraient sa tunique au sort, l'abreuvaient dérisoirement de fiel et de vinaigre ; et tous n'avaient qu'une seule et même pensée : tuer le Christ. Mais pourquoi donc, ô Christ ! votre robe est-elle rouge ? Pourquoi vos vêtements sont-ils comme les vêtements de ceux qui foulent le vin sous le pressoir[1] ? » Ainsi le vit le Prophète.

---

[1] Non est species ei neque decor : vidimus eum, et non erat aspectus. Et nos putavimus eum quasi percussum a Deo. Et posuit Dominus in eo iniquitatem omnium nostrum. (Is., LIII, 2, 4, 6.)

Sibilaverunt et moverunt caput suum. (Thren., II, 15.)

In me psallebant qui bibebant vinum. (Ps. LXVIII, 13.)

Transi per mediam civitatem, in medio Jerusalem, et signa

« Nous l'avons vu, dit l'Apôtre, il naquit sur la paille ; on le nommait le Fils du charpentier. Il jeûna, il eut faim, il eut soif, il fut pauvre, il n'eut pas où reposer sa tête. Une main de boue osa outrager sa face divine. Il but au calice de toutes les humiliations, porta les péchés du monde, fut obéissant jusqu'à la mort, jusqu'à la mort de la croix. »

Nous l'avons vu, disent les Saints, nous le rencontrâmes dans les solitudes, dans les places publiques, dans les carrefours, sous le portique des palais, dans les hôpitaux, dans les prisons : il était couvert de haillons, il avait froid, il marchait pieds nus, il mendiait, il pleurait, il manquait de pain ; et plus d'une fois, de nos propres yeux, nous le vîmes

---

Thau super frontes virorum gementium. (Ezechiel, ix, 4.)

Filius datus est nobis, et factus est principatus super humerum ejus. (Is., ix, 6.)

Et ego quasi agnus mansuetus qui portatur ad victimam. (Jerem., xi, 19.)

Astiterunt reges terræ, et principes convenerunt in unum, adversus Dominum et adversus Christum ejus : dirumpamus vincula eorum, et projiciamus a nobis jugum ipsorum. (Ps. ii, 2, 3.)

Diviserunt sibi vestimenta mea, et super vestem meam miserunt sortem. (Ps. xxi, 19.)

Et dederunt in escam meam fel, et in siti mea potaverunt me aceto. (Ps. lxviii, 27.)

Et post hebdomades sexaginta duas, occidetur Christus. (Dan., ix, 26.)

Quare ergo rubrum est indumentum tuum, et vestimenta tua sicut calcantium in torculari ? (Is., lxiii, 2.)

chanceler et tomber sous le poids de la croix. »

Tel fut le modèle, tels doivent être les imitateurs. La vue du sac de la pénitence scandalise notre délicatesse et fait vaciller notre foi. Ah! nous serions moins choqués des souffrances, des austérités, des humiliations volontaires de nos saints, si nous méditions plus assidûment les paroles du divin Maître. Notre-Seigneur n'a pas seulement pratiqué la sainteté ; sa bouche divine en a révélé et formulé les lois dans une série de préceptes et de conseils dont jusqu'à présent pas une syllabe n'a péri. La voix de l'Homme-Dieu a dominé le tumulte des générations écoulées. Cette voix souveraine plane encore sur les rumeurs et les turbulences de la génération qui s'écoule. Écoutons l'Oracle :

« Bienheureux les pauvres d'esprit! dit Notre-Seigneur ; bienheureux ceux qui sont doux! Bienheureux ceux qui pleurent! Bienheureux ceux qui sont affamés et altérés de la justice! Bienheureux ceux qui ont le cœur pur! Bienheureux ceux qui souffrent persécution pour la justice [1]!

« Faites pénitence, autrement vous périrez

---

[1] Matth., IV.

tous. Entrez par la porte étroite, car la porte de la perdition est large. Si votre main vous est un scandale, coupez-la. Vous ne pouvez servir deux maîtres, Dieu et l'argent. Cherchez d'abord Dieu et sa justice, et le reste vous sera donné par surcroît. Ne préparez pour le chemin ni sac, ni habit, ni souliers, ni bâton. Donnez à ceux qui vous demanderont. Ayez du sel en vous. Aimez vos ennemis, faites du bien à ceux qui vous haïssent. Marchez pendant que vous avez encore la lumière, de peur que les ténèbres ne vous surprennent. Veillez et priez toujours. Ce que je dis à vous, je le dis à tous : Veillez. Tenez-vous prêts, car le Fils de l'homme viendra à l'heure que vous n'y penserez pas [1]. »

Telle est la parole du Maître; telle la charte de ceux à qui le Verbe a donné *le pouvoir,* la liberté *d'être faits enfants de Dieu,* liberté divine, sainte liberté des âmes de laquelle sont sorties, comme de leur principe, toutes les libertés légitimes, *dedit eis potestatem filios Dei fieri* [2].

Mais si la cité de Dieu a son code, la cité du monde a aussi le sien : elle a ses constitutions nées de la chair et du sang; plus larges, dit-

---

[1] Marc, xxx; Luc, xii, xxi; Jean, xii.
[2] Jean, i, 14.

on, plus libérales, plus conformes que la loi divine à la nature de l'homme et à ses besoins.

Ces deux lois, dont l'une a pour devise : *Liberté dans la vérité,* et l'autre : *Liberté dans l'erreur,* s'excluent réciproquement. Nées de principes opposés, condamnées à un antagonisme perpétuel, elles se heurtent, se repoussent et cherchent à s'entre-détruire. La lutte se prolongera, et, dans ce choc formidable, toujours triomphantes, mais toujours attaquées, les milices de la loi divine seront soumises à de désolantes épreuves. Les disciples partageront le sort du Maître; ils seront, comme lui, haïs, outragés, persécutés, traduits de prétoire en prétoire, livrés aux sanguinaires justices de quelque proconsul à conscience timorée, ou aux imbéciles risées de son entourage. Lorsqu'ils auront triomphé d'un ennemi, ils en rencontreront un autre. Ils n'échapperont au glaive de Néron que pour subir la morsure du sophiste ou du rhéteur; et le plus intègre des historiens de Rome païenne, Tacite, nous les représentera comme coupables *de tous les forfaits, dignes de tous les supplices* [1].

---

[1] La page est curieuse ; elle fait honneur à l'équité de Tacite. La rumeur publique attribuait à Néron l'incendie de Rome. « Pour faire cesser ces bruits, dit Tacite, Néron *supposa*

Pourquoi tant de colères et tant de haines? Ces grands coupables, qu'ont-ils donc fait? Ont-ils incendié Rome en un jour de débauche, ou porté sur leurs mères une main parricide?

Oh! humanité, écoutez : ils osèrent arborer publiquement, dans un monde perdu de sensualisme, le drapeau de l'expiation. Ils osèrent fuir les joies corruptrices, et conserver intacte et sainte, afin de la rendre pure au Créateur, l'âme immortelle dont le dépôt leur avait été confié. Ils osèrent dire aux puissances d'ici-bas : « Cela ne convient pas, *non licet*, » et à tous les pécheurs de la terre sans exception :

des coupables, et livra aux tortures les plus raffinées ces hommes *détestés pour leurs forfaits*, que le peuple appelait chrétiens. Ce nom leur vient du Christ qui, sous le règne de Tibère, fut condamné au supplice par le procurateur Ponce-Pilate. Cette secte *pernicieuse*, réprimée d'abord, se répandait de nouveau. On saisit *d'abord* ceux qui avouaient, et, *sur leur déposition*, il y en eut un grand nombre qui furent convaincus, sinon d'avoir incendié Rome, du moins *de haïr le genre humain*. On insultait, comme pour s'en amuser, ceux qui allaient mourir; on les couvrait de peaux de bêtes pour les faire déchirer par les chiens; on les attachait sur des croix; quelquefois même on les allumait comme des torches pour servir, quand le jour tombait, à éclairer la nuit. Néron avait *prêté* ses jardins à ce spectacle, et, en même temps, il donnait des jeux dans le cirque, se mêlant parmi le peuple *en habit de cocher* ou conduisant des chars. Quoique les chrétiens fussent *coupables* et *dignes des derniers supplices*, on ne laissait pas cependant de les prendre en pitié, *comme s'ils eussent été sacrifiés*, non *à l'utilité publique*, mais à la cruauté d'un seul homme. » (*Annal.*, liv. xv, c. xliv, trad. de M. Charles Louandre.)

Faites pénitence, car la cognée est déjà à la racine des arbres : faites pénitence, autrement vous périrez tous [1]. Voilà leur crime, et ce crime, qui fera leur gloire dans un autre monde, ne leur sera jamais pardonné en celui-ci. Le Maître le sait; il sait quelles passions furieuses fermenteront de siècle en siècle contre ses disciples. Au lieu de leur cacher le péril, il le leur signale. Ce long avenir de persécutions, il va le leur révéler; et les paroles tombées de ses lèvres n'ont pas cessé un seul jour, depuis dix-huit siècles, de se vérifier en chaque point :

« La sagesse de Dieu a dit : Je vais vous envoyer des prophètes et des apôtres, des sages et des docteurs; vous tuerez les uns, vous crucifierez les autres, vous en fouetterez d'autres dans vos synagogues, et vous les persécuterez de ville en ville, afin que tout le sang innocent qui a été répandu sur la terre retombe sur vous [2].

« Allez, je vous envoie comme des brebis au milieu des loups. Prenez garde à vous : on vous fera comparaître dans les assemblées des juges et fouetter dans les synagogues. Vous

---

[1] Facite ergo dignos fructus pœnitentiæ; jam enim securis ad radices arborum posita est. (Luc., III, 8, 9.) Nisi pœnitentiam egeritis, omnes peribitis. (Luc., XIII.)

[2] Luc, XI; Matth., XXIII.

serez présentés à cause de moi aux gouverneurs et aux rois, afin de me rendre témoignage devant eux [1]. Vous serez livrés pour être tourmentés. Vous serez haïs de tout le monde à cause de mon nom. Vous boirez le calice que je dois boire et serez baptisés du baptême dont je dois être baptisé. On vous fera mourir. Le temps vient que quiconque vous tuera croira faire une chose agréable à Dieu [2].

« Ne les craignez point : dites dans la lumière ce que je vous ai dit dans l'obscurité, et prêchez sur les toits ce qui vous fut dit à l'oreille. Ne craignez point ceux qui tuent le corps et après ne peuvent rien. Craignez celui qui, ayant ôté la vie, peut jeter l'âme dans l'enfer. Vous aurez à souffrir bien des afflictions dans le monde; mais ayez confiance, j'ai vaincu le monde. Prenez donc garde à vous; vous voyez comme je vous ai tout prédit [3].»

Oui, tout fut prédit, et jusqu'à présent tout s'est vérifié avec une incompréhensible précision. L'histoire du monde n'est, à proprement

---

[1] Luc, x; Marc, xiii.
[2] Matth., xxiv; Marc, x; Matth., xxxv; Jean, xvi.
[3] Matth., x; Luc, xii; Jean, xvi.

parler, que la vérification de la parole évangélique. Ainsi, en accomplissant les prophéties, les adversaires du Christ se chargent providentiellement de prouver la divinité du Christianisme.

Ennemis de Celui qui a *passé en faisant le bien*, comment se fait-il que vos actes justifient la description qui en fut tracée il y a plus de dix-huit cents ans? Comment se fait-il que vous ne puissiez combattre Jésus-Christ que de la manière et dans la mesure qu'il a lui-même annoncée? N'inventerez-vous rien de plus que ce qui est écrit de vous dans les livres saints, et êtes-vous tellement enchaînés à ces divins livres que vos attaques ne puissent dépasser la limite qu'ils ont prescrite[1]? De nos jours, des esprits hardis et aventureux ont essayé d'élargir le champ de la lutte : si vaste qu'ils aient fait leur horizon, l'horizon de la prophétie bi-

---

[1] Ce n'est pas la prophétie qui enchaîne le pécheur : si la prophétie enchaînait la volonté de l'homme, Dieu serait l'auteur du mal, ce qui est un épouvantable blasphème. L'impie n'existe pas parce qu'il est prédit, il est prédit parce qu'il existe. Dieu ne prévoit pas, il voit; *la science de Dieu*, a dit saint Augustin, *n'est pas prescience, mais connaissance* : or, en quoi la connaissance d'une action libre nuit-elle à la liberté de celui qui la fait? Dieu connaît tout, l'homme est libre : ces deux propositions sont hors de doute. L'incompatibilité apparente de deux vérités avertit la raison de confesser sa faiblesse : *La raison de l'homme*, dit Bossuet, *est toujours courte par quelque endroit.*

b.

blique et évangélique s'est trouvé encore plus vaste. La Bible a connu d'avance les déportements de l'incrédulité. Ce divin livre ne serait-il en défaut que lorsqu'il en prédit les immesurables châtiments? La justice de Dieu vient : heureux qui, au jour des rendements de comptes, sera trouvé pur de toute connivence aux fausses doctrines qui fatiguent le présent et menacent l'avenir !

Tout à l'heure, Notre-Seigneur nous a dit les dures obligations, les contradictions, les luttes, les angoisses et quelquefois les morts violentes des siens. Il nous a montré la face obscure, le côté douloureux de leur destinée. Nous connaissons les charges de la Sainteté ; il nous reste à en connaître les gains. Écoutons de nouveau l'Oracle du Calvaire, et de sa bouche sacrée apprenons quels seront, dès ce monde, les avantages, les biens, les droits sublimes, les magnifiques priviléges, les inamissibles espérances de la Sainteté.

« Je ne vous appellerai plus serviteurs, dit Notre-Seigneur, je vous appellerai mes amis. Allez et enseignez; allez par tout le monde; prêchez l'Evangile à toute créature, instruisez tous les peuples. Allez dans les chemins et le long des haies, et forcez les gens d'entrer, afin que ma maison se remplisse. Les péchés seront remis à ceux à qui vous les remettrez, et retenus à ceux à qui vous les retiendrez. Celui qui vous écoute m'écoute [1]. »

Les paroles qui précèdent ne s'adressent qu'aux seuls apôtres et à leurs successeurs; celles qui suivent sont pour tous les saints :

« Ne craignez point, petit troupeau. Si vous demeurez en moi et que mes paroles demeurent en vous, vous demanderez tout ce que vous voudrez et vous l'obtiendrez. Celui qui croit en moi fera les œuvres que je fais, et en fera même de plus grandes. Je vous donne pouvoir de fouler aux pieds les serpents et les scorpions et toute puissance de l'enfer, et rien ne pourra vous nuire. Rendez la santé aux malades; ressuscitez les morts; guérissez les lépreux; chassez les démons. Je suis la voie, la vérité et la vie. Si quelqu'un m'aime, il gardera ma parole et mon Père l'aimera; nous viendrons à lui et ferons en lui notre demeure. Assurez-vous que je suis avec vous jusqu'à la consommation des siècles [2]. »

Nous ne pouvons nous empêcher, en transcri-

---

[1] Jean, XV; Matth., XXVIII; Marc, XVI; Luc, XIV; Jean, XXIII; Luc, X.
[2] Luc, XII; Jean, XV, XIV; Luc, X; Jean, XIV.

vant les textes évangéliques, d'en admirer l'ineffable beauté. L'Évangile est le seul livre qui, traduit d'une langue dans une autre, ne perde rien de son incomparable perfection. Que la voix qui s'y fait entendre est supérieure à la voix de l'homme ! Comme on sent bien, en lisant les pages divines, qu'aucun souffle terrestre n'en altéra la virginale pureté ! Les académies pretendent imiter la langue de Démosthènes et de Cicéron ; qui donc imitera l'immortel langage des pêcheurs galiléens ? Mais qui donc imitera votre incomparable beauté, ô étoile du matin !

Glissons sur les considérations de tout genre qui naîtraient de l'examen du texte sacré, et bornons-nous à faire remarquer combien sont étendus, combien sont magnifiques et sublimes les pouvoirs attribués par le Roi des rois à ses terrestres *ambassadeurs*[1]. Puissance sur les âmes : *Allez et enseignez ; liez et déliez ; celui qui vous écoute m'écoute.* Puissance sur toute créature vivante ou inanimée et sur les démons : *Rendez la santé aux malades, ressuscitez les morts, guérissez les lépreux, chassez les démons, parlez de nouvelles langues.* Puissance de participation ici-bas à la

---

[1] Pro Christo ergo legatione fungimur. (II Cor., v, 20.)

vie divine : *Assurez-vous que je demeure avec vous et en vous*, non pas un moment, ou un jour, ou une année, ou cent années, mais *jusqu'à la consommation des siècles*. Et enfin puissance de participation à la céleste béatitude : *Je vais vous préparer le royaume comme mon Père me l'a préparé.* Nous nous étonnons de rencontrer, dans les vies des saints, des prodiges, des miracles, des dérogations à l'ordre naturel, des manifestations de la toute-puissance divine. Il serait bien plus étonnant de n'y point rencontrer ces sortes de phénomènes, puisque cela irait contre le texte évangélique, contre la promesse formelle de Notre-Seigneur.

Nous nous résumons : le principe et la source, le modèle et le type de toute sainteté, c'est le Christ, c'est l'Agneau immolé pour le salut du monde. L'homme n'est saint qu'à condition d'imiter l'Homme-Dieu dans sa vie d'action et dans sa vie de souffrance; mais quiconque, selon la mesure de la grâce reçue, et autant que le comporte la faible nature, aura fidèlement imité les vertus et les souffrances du Sauveur, sera rendu, dès cette vie, participant de sa vie divine, participant de sa puissance; il fera les œuvres que le Christ a faites, et même de plus grandes : *Et ipse faciet, et majora horum faciet*[1]. Tout est donc dans cette conformité : conformité de souffrance, conformité de gloire; conformité dans l'abaissement, conformité dans la grandeur : *Greffés en Jésus-Christ par la ressemblance de sa mort, nous serons greffés en lui par la ressemblance de sa résurrection. Si nous mourons avec Jésus-Christ, nous vivrons avec Jésus-Christ*[2].

Saint Pierre d'Alcantara fut un de ces parfaits imitateurs de Jésus-Christ. Né dans les classes supérieures de la société, il eut à choisir entre le ministère de la richesse et le ministère de la pauvreté. La fonction de riche, car le riche selon l'Évangile remplit une fonction sociale, cette fonction, dis-je, séduisante en apparence, lui parut pleine de péril, et c'est à la pauvreté, c'est au ministère de l'expiation qu'il accorda la préférence. A l'exemple de Notre-Seigneur, il se fit, par choix, *pauvre et mendiant*. La dernière place dans la maison de son Dieu lui parut préférable à la première dans la cour des princes. Se sacrifier, s'immoler, se donner, se *dépenser pour*

---

[1] Joan., XIV, 12.
[2] Si enim complantati facti sumus similitudini mortis ejus; simul et resurrectionis erimus. Si autem mortui sumus cum Christo, credimus quia simul etiam vivemus cum Christo. (Rom., VI, 5, 8.)

le salut des âmes[1], fut la grande ou plutôt l'unique affaire de sa vie. Il donna sans compter; mais il reçut sans mesure. Si le serviteur fut prodigue envers Dieu, Dieu fut magnifique envers le serviteur fidèle. Notre-Seigneur *vint à lui, fit en lui sa demeure,* se communiqua à lui avec une royale libéralité, et le combla de ses plus précieuses faveurs. Éclairé d'une lumière qui n'émanait pas de la terre, investi d'une puissance qui ne venait pas de l'homme, le Saint put s'écrier comme l'Apôtre : « Ce n'est plus moi qui vis, c'est Jésus-Christ qui vit en moi: *Vivo autem jam non ego, vivit in me Christus*[2]. »

Lecteur, si vous êtes de ceux que le miracle et le surnaturel effarouchent, ne tournez pas un feuillet de plus de ce livre. D'autres soins vous réclament : vous êtes du monde; allez où le monde vous appelle. Mais si vous êtes de l'assemblée des âmes fidèles; si aucun secret levain de protestantisme n'a fermenté dans votre cœur; si vous croyez en la parole de Jésus-Christ, et s'il vous est doux d'en retrouver partout l'accomplissement, ce livre ne trompera pas votre attente : *prenez et lisez*.

La vie de saint Pierre d'Alcantara a été écrite

---

[1] Ego autem libentissime impendam, et super impendar ipse pro animabus vestris. (II Cor., XII, 15.)
[2] Galat., II, 20.

en latin, en espagnol, en italien, en français, et probablement en plusieurs autres langues. Les travaux dont il s'agit portent presque tous la date du xviie siècle, et remontent ainsi à une époque déjà ancienne. La plus complète de ces biographies est celle qui fut écrite par le P. François Marchese, de l'Oratoire de Saint-Philippe de Néri : *Vita del B. Pietro d'Alcantara, Roma*, 1667, in-4° de 480 pages. Cette édition, semble n'être que la seconde ; il n'a pas été possible de se procurer la première. Le travail du pieux Oratorien, et c'est son travail que nous avons particulièrement pris pour guide, a le mérite d'une rare exactitude. Ecrivant à Rome, entouré de tous les documents, ayant sous les yeux les actes mêmes du procès de canonisation, l'auteur présente la première des garanties, la fidélité ; mais les détails d'un intérêt purement secondaire occupent trop de place dans son récit. Il se borne d'ailleurs à enregistrer les faits sans commentaire ni aucune explication, et s'il a la précision du chroniqueur, il n'en évite pas tout à fait la sécheresse. Nous avons essayé de transformer la chronique en une histoire proprement dite. C'était beaucoup entreprendre : nous n'osons nous flatter d'avoir réussi.

VIE

DE

SAINT PIERRE D'ALCANTARA

I

Naissance du Saint. — Son enfance. — Premiers indices de sainteté. — L'université de Salamanque. — Vocation religieuse. — Entrée dans l'Ordre séraphique.

Pierre Garavito, que l'Église honore sous le nom de saint Pierre d'Alcantara, naquit en 1499, sous le pontificat d'Alexandre VI et sous le règne de Ferdinand le Catholique. Il reçut le jour en Espagne, à Alcantara, place limitrophe de l'Estremadure et du Portugal, sur la rive gauche du Tage, moins fameuse par l'ordre de chevalerie qui porte son nom, que par le personnage admirable dont nous entreprenons d'écrire la vie. Son père, Pierre[1] Garavito, gentilhomme d'un grand caractère, jurisconsulte distingué, exerçait les hautes fonctions de

---

[1] Pierre et non pas Alphonse Garavito, comme l'ont écrit par erreur quelques auteurs. La bulle de canonisation dit *Pierre*. V. cette pièce à la fin du volume.

gouverneur d'Alcantara et Murcie, et était ainsi, dans la ville de sa résidence, le représentant le plus élevé de l'autorité royale. La mère de notre Saint, doña Maria Villela de Sanabria, dont les biographes font à l'envi ressortir les belles qualités, appartenait à une grande maison d'Espagne.

Dans l'économie du plan divin, la famille doit être le berceau de la cité de Dieu. Le sentiment de cette vérité, si effacé de nos jours, était général en Espagne à la fin du xve siècle. Patrimoine commun des membres d'une même race, la foi se transmettait, comme le fief, de génération en génération. Les âmes avaient ainsi une part d'héritage dans les biens de la famille. La science secondait ce mouvement : une prétendue philosophie n'avait pas encore parqué les âmes dans les pâturages de la vie terrestre. Les sages n'en étaient pas venus à imaginer de nier la vérité, afin d'être dispensés de s'y soumettre. Le fils de l'homme apprenait de ses pères à regarder le ciel, et son libre regard, planant dans le cercle illimité des divines espérances, s'accoutumait de bonne heure à embrasser les deux phases de la destinée humaine. C'est dans le sanctuaire de la famille que Pierre respira les premières influences de la foi. Son cœur sembla s'épanouir aux tièdes ondées de la grâce, et le sentiment précoce des choses divines accompagna, chez lui, le développement de la raison. A six ans, adonné déjà aux pratiques de la vie spirituelle, il se plaisait à prier en secret, plusieurs fois chaque jour, dans l'oratoire de la maison paternelle. Sous la direction de sa pieuse mère, ses lèvres apprirent de bonne heure à bénir le nom de Marie. Il aimait les livres de dévotion, et transcrivait sur un cahier les passages préférés, afin de s'y reporter à ses heures de recueillement. Ce qui, à proprement parler, constitue l'homme éminent, c'est la puissance de la volonté : l'empire que l'enfant exerçait sur lui-même tenait du prodige. Jamais, si contrarié qu'il pût être, on ne le vit s'irriter ni s'écarter tant soit peu des règles de la modération. La piété réglait les mouvements de son âme, et déjà, dans cette nature privilégiée, imposait à la passion naissante le frein de l'obéissance. Sous le toit de la famille, et dans le cercle des relations intimes, on ne l'appelait que *le saint enfant*.

Appliqué par ses parents à l'étude de la grammaire et de la philosophie, Pierre fit de rapides progrès. La mémoire, cette faculté secondaire de presque tous les hommes supérieurs, était, chez lui, éminente. Une rare pénétration d'esprit lui assignait d'ailleurs le premier rang parmi ses égaux. Il aimait et recherchait les hommes sérieux et graves, surtout ceux de qui il pouvait apprendre quelque chose des secrets de la vie spirituelle; car chacune de ses aspirations tendait à Dieu. Tous les jours, en revenant du collége, il entrait dans quelque sanctuaire faire sa prière. Un jour, un domestique, envoyé à sa recherche, le trouva à l'église, près de l'orgue, agenouillé et recueilli, et si profondément absorbé en

Dieu que, même en le touchant, il fut impossible de le rappeler à la vie extérieure. Instruit de cette particularité, le père ordonna qu'à l'avenir, lorsque l'enfant prierait, nul ne fût si hardi que de l'interrompre.

Les jours du jeune gentilhomme s'étaient jusqu'alors écoulés calmes et sereins ; mais quel bonheur est stable ici-bas ? La terre n'a pas de cime assez élevée pour que le nid de la famille humaine puisse y être à l'abri des dévastations. Cette maison puissante, riche, heureuse, fut frappée comme d'un coup de foudre. Le chef de la famille, Pierre Garavito, à qui le ciel semblait promettre un long avenir, tomba malade et succomba dans la force de l'âge. Ainsi à peine entré dans la vie, l'enfant apprit à ses dépens ce que valent les félicités humaines. La mort de son père amena autour de lui une révolution complète. Après douze ou quinze mois de veuvage, par le conseil de ses parents et de ses amis, doña Maria Villela de Sanabria, jeune encore, consentit à se remarier. Elle épousa en secondes noces un gentilhomme d'Alcantara nommé don Alphonse Barrantès, de qui, par la suite, elle eut deux enfants. Ce gentilhomme appréciait les heureuses qualités de Pierre, l'aimait, veillait à son éducation, et le voyant si brillamment doué, résolut de l'envoyer étudier dans la célèbre université de Salamanque.

Pierre avait quatorze ans. Dans un âge si tendre, ses moindres démarches étaient déjà réglées sur l'idée dominante de sa vie. A Salamanque, il voulut loger près de l'église ; et c'est parmi les maîtres de la vie spirituelle les plus accrédités qu'il eut soin de choisir le directeur de son âme et de sa conscience.

Le droit canon, placé à cette époque en tête du programme des études universitaires, servait à la jeunesse de préparation et comme d'introduction à l'étude du droit civil. Dans la notion des rapports qui unissent les hommes entre eux, il était en effet naturel que la législation religieuse passât la première ; ainsi le voulaient la logique et la raison. Longtemps, par suite de cette sage disposition, les lois en Europe furent préservées de la contagion de l'idée païenne, qui depuis les a pénétrées si profondément. Notre jeune étudiant aborda avec succès la carrière des hautes études. La promptitude de son intelligence et la rapidité de ses progrès le signalèrent tout de suite à l'attention de ses rivaux et à l'admiration de ses maîtres. Pierre avait réglé son temps : la méditation, l'étude, l'assistance à la sainte messe, remplissaient les heures de la matinée. Il dînait à midi, et s'abstenait déjà de l'usage du vin, préludant ainsi à une vie toute d'abstinence. Le soir, après les cours, on le trouvait au chevet des malades de l'hôpital, servant et consolant ceux que négligeaient les heureux du monde. De l'hôpital, il passait à l'église, et ensuite s'occupait de ses études. L'examen de conscience, complément des actes de la journée, le portait à s'humilier et quelquefois à se punir avec sévérité. Avant de s'endormir, il récitait le *De profundis* pour lui-même, comme si son âme eût déjà paru devant Dieu.

Le dimanche soir, après avoir visité et assisté les prisonniers, le jeune légiste cherchait quelque délassement dans des conversations dont la vie spirituelle formait ordinairement le sujet. Il pratiquait libéralement l'aumône : aucun pauvre ne se retirait de chez lui sans avoir été secouru. Il évitait la fréquentation des jeunes gens dissipés ; mais à leur égard, comme à l'égard des autres étudiants, il se montrait religieux observateur des règles de la politesse et des bienséances. Sa physionomie respirait une candeur virginale ; il ne parlait aux femmes que les yeux baissés. Ses vertus inspiraient une sorte de vénération, et les maîtres le proposaient pour modèle à leurs disciples. Jeunesse, jeunesse, âge d'illusion, de vanité, de mensonge et de folie, heureux qui ne s'est brisé contre aucun des nombreux écueils dont tu es semée !

Les chaleurs de l'été ayant amené la suspension des cours universitaires, Pierre céda aux sollicitations des siens, et se réunit à eux pendant les vacances. Il comptait retourner à Salamanque ; mais la divine Providence en avait décidé autrement. L'Esprit-Saint, qui gouverne souverainement toute chose, allait arracher ce jeune homme aux dangereuses illusions de la science *qui enfle*, et l'initier à la science qui vivifie, science du sacrifice et du mépris de soi-même, impénétrable à l'orgueil, accessible seulement aux saints.

Fidèle à ses habitudes de dévotion, Pierre, dans sa famille comme à Salamanque, vivait sous l'œil de Notre-Seigneur. Un jour qu'il priait avec plus de ferveur que de coutume, il eut un sentiment très-vif de l'instabilité des choses du monde ; il éprouva un extraordinaire désir de se consacrer à Dieu. Ce désir fut presque aussitôt traversé par des aspirations contraires. Le démon représenta au jeune étudiant le vide que son absence allait laisser dans l'université, et le dommage qu'en se retirant il causerait à la science, dont il pouvait être un jour l'une des plus brillantes colonnes. Honneur, fortune, renommée, popularité, gloire peut-être, toutes ces séduisantes chimères auxquelles la plupart des hommes sacrifient, furent rendues présentes à son esprit; mais aux fascinations de l'ange de ténèbres, l'étudiant opposa le bouclier de l'oraison.

Après quelques jours de luttes et d'incertitudes, Pierre avait compris que le cœur de l'homme est trop petit pour contenir deux amours : entre Dieu et le monde, son choix était fait; il avait résolu d'embrasser la vie religieuse dans ce qu'elle a de plus austère et de plus rigoureux.

Vers la fin du XVe siècle, un peu avant la naissance de notre Bienheureux, le P. Juan de la Guadeloupe avait formé le projet d'établir dans l'Ordre séraphique, existant depuis environ deux cent quatre-vingt-dix ans, une congrégation où la règle première de Saint-François fût pratiquée en toute rigueur. Après quelques tentatives infructueuses, un couvent de la réforme fut érigé en 1499 à Truxillo, dans l'Estremadure ; mais soumise à des contradictions sans nombre, cette maison succomba en 1505, et l'œuvre perdit d'ailleurs à cette époque son principal appui, par la mort de Juan de la Guadeloupe. Les religieux survivants ne se découragèrent pas, et, sur leur demande, un bref de 1515 du pape Léon X autorisa dans l'Estremadure la fondation d'une custodie réformée [1], qui tout de suite prit une certaine importance, et dont le premier supérieur fut le P. François Fregenal.

Pierre d'Alcantara avait seize ans lorsque Dieu le choisit pour être une des pierres vives de cette réforme. Un jour qu'il priait avec ferveur, préoccupé de sa vocation, il vit entrer dans l'église où il se trouvait deux religieux qui précisément appartenaient au nouvel institut. Leur apparition fut pour lui comme un trait de lumière : il aborda les Pères sans les connaître, et s'adressant au P. Fregenal lui-même, exprima le désir d'être admis dans la naissante congrégation. Cédant à je ne sais quelle inspiration soudaine, frappé peut être de l'heureuse physionomie du jeune postulant, le P. Fregenal l'admit, sans autre information, et lui assigna pour résidence le couvent de Manjarès, situé à une lieue environ de Valencia d'Alcantara. Afin de ména-

---

[1] *Custodie*, agrégation de maisons franciscaines trop peu nombreuses pour former une province. La custodie dont il s'agit, dite d'abord du Saint-Évangile, prit plus tard le titre de province de Saint-Gabriel.

ger les susceptibilités du cœur maternel et de se soustraire d'ailleurs à toute opposition, Pierre couvrit son dessein d'un profond secret. Le jour de son départ, il se leva secrètement, reçut à l'église le pain des forts, et ayant jeté sur le toit qui avait abrité son enfance un dernier regard, il se mit en route.

II

Prise d'habit au couvent de Manjarès. — Noviciat. — Vertus héroïques. — Le Saint prononce ses vœux. — Il est chargé de divers emplois. — La pauvreté considérée du point de vue de la foi.

Notre-Seigneur a dit : *Celui qui croit en moi fera les œuvres que je fais, et en fera même de plus grandes*[1]. Pierre ne tarda pas à connaître par expérience la vérité de cette promesse. Ayant à passer le Titar, et ne trouvant point de barque au rivage, il se mit en prière et fut miraculeusement transporté sur l'autre rive. Ce fait, qui a reçu la plus haute des consécrations, et que nous trouvons relaté dans la bulle de canonisation[2], fut comme le prélude des grâces merveilleuses dont le serviteur de Dieu devait être comblé par la suite.

A Manjarès, Pierre se présenta au P. Michel de Roca, supérieur de la maison, et lui remit une lettre du P. Fregenal qui indiquait le but et l'objet de son voyage. Tout en accueillant avec bonté le jeune étranger, le P. Michel de Roca, par une sage réserve, crut devoir différer son admission. Il lui fit envisager les travaux, les sacrifices, les croix inséparables de la vie religieuse, et l'engagea à

---

[1] Qui credit in me, opera quæ ego facio et ipse faciet, et majora horum faciet (Joan., xiv, 12).
[2] Voir à la fin du volume.

mûrir pendant quelques jours encore une résolution d'où allait dépendre le sort de sa vie.

Sur la pente des montagnes abruptes et escarpées qui séparent la Castille du royaume de Portugal, s'élevait, comme un point dans la solitude, un humble édifice surmonté d'une croix : c'était le couvent de Manjarès. Le site, dans son ensemble, avait quelque chose de sauvage et d'admirablement pittoresque. Superposées comme les gradins d'un amphithéâtre, déchirées et coupées comme par la foudre, les montagnes formaient un tableau sublime. Des arbres, des arbustes, des plantes variées tapissaient toutes les cimes, débordaient de toutes les profondeurs, images sur ces ruines de la création de l'homme qui, si souvent, hélas! n'assied aussi ses espérances que sur des ruines. Autour de l'habitation, d'abondantes eaux murmuraient sous les feuillages. Mais ce qui charma surtout le jeune étranger, ce fut le régime de la communauté. Par sa pauvreté, la maison rivalisait avec les plus pauvres maisons de la réforme. L'esprit du monde en était sévèrement banni. L'âme, ici, se sentait comme bercée sur les ailes de la méditation et de la prière. Cette Thébaïde, où tout respirait la croix et la pénitence, répondait aux convictions intimes, satisfaisait aux secrètes aspirations du futur anachorète. Il renouvela sa demande ; on l'invita derechef à réfléchir ; mais il répondit d'une voix ferme et accentuée qu'avec l'aide de Dieu il espérait remplir toutes les prescriptions de la règle. Son admission fut en conséquence prononcée. C'est en 1515 que Pierre reçut le saint habit de la religion, année mémorable qui, à la veille du grand schisme d'Allemagne, donna à l'Église une de ses plus fermes colonnes, et à l'Ordre séraphique un de ses plus grands saints !

Le chrétien ne peut rien par lui-même, mais *il peut tout par la grâce de celui qui le fortifie*[1]. Dieu est la force des faibles qui ont foi en lui. Cet enfant à peine entré dans l'adolescence, ce gentilhomme nourri dans la mollesse du siècle, allait engager contre la nature un de ces combats qui ne finissent qu'avec la vie. Ses premiers pas furent héroïques. Quelques mois à peine écoulés, il égalait déjà les religieux les plus avancés. L'esprit de Dieu se révélait dans chacune de ses habitudes. Il ne dormait presque pas. Une planche garnie d'une peau rude lui servait de lit. Son court repos, même en hiver, n'était protégé que par une simple couverture. Son vêtement se composait d'une mauvaise tunique. Toute nourriture lui était bonne. Le seul pain dont il eût faim, le vrai pain de sa vie, c'était la prière. Le sentiment de la présence de Dieu donnait à ses traits l'apparence habituelle de l'extase, et le rendait comme étranger aux mouvements de la vie extérieure. Au lieu de se prévaloir des belles facultés dont la nature l'avait doué, il s'étudiait à les dissimuler. Il cachait le *don de Dieu*[2], et ne

---

[1] Omnia possum in eo qui me confortat (Philipp., iv, 13).
[2] Si scires donum Dei! (Joan., iv, 10).

voulait pour sa part que l'abaissement et le mépris.

Sur le Calvaire de la vie religieuse, il y a du sang et des croix. *Dieu,* dit le bienheureux Suso, *créerait de rien des afflictions plutôt que de laisser ici-bas ses amis sans souffrance.* Comme tous les serviteurs fidèles, Pierre passa par le creuset de l'épreuve et de la tribulation. Il vainquit, mais ce ne fut pas sans combat. De toutes les souffrances corporelles, la privation de sommeil fut peut-être celle qui, chez lui, affligea le plus la nature, et qu'il ressentit le plus douloureusement. Il eut à lutter contre des assoupissements terribles, qu'il déclara depuis à sainte Térèse avoir fait le supplice de sa jeunesse. Il fut d'ailleurs éprouvé dans sa santé par la rigueur du régime. Ses forces s'affaiblirent. Le démon profita des défaillances de la nature pour essayer de détourner le Saint de sa vocation. La vie religieuse, dont il avait de si bonne heure apprécié les avantages, lui fut alors représentée comme un gouffre qui dévore ses victimes. Les nuits du jeune cénobite furent troublées par des visions et des apparitions effrayantes, et l'esprit de ténèbres en vint jusqu'à menacer sa vie. Rien n'ébranla le courage du serviteur de Dieu. *Tout souffrir pour Jésus!* Ce mot qui enfante les martyrs était devenu comme sa devise; son calme dans les peines fut imperturbable, et jamais, sur ce front angélique, aucun nuage n'altéra la sérénité de la vertu.

Les jours donnés au Seigneur, si longs qu'ils puissent être en apparence, s'écoulent cependant avec rapidité. L'année du noviciat avait fui comme un songe, et déjà notre Bienheureux se préparait par le jeûne et par la prière à mettre entre le monde et lui l'éternelle barrière des vœux de religion. Lorsqu'il se présenta à l'autel pour prononcer la formule solennelle, une sainte joie illuminait ses traits. Son front parut resplendir des clartés de la vie future; ses yeux se remplirent de larmes : « O Dieu, mon Dieu! semblait-il dire avec le Prophète, j'aspirai à vous dès l'aurore! Dans cette terre déserte, sans route, sans eau, je me suis présenté devant vous, comme dans votre sanctuaire, pour contempler votre puissance et votre gloire [1]. »

Remarquons ici l'admirable concours de la volonté humaine et de la grâce. Ni la chair, ni le sang, ni les honneurs, ni les illusions de la science, ni les promesses de la fortune, ni aucune des séductions des choses sensibles, n'ont balancé, dans ce cœur de seize ans, les rigoureux bénéfices de la croix. Une sagesse supérieure a dit à Pierre qu'il n'y a de malheur à craindre ici-bas que le péché, et c'est pour écarter ce malheur qu'il va couvrir sa jeunesse de l'égide de mortifications inouïes. Les rigueurs qu'il exerçait dès lors contre sa personne tenaient du prodige : les sens étaient chez lui asservis et comme captifs. Les objets extérieurs frappaient à peine ses regards. Tel était son recueillement habituel qu'à

---

[1] Ps. LXII, 13.

près un an de séjour dans la maison, il ne sut dire si l'église dans laquelle il priait tous les jours était voûtée ou plafonnée. Il n'interrompait l'oraison que pour servir les malades ou vaquer à quelques travaux manuels ordinairement bas et pénibles. L'esprit d'obéissance dirigeait et sanctifiait ses actions. Il aimait à se plonger, à se perdre dans la volonté des supérieurs. Il comprenait que *l'homme ne peut obéir sans se perfectionner*, et que, *par cela seul qu'il se surmonte, il devient meilleur*[1]. Pourvu que Dieu fût tout, Pierre n'avait aucun chagrin de n'être rien.

On lui fit exercer la charge de sacristain ; il ne se familiarisa point avec Dieu. On lui ordonna de servir au réfectoire ; il poussa si loin la mortification du regard, qu'ayant laissé se gâter des fruits appendus aux solives de l'office, il confessa ingénument ne les avoir pas même vus. Il remplit quelque temps la charge de portier. Dans cette dernière fonction, on put voir ce que son cœur recélait de trésors de bonté et de charité. Il accueillait les pauvres comme des frères, préparait et assaisonnait de ses propres mains leurs aliments, les consolait, les encourageait, leur parlait de Dieu, et, à force de dévouement, leur rendait sensible ici-bas, par son action personnelle, l'action toute miséricordieuse de la divine Providence. Il entreprit d'instruire ces déshérités de la science, et bientôt, grâce à lui, les

---

[1] Joseph de Maistre.

moins éclairés d'entre eux connurent les vérités élémentaires du salut. Ainsi le jeune religieux pénétrait déjà ce sublime mystère qu'on appelle le pauvre, ce mystère signalé par l'Esprit-Saint comme formant le premier degré de l'échelle de la béatitude : *Beatus qui intelligit super egenum et pauperem*[1] *!*

De tous les problèmes sociaux, la pauvreté est l'un de ceux qui, de nos jours, a le plus préoccupé les savants et les hommes d'État. Les esprits qui ont traité cette question en dehors du cercle des doctrines catholiques se sont généralement accordés à ne voir dans la pauvreté qu'un fait de l'ordre contingent, un désordre légal destiné à cesser sous l'empire d'une loi sociale plus équitable et mieux entendue. Nous sera-t-il permis, dans un livre où il doit être si souvent question de la pauvreté, de redresser en passant une doctrine si fausse, si dangereuse, et de rétablir sur ce point la vérité? La pauvreté est de même provenance que la nécessité du travail, la souffrance et la mort. La pauvreté *est entrée dans le monde par le péché;* elle a commencé de se faire sentir le jour où, dans le Paradis terrestre, Adam, après sa faute, eut conscience de sa nudité : « *Timui eo quod nudus essem;* J'ai craint parce que j'étais nu [2]. » Ce n'est qu'après la chute qu'Adam a conscience de son indigence, et

---

[1] Ps. XL, 1.
[2] Gen., III, 10.

qu'il subit les assujettissements de la pauvreté. Le premier être humain qui ait demandé l'aumône, c'est donc Adam, c'est le chef même de l'humanité ; et la première aumône que l'indigence ait reçue est sortie des trésors de la miséricorde divine : « *Fecit quoque Dominus Deus Adæ et uxori ejus tunicas pelliceas, et induit eos ;* Le Seigneur Dieu fit aussi à Adam et à sa femme des tuniques de peau, et il les en revêtit[1]. » Ici se présentent deux remarques importantes : la première, c'est que l'âme pécheresse, au sortir de cette vie, cherchera aussi à se cacher ; elle se précipitera dans *les ténèbres extérieures,* et le mot d'Adam deviendra le sien : « J'ai craint, parce que j'étais nue *de bonnes œuvres ; Timui eo quod nudus essem.* » La seconde, c'est que le *nouvel Adam,* le Sauveur, vêtu en tant que chargé des péchés du monde, sera *nu* en tant que Rédempteur : les vêtements du Christ resteront au pied de la croix, et les pécheurs, en se les partageant, ne feront à leur insu que se rendre justice : il est juste, en effet, que l'esclave du péché hérite des symboles du péché.

Étudiée dans son origine, la pauvreté, on le voit, se présente, du moins dans ce qu'elle a d'affligeant et de douloureux, comme la solde du péché et de la révolte. Ainsi dans le monde, *tel qu'il est*[2], s'ex-

---

[1] Gen., III, 21.
[2] Les mots soulignés limitent notre pensée : loin de nous l'erreur de Baïus ou toute autre doctrine analogue condamnée par l'Église.

plique le caractère de permanence et d'universalité de ce redoutable phénomène. Les esprits qui se donnent mission de supprimer la pauvreté ne savent ce qu'ils font ; ils ressemblent au rêveur maladif qui se croirait appelé à délivrer l'humanité de l'empire de la mort : ces imprudents utopistes s'attaquent à la justice divine, et leurs débiles mains soulèvent une masse qui en retombant les écrasera. La pauvreté a une face douloureuse, nous en convenons ; mais elle a aussi une face consolante. A un autre point de vue en effet, c'est-à-dire considérée dans ses rapports avec l'auguste mystère de la Rédemption, la pauvreté, non par aucune vertu qui lui soit propre, mais par l'effet tout gratuit des mérites de Notre-Seigneur, revêt le plus sublime des caractères, celui de l'expiation ; et, dans les perspectives de cet adorable mystère, elle nous est montrée comme un gage de miséricorde, comme une planche de salut accordée à l'humanité après le naufrage.

Chose remarquable ! la pauvreté, première conséquence du péché, est aussi la première des misères humaines dont Notre-Seigneur ait voulu assumer et partager ici-bas le poids. L'Homme-Dieu se fait pauvre en naissant ; il reçoit le jour dans une étable, il n'a pas où reposer la tête, il vit d'aumônes. Il y a plus : le souverain Seigneur de toutes choses s'assimile tous les pauvres, se les identifie, en fait d'autres lui-même : « *J'ai eu faim, vous m'avez donné à manger ; j'ai eu soif, vous m'avez donné à boire. Ce que vous avez fait à un des moindres de me-*

frères que voici, c'est à moi que vous l'avez fait[1]. Ainsi le pauvre est, au milieu du monde, l'image toujours renouvelée et toujours subsistante de l'auguste victime du Calvaire.

La pauvreté, dans le Christianisme, a donc deux caractères essentiels. Elle est tout à la fois châtiment et expiation : châtiment, elle commande la pitié ; expiation, elle commande le respect. Sous un de ces titres, la pauvreté est ce qu'il y a au monde de plus rebutant et de plus dur ; sous l'autre titre, elle est ce qu'il y a de plus consolant et de plus sublime ; et c'est pour cela peut-être que Notre-Seigneur assigne à la pauvreté le premier rang dans l'ordre des béatitudes proclamées sur la montagne. Aux yeux du catholique, le vrai pauvre de l'Évangile, le pauvre de cœur et de volonté, c'est l'innocence expiant pour le coupable, c'est la très-sainte humanité du Sauveur traversant les siècles, chargée d'opprobres et de mépris. L'économiste rationaliste ne voit dans le pauvre qu'un consommateur improductif ; l'économiste chrétien admire dans le pauvre l'un des arcs-boutants du monde moral, le mystérieux artisan d'une œuvre de réparation et d'expiation qui se poursuit à toute heure, et sans laquelle la Babel humaine ne pourrait subsister un moment. Le pauvre, cet ouvrier de Dieu, n'est pas de ceux qui reçoivent un salaire ; il est de ceux à qui un tribut est dû ; et quand, pour leur malheur, les gouvernés

---

[1] Matth., xxv, 35, 40.

refusent de s'acquitter envers le pauvre, les gouvernants se hâtent de lui décerner un impôt. Mais lorsque cette anomalie se produit, ce qui chez les peuples chrétiens n'arrive qu'aux époques de décadence, la pauvreté change de nom et s'appelle paupérisme. La pauvreté alors ne *mendie* plus, elle exige ; elle n'implore plus, elle commande : la menace est sur ses lèvres devenues impies, et les riches impies tremblent devant cette puissance qui, tout inique qu'elle est, porte quelquefois dans ses aveugles mains le fouet des justices divines. Le monde n'aime pas les pauvres, il les craint ; l'Église ne craint pas les pauvres, elle les aime : témoin les innombrables monuments qu'elle leur a consacrés ; témoin les archives où se trouvent déposés les immortels témoignages de sa sollicitude et de son amour. *Si les riches sont admis dans l'Église,* s'écrie Bossuet, *c'est seulement pour y servir les pauvres.* Et ailleurs : *Le riche qui refuse l'aumône au pauvre, c'est un sujet qui refuse le tribut à son souverain*[1]. Aux yeux de l'Évêque de Meaux, comme de tous les Pères et de tous les docteurs, le pauvre est de *race royale,* en ce sens qu'il représente ici-bas Jésus-Christ. *Ne lavez-vous donc jamais*

---

[1] « Voyez-vous, mes Frères, ces pauvres que vous méprisez tant, Dieu les établit ses trésoriers et ses receveurs généraux ; il veut que l'on consigne dans leurs mains tout l'argent qui doit entrer dans ses coffres. Il ne leur donne ici-bas aucun droit qu'ils puissent exiger par une justice étroite ; mais il leur permet de lever sur tous ceux qu'il a enrichis un impôt volontaire, non par contrainte, mais par charité. » (Bossuet, *Panég. de S. Fr.*

les pieds à vos pauvres le jeudi saint? disait saint Louis au sire de Joinville; *vous ne devez mie avoir en desdain ce que Dieu fist pour nostre enseignement*[1]. De nos jours, un prélat éminent, Mgr Gerbet, a éloquemment plaidé la cause des pauvres : suivant l'illustre prélat, *le dédain envers le pauvre renferme un principe d'incrédulité et un germe de blasphème.* Mépriser le pauvre, c'est mépriser cet autre *pauvre,* ce divin *mendiant,* au nom duquel *tout genou fléchit au ciel, sur la terre et dans les enfers*[2]. Mépriser le pauvre, c'est mépriser Jésus-Christ.

Je me résume : l'homme charnel et pécheur qu'irrite le châtiment rejette avec orgueil, repousse avec colère l'élément de l'expiation et dit : Heureux les riches! Le chrétien, au contraire, accepte avec humilité et avec joie les privations, les peines, les indigences de la vie présente, en vue *des grandes*

---

d'*Ass.*) Qu'il y a loin des étranges théories inaugurées de nos jours à ces magnifiques doctrines ! Le Christianisme relie le pauvre et le riche par un négoce où, des deux côtés, il y a quelque chose à donner, quelque chose à recevoir. Dans cet admirable commerce, les valeurs échangées se font équilibre, les gains se compensent, et les causes très-diverses qui peuvent troubler l'harmonie des rapports dont il s'agit sont également préjudiciables à l'une et à l'autre partie. La charité remplit une fonction que l'action légale ne saurait remplir. Il n'est pas bon pour la loi d'avoir à compter avec le pauvre, et il est encore moins bon pour le pauvre d'avoir à compter avec la loi.

[1] Le sire de Joinv. (*Chron.*).
[2] Philip., II, 10.

réparations qui se cachent dans le sein de l'avenir[1], et dit avec le Sauveur, avec l'Église, avec les élus : « *Beati pauperes!* Heureux les pauvres ! » Ce cri de ralliement des chrétiens de tous les siècles fut le cri de Pierre d'Alcantara.

[1] S. Grég. de Naz.

III

Le Saint est envoyé à Belvis. — Prodigieuses austérités. — Il préside la fondation du couvent de Badajoz, et gouverne cette maison. — Extases admirables.

De Manjarès où il passa quelques années, Pierre fut envoyé par le P. Fregenal au couvent de Saint-François, proche de Belvis. Là, le Saint voulut vivre d'une vie encore plus austère et plus rigoureuse. Deux cellules isolées, construites avec de la terre et des branches d'arbres, lui offrirent, dans cette maison, le moyen de se livrer en toute liberté et sans crainte d'être vu des autres religieux, à des exercices de pénitence dont le récit offenserait peut-être la délicatesse de notre âge. Nous nous bornerons à remarquer que, dès cette époque, et pendant vingt années consécutives, le Saint porta sur les reins un cilice métallique couvert de perforations dont les dentelures tournées en dedans le déchiraient [1].

Quand l'humble religieux quêtait, et il ne sortait guère que pour cela, son attitude recueillie était déjà pour les peuples un sujet d'édification. Jamais il ne levait les yeux sur la personne de qui il recevait l'aumône. Il suivait son compagnon, sans prendre garde aux chemins par où il passait, et semblait, dit un témoin, ne voir, en marchant,

---

[1] Voir à ce sujet la bulle de canonisation, à la fin du volume.

que l'espace sur lequel il posait le pied. Même en voyage, il ne mangeait que le soir. Ses nuits appartenaient presque tout entières à la prière et à la pénitence. Il dormait assis, seulement une ou deux heures. Le matin, il défaisait son lit comme s'il se fût couché. Sa première visite était pour Notre-Seigneur, et jamais il ne partait qu'après avoir entendu la sainte messe.

Fidèle, dans ses courses, aux habitudes du cloître, le serviteur de Dieu ne s'affranchissait, sous aucun prétexte, de l'obligation des heures canoniales. Il posait par terre le sac des aumônes, et récitait l'office, à genoux, dans les bois, au coin des haies ou sur le bord du chemin. Les accidents, les bruits, les mouvements de la route n'ôtaient rien à son recueillement. Son esprit était comme lié et attaché à la contemplation des choses divines. Il vivait ici-bas de la vie des anges. Souvent les villageois le virent élevé de terre à plusieurs palmes de hauteur, les yeux et les bras dirigés vers le ciel, les joues quelquefois baignées de larmes. Ces braves gens qu'un spectacle si nouveau remplissait d'une religieuse terreur, s'arrêtaient pour contempler le Saint, et le conjuraient de prier pour eux. Ils le regardaient comme un envoyé du ciel chargé de les rappeler à la pratique des saintes mœurs et à la vertu. Mais Pierre, confus d'avoir été surpris dans l'extase, reprenait à la hâte son fardeau, et s'échappait à pas précipités, retardé toutefois par les cilices qui le fatiguaient.

Cet homme, si sévère à lui-même, était, dans les relations, indulgent et bon et même enjoué. On trouvait en lui cette douceur charmante qui est comme l'apanage des caractères heureux que l'humilité a façonnés. Il demandait l'aumône avec modestie, et la recevait avec reconnaissance. Son premier soin, au retour, était d'aller s'humilier devant Dieu des manquements qu'il supposait avoir pu échapper à sa faiblesse. Il recevait ensuite la bénédiction du P. gardien, et rentrait avec joie dans sa chère solitude.

Déjà une sorte de célébrité s'attachait au nom de Pierre d'Alcantara. Don François de Monroi, comte de Belvis, fondateur du couvent de Saint-François, recherchait avec empressement la conversation de notre Bienheureux. Ayant eu, à plusieurs reprises, le bonheur de le voir, dans le chœur de l'église, en extase, élevé de terre, les bras étendus vers le ciel, il avait senti naître en lui un extraordinaire désir de perfection, et s'était depuis imposé l'obligation de réciter tous les jours l'office canonial, absolument comme un religieux. La Comtesse, sa femme, vit à son tour l'illustre cénobite, et fut si frappée de ce qu'il lui dit de la vanité du monde, qu'elle renonça, comme son mari, aux chimères du siècle, pour ne s'attacher qu'*à l'unique chose nécessaire.* Les deux époux avaient un neveu âgé de quatorze ans. Ils le firent venir à Belvis, et prièrent Pierre d'Alcantara de le diriger dans les voies de la religion. Ce jeune cavalier, qui figura depuis dans le monde sous le nom de don Juan Garcia Alvarez de Toledo, comte de Oropesa, se montra digne d'un si grand maître. Sous sa direction, l'élève fit d'admirables progrès. Plus tard, nous verrons don Juan, pénétré de gratitude, entourer le Saint d'un filial attachement, l'appuyer de son crédit, le seconder dans ses entreprises[1].

De divers côtés, les fidèles affluaient au couvent de Belvis, demandant au serviteur de Dieu des conseils, des prières, des consolations. Quelquefois les supérieurs l'envoyaient visiter à domicile des malades, des personnes affligées, des âmes éprouvées par la tribulation. Ces sortes de missions contrariaient ses inclinations et ses goûts de retraite. Il s'y prêtait néanmoins, car il ne voulait en tout que la gloire de Dieu et le bien des âmes.

En 1519, la custodie de l'Estremadure ayant été érigée en province sous le titre de Saint-Gabriel, le P. Ange de Valladolid fut élu provincial. Animé au plus haut degré de l'esprit apostolique, ce Père résolut d'accorder un couvent de franciscains à la ville de Badajoz, qui en avait fait la demande depuis

---

[1] Don Juan de Toledo, comte de Oropesa, dont le nom se reproduira fréquemment dans cette histoire, était un des plus grands seigneurs d'Espagne. Sa maison, après lui, se soutint avec éclat. L'auteur de l'histoire de la conquête du Mexique, don Antonio de Solis, qui publiait son livre en 1684, le dédic à don Duarte de Toledo et Portugal, comte de *Oropesa, gentilhomme de la chambre de Sa Majesté, de son conseil, et président de Castille* (Solis, *Historia de la conquista de Méjico*, Paris, 1838, in-8°, pp. IV, XIII).

longtemps. Il désigna les religieux destinés à cette fondation, et mit à leur tête le jeune Pierre d'Alcantara.

A son arrivée à Badajoz, la petite colonie ne trouva pour se loger que les constructions à demi ruinées de l'*ermitage des martyrs*. Tout était à créer dans la fondation. Il fallut bâtir l'église et la maison conventuelle. On se mit à l'œuvre. Pierre, qui était le supérieur et le plus jeune, se montrait tout à la fois le plus humble et le plus actif. Il remuait les terres, préparait les bois, transportait les matériaux, et encourageait les travailleurs.

A cette époque, le serviteur de Dieu comptait à peine six ans de vie religieuse. Il n'était pas même prêtre ; mais, en le chargeant du gouvernement de la naissante famille, le provincial avait fait preuve d'un rare discernement. Le jeune supérieur se conduisit avec une sagesse consommée. Dieu semblait l'avoir créé pour le gouvernement des âmes. Avant d'imposer à autrui une obligation, il la pratiquait le premier. Son commandement était tempéré d'affabilité. Il réprimandait avec douceur, et ne parlait à ses inférieurs qu'avec une sorte de respect. On peut dire de lui à la lettre qu'il servait ses Frères. Lorsqu'ils revenaient de quêter, il les pressait dans ses bras, les encourageait, les consolait, et lavait lui-même leurs pieds.

Attentif à tous les besoins, mais ennemi de toute superfluité, cet amant de la sainte pauvreté la recherchait comme d'autres la fuient. Don Gomez

Fernand de Solis, fondateur de la maison, et sa femme ne mettaient aucunes bornes à leurs largesses; le Saint les en reprit, et se refusa à des libéralités qui pouvaient avoir pour effet d'affaiblir chez les religieux l'esprit de sainte pauvreté. Il n'acceptait d'aumônes qu'en proportion des besoins du jour, et aimait à ignorer la veille comment la communauté subsisterait le lendemain.

A Badajoz, comme dans ses précédentes résidences, le serviteur de Dieu s'isolait afin de vaquer avec plus de liberté aux saints exercices de la pénitence. Dans le jardin du couvent, sous un bouquet de pins, se trouvait un oratoire écarté et éloigné des regards. Les murs et les pavés de cette retraite portèrent plus d'une fois les traces sanglantes des expiations volontaires par lesquelles, autant qu'il était en lui, il s'associait aux expiations du Calvaire.

Son ambition ici-bas était de mourir avec Jésus-Christ pour ressusciter avec Jésus-Christ. Comme le grand Apôtre, il pouvait dire : « Je meurs tous « les jours; *Quotidie morior*[1]; » mais plus il entrait dans les voies de la mort des sens, et plus il vivait de la vie de la grâce. Notre-Seigneur, qui n'est jamais en reste avec les siens, visitait son serviteur dans l'extase, l'inondait de cette lumière pure, sereine, pénétrante, qui est comme un souffle de la vertu de Dieu et un écoulement de sa lumière. Des commu-

---

[1] I Cor., xvi, 31.

nications dont le mode échappe à notre faible intelligence, l'associaient, dès cette vie, à ces joies dont parle saint Paul, *que l'œil n'a pas vues, que l'oreille n'a pas entendues, que le cœur de l'homme n'a pas comprises* [1].

Un moment affranchie de la servitude des sens, cette âme bénie prenait un essor sublime et s'élançait, radieuse et libre, vers le ciel, centre unique de ses affections. Le corps lui-même, comme s'il eût déjà participé à l'agilité des corps glorifiés, était élevé dans les airs, à des hauteurs quelquefois considérables [2]. On voyait alors le Saint planer dans l'espace, immobile et calme, à genoux, au-dessus de la cime des plus grands arbres, anéanti et comme perdu en une adoration profonde. Que se passait-il entre Dieu et lui? Qu'apercevait-il dans l'extase? De quels horizons nouveaux son œil embrassait-il les clartés? L'humilité du Saint a couvert ces choses d'un impénétrable secret. Au rapport de la vénérable Marie d'Agréda, qui fut favorisée de grâces toutes pareilles, c'est le Seigneur lui-même que l'on connaît dans la lumière extatique, et avec lui tous les saints, toutes leurs vertus, toutes les œuvres admirables qu'ils ont pratiquées. « Les paroles ou images destinées à peindre de tels mystères, disait

---

[1] Oculus non vidit, nec auris audivit, nec in cor hominis ascendit quæ præparavit Deus iis qui diligunt illum (I Cor., II, 9).

[2] Quod donum est quædam imperfecta participatio dotis agilitatis quam corpora gloriosa obtinebunt (Ben. XIV, *De serv. Dei canon.*, tom. III, cap. XLIX, n. 4).

2.

sainte Catherine de Gênes, sont insuffisantes ; mais dans leur insuffisance même, ces paroles et ces images expriment encore plus que l'esprit ne saurait concevoir. » Que Dieu est admirable dans ses saints ! Seigneur, que vous attirez puissamment ceux qui vous aiment ! Qu'heureux est celui qui, brisant la grossière enveloppe des sens, a entrevu le séjour dans lequel vous reposez, *entouré de vos amis rassasiés des manifestations de votre gloire*[1] !

Quelquefois, dans le couvent de Badajoz, le serviteur de Dieu ouvrait des conférences où chaque religieux était appelé à exprimer en toute liberté ses sentiments, ses vœux, les intimes aspirations de son cœur. Chaque Frère parlait à son tour. L'un aurait voulu une clôture plus étroite, l'autre une pauvreté plus stricte, l'autre un régime plus austère. Celui-ci aspirait à évangéliser les infidèles ; celui-là à répandre son sang pour le salut des pécheurs. Pierre parlait le dernier. Lui, son désir eût été de se multiplier, d'accompagner ses Frères, de les suivre dans la solitude, dans les voyages, dans les prisons, dans les tourments, d'être leur second partout où les eût appelés la gloire de Dieu, le bien des âmes ou la soif du sacrifice : « Mes Frères, disait-il en terminant, l'heure sonnera ; aiguisons nos armes ; tenons-nous prêts. » Ces conférences et les exhortations qui les suivaient, produisirent leurs fruits. Plusieurs de ces religieux portèrent aux

---

[1] Saint Anselme.

peuplades américaines le flambeau de la foi : de ce nombre fut le P. Juan de Aquila dont le nom reviendra plus d'une fois dans le cours de ce récit, et que Pierre aimait tendrement, à cause de ses vertus. D'autres, plus heureux que ce Père, joignirent à la palme de l'apostolat l'auréole du martyre. Quelques-uns partagèrent la vie et les travaux de notre Bienheureux à qui, dès cette époque, Dieu faisait connaître qu'il l'emploierait un jour à de grandes choses dans le royaume d'Espagne.

IV

Promotion aux ordres sacrés. — Lettres patentes de prédicateur. — Le couvent de Notre-Dame-des-Anges. — Prédications en Estremadure. — Diverses conversions. — Le couvent de Plasencia. — Guérison miraculeuse. — Pierre Cordova. — Les dîners du comte de Mirabel. — Une extase.

Pierre habitait depuis cinq ans le couvent de Badajoz. Il était dans la vingt-cinquième année de son âge, lorsqu'en 1524 le P. Fregenal, alors provincial, lui enjoignit de se présenter pour être ordonné prêtre, car déjà notre Bienheureux exerçait le ministère du diaconat. Cette injonction alarma son humilité, et lui fit éprouver quelque trouble; mais le supérieur parlait, il se soumit. Durant les jours de préparation, ses austérités devinrent plus rigoureuses, ses cilices plus cruels; il tenait à offrir au divin Crucifié sang pour sang, immolation pour immolation. Nous renoncerons à décrire la ferveur du jeune prêtre, son émotion, son bonheur, lorsqu'il célébra pour la première fois le saint sacrifice. Des larmes coulaient de ses yeux; ses traits étaient en feu; quelque chose de surnaturel brillait dans sa physionomie. Il semblait que l'onction sainte eût pénétré jusque dans son âme. Les spectateurs crurent assister à une scène du ciel.

Le jeune religieux était prêtre; mais ce prêtre de vingt-cinq ans, si peu versé dans les lettres humaines, serait-il apte au ministère de la parole? La divine Providence sembla se charger de résoudre la question.

Un jour, dans une conférence, les religieux traitaient de la prière. Invité à parler à son tour, Pierre s'en défendit avec humilité ; mais le supérieur renouvela l'invitation d'un ton qui ne voulait pas de réplique. Ainsi pressé, le jeune religieux se lève, regarde le ciel comme pour implorer l'assistance divine, et, prenant ensuite la parole, expose avec clarté et précision le plan de son discours. Il s'agissait de l'oraison ; la thèse lui était familière. Il parla en maître et sut tirer de son sujet des aperçus nouveaux. Sa phrase sobre, simple, naturelle, alimentée de piété et de science, et pleine de feu, se prêtait à toutes les évolutions d'un esprit qui, gravitant dans les régions les plus élevées, s'y orientait avec sûreté, et jusque dans ses plus grandes hardiesses, respectait avec un soin jaloux les limites du dogme théologique. Le succès fut complet ; la question d'aptitude n'était plus douteuse, et les supérieurs charmés décernèrent à Pierre d'une commune voix des lettres patentes de prédicateur. A dater de ce moment, les saintes Écritures devinrent l'objet exclusif des méditations de notre Bienheureux. Il s'enfonça dans l'étude des saintes lettres comme le chercheur d'or dans le gouffre qui recèle le précieux métal. Il sortit de cette mine riche de piété et de science, doctement pieux, *scienter pius*[1].

[1] S. Aug.

Ce qu'il avait demandé aux divins livres, c'était le secret de gagner les âmes. Ce difficile secret lui fut apparemment révélé, car nous verrons par la suite le serviteur de Dieu faire d'innombrables conquêtes pour le ciel.

L'année suivante, c'est-à-dire en 1525, le Père Ange de Valladolid, provincial pour la seconde fois, confia à Pierre la charge de Gardien du couvent de Notre-Dame-des-Anges, près de Robredillos. Ce couvent, situé dans un vallon, occupait une position charmante. Les montagnes voisines, couvertes de plantes aromatiques, formaient dans la perspective, par la variété de leurs formes et de leurs contours, un spectacle ravissant. Un ruisseau jaillissant des rochers promenait, à l'ombre des vieux chênes, ses eaux fraîches et poissonneuses, et formait pour les religieux une ressource précieuse. Tout, dans cette gracieuse solitude, invitait la créature à bénir le Créateur. La maison brillait de pauvreté. Les cellules étaient dignes de Celui qui, sur la terre, n'eut pas où reposer la tête. L'église n'avait que deux autels, mais possédait en revanche une très-précieuse image de la très-sainte Vierge, dont la vue causa à notre saint une joie comparable à celle que dut éprouver saint François d'Assise, lorsqu'il entra pour la première fois dans le sanctuaire de Notre-Dame-des-Anges. Le couvent, au surplus, devait son origine au séraphique patriarche lui-même. François en avait autorisé la fondation lors de son voyage en Espagne, et une vive lumière, avait-il dit, devait briller un jour sur cette maison que la mémoire de notre Saint a en effet couverte d'un immortel éclat.

Non loin du couvent de Notre-Dame-des-Anges, trop resserré pour que Pierre pût y donner essor à son grand esprit, se trouvait une grotte cachée et abritée par un grand chêne. Le Saint s'y retirait à de certaines heures, et y pratiquait des austérités dont la moindre fut peut-être de se plonger en hiver dans les eaux glacées du torrent. Sa cellule, située à l'extrémité d'un corridor, en face d'une fenêtre donnant sur la campagne, restait constamment ouverte. C'était un bonheur pour lui de contempler la voûte étoilée, merveilleux livre dans lequel il lisait les gloires et les grandeurs de son Dieu. La lune suspendue dans les cieux lui apparaissait comme la lampe du sanctuaire brûlant devant le Saint des saints. On a donné pour symbole à la persévérance dans la prière une cigale avec la devise : *Canit usque cicada*. Cette devise aurait assurément pu convenir à notre Bienheureux. Assez ordinairement, il sortait de sa cellule la nuit et venait prier en silence à genoux dans la galerie. Le démon dont le Psalmiste nous parle comme de la *chose qui rôde dans les ténèbres,* dont saint Pierre aperçoit l'image dans *le lion qui guette sa proie,* que saint Paul appelle *le prince des puissances de l'air,* et l'Église *le fantôme des nuits*[1], le démon, dis-je, l'y pour-

---

[1] Non timebis a negotio perambulante in tenebris (Ps. xc, 5). — Adversarius vester diabolus tanquam leo rugiens circuit quæ-

suivait. Les esprits de ténèbres prenaient pour l'effrayer des formes sensibles. Ils essayèrent de l'arracher au saint exercice de l'oraison par des cris et de hideuses apparitions. Ces moyens n'ayant pas réussi, les esprits du mal changèrent de tactique; ils jetaient dans la galerie et faisaient pleuvoir sur le saint des pierres si grosses et en si grand nombre, que le bruit qui en résultait éveillait les religieux, et le lendemain le plancher était trouvé couvert de ces projectiles[1].

L'exercice de la contemplation ne faisait oublier à notre Bienheureux aucune des obligations de sa charge. Il pourvoyait aux besoins des Frères, surtout à leurs besoins spirituels, quêtait, travaillait, présidait aux exercices, recevait et accueillait les hôtes et s'occupait des moindres détails. Les religieux, grâce à lui, marchaient à pas rapides vers la perfection, et, dans cette bénie solitude, la Reine du ciel était véritablement la Reine des anges.

De nombreuses grâces miraculeuses s'accordaient à son intercession. Un jour, la communauté manquait de pain; il pria, et une main invisible déposa, à l'heure même, des provisions à la porte du couvent[2]. Les malades lui demandaient la santé, les

---

rens quem devoret (I Petr., v, 8). — Principem potestatis aeris hujus (Ephes., II, 2). — Noctium phantasmata (Brev. rom.).

[1] Ce fait, constaté dans le procès de canonisation, a été reproduit par tous les biographes. Görres, dans sa *Mystique*, le mentionne expressément.

[2] Voir à la fin du volume la bulle de canonisation.

nécessiteux de quoi vivre. Il conseillait aux uns et aux autres d'invoquer la sainte Vierge, priait avec eux, et leur prière était exaucée.

En 1528, ses fonctions au couvent de Notre-Dame-des-Anges étant expirées, les supérieurs le chargèrent de prêcher dans l'Estremadure où sa parole, à raison de la vénération qu'il inspirait, paraissait devoir produire des fruits abondants[1]. Pierre se prépara au ministère évangélique par de rigoureuses austérités : c'est ce qu'il appelait *aiguiser ses armes*. Un exemplaire de la Bible formait sa bibliothèque et tout son bagage. Les villes de Badajoz et de Rodrigo furent le premier théâtre de son zèle, et s'enrichirent les premières des fruits de son apostolat. Ses sermons touchaient, remuaient, électrisaient les consciences. Les livres de l'Ecclésiastique et des Prophètes étaient de tous les livres de la Bible ceux dont il faisait en chaire le plus d'usage. Ces livres, suivant lui, fournissaient des textes appropriés à toutes les conditions de la vie. Les dogmes rigoureux, la mort, le jugement, l'enfer, étaient les sujets qu'il traitait de préférence. De ce qu'il y a de plus terrible, il passait avec facilité à ce qu'il y a de plus doux. L'auditoire était atterré lorsqu'il faisait tonner les foudres de la justice divine ;

---

[1] Donoso Cortès, ce penseur, ce génie éminent, sitôt ravi à l'Europe catholique, et si digne de ses regrets, a été, dans les temps modernes, le plus illustre représentant de cette province de l'Estremadure, dont saint Pierre d'Alcantara fut, au XVIe siècle, le plus glorieux apôtre.

mais aux tonnerres de la menace, l'orateur faisait succéder presque aussitôt des accents d'une bonté incomparable. Sa personne d'ailleurs était comme une prédication vivante. Son front pâle, ses traits amaigris, son attitude recueillie, tout en lui prêchait. Le cœur peut se laisser surprendre aux artifices de la parole humaine; la conscience ne se soumet qu'aux accents de la parole de Dieu. C'est la piété qui rend le prédicateur éloquent : l'âme humaine, instrument sublime, rend des notes toujours pénétrantes, lorsque c'est le souffle de Dieu qui la meut. Les personnes qui avaient eu le bonheur d'entendre le Saint pouvaient dire comme les disciples d'Emmaüs : *N'est-il pas vrai que notre cœur était brûlant pendant qu'il nous parlait* [1] ? D'innombrables conversions couronnèrent ses prédications. Citons quelques faits :

Don François Florian, favori de l'empereur Charles-Quint, retiré à Plasencia avec sa femme, fier et infatué des avantages d'une grande position, se raillait volontiers de certaines pratiques de la religion. Un sermon du Saint qu'il entendit par hasard le convertit. Il rompit avec les habitudes d'une vie molle et sensuelle, réforma le train de sa maison, et porta si loin l'esprit de pénitence que sa femme s'en plaignit au prédicateur; mais le Saint, par quelques paroles calmes et brèves, fit si bien sentir à cette dame la folie du monde qu'à son tour

[1] Luc., xiv.

elle devint un modèle de piété. Sur ces entrefaites, le frère de don François, revenant de l'armée de Flandres, voyant le château de ses pères dépouillé d'une partie de ses anciennes magnificences, s'irrita comme si l'humilité chrétienne eût fait tache sur le blason de sa maison. Des prières furent faites pour sa conversion, et bientôt, revenu à Dieu, éclairé des lumières de la grâce, il embrassa avec son frère et sa belle-sœur le tiers-ordre de la Pénitence. Enfin trois jeunes filles de la maison de Chaves, belles, spirituelles et passionnées pour le monde, touchées des prédications du Saint, voulaient embrasser la vie religieuse. Le serviteur de Dieu les en détourna ; elles restèrent près de leur père, mais s'enrôlèrent aussi dans le tiers-ordre, et moururent en odeur de sainteté.

En 1527, le P. Michel de Roca, alors Provincial, crut devoir nommer son ancien disciple de Manjarès Gardien du couvent de Plasencia. Pierre aurait voulu se dérober à cette dignité ; mais Dieu le voulait dans les emplois élevés, et le signalait d'ailleurs au choix de ses Frères par les faveurs extraordinaires dont il le comblait. L'état d'extase lui était devenu comme habituel. Son corps semblait affranchi des lois de la pesanteur. A Plasencia, le comte de Torrejon et les religieux le virent souvent élevé de terre, à genoux, les bras en croix. Des oiseaux voltigeaient autour de sa personne, et se posaient familièrement sur ses bras; mais ils s'envolaient aussitôt que le Saint reprenait ses sens.

Au milieu des obligations de sa charge, l'infatigable ouvrier trouvait le temps d'évangéliser les peuples. Pour le salut des âmes, rien ne lui coûtait. Il voyageait à pied, et pieds nus, nuit et jour, bravant le soleil, les vents, la pluie et les neiges, se transportant partout où l'appelait une souffrance, principalement chez les pauvres ; car les personnes qualifiées n'étaient pas celles qui recevaient de lui le plus de visites.

Une jeune fille de Plasencia, âgée de dix ans, avait attiré l'attention de Pierre par sa piété. Le Saint voulut diriger lui-même cette enfant dans les voies de la perfection. Lorsqu'elle fut un peu plus âgée, elle tomba malade, et, se sentant mourir, regretta que le P. Pierre d'Alcantara ne fût pas auprès d'elle. Instruit par une révélation de l'état de sa jeune pénitente, Pierre arriva à Plasencia : « Rassurez-vous, dit-il à son père, votre enfant ne mourra pas ; Dieu a sur elle des desseins particuliers. » En parlant ainsi, il imposait les mains à la malade, et la jeune fille était subitement guérie. Ainsi se vérifiait à l'égard de notre Saint la parole du Sauveur : « Ils imposeront les mains aux malades, et les malades recouvreront la santé ; *Super ægros manus imponent, et bene habebunt*[1]. »

Le fait suivant forme avec le précédent une espèce de contraste. Pierre Cordova, négociant à Plasencia, aborde un jour notre Bienheureux sur la voie pu-

---

[1] Marc., xvi, 18.

blique. Pierre le regarde attentivement et lui dit :
« Cordova, confessez-vous, réglez vos affaires temporelles, vous mourrez après-demain. » En parlant ainsi, le Saint s'était éloigné. Cordova resta comme étourdi. Il mit ordre à sa conscience et à ses affaires, et fit bien, car le surlendemain soir, sans maladie ni aucun symptôme préalable, il fut frappé à l'improviste : la mort entrait chez lui *comme un voleur*, et le saisissait pour jamais.

Cet événement, connu de toute la ville, fit une sensation profonde. Pierre, regardé comme un saint, fut recherché avec un indicible empressement. On le suivait, on l'accompagnait. Les pauvres le voulaient dans leurs réduits ; les grands l'attiraient dans leurs palais, et le conviaient à leurs festins où il ne se rendait qu'autant que l'exigeait le bien des âmes.

Le comte de Mirabel fut du petit nombre de ceux de qui le Saint agréa l'hospitalité. Ce gentilhomme, converti par Pierre d'Alcantara, marchait dans les voies de la perfection. Sa femme, belle et brillante, avait, à son exemple, échangé les vanités du siècle contre la croix. Tout, dans leur maison, maîtres et serviteurs, respirait la piété. Le Comte un jour, renouvelant une invitation plusieurs fois éludée, pria le Saint d'accepter à dîner *pour l'amour de Dieu*. Les mots *pour l'amour de Dieu* exerçaient sur Pierre une irrésistible influence. L'invitation fut acceptée. Il s'assit parmi de nobles convives, mais ne toucha d'aucun mets, sous prétexte de faiblesse d'estomac. Vers la fin du repas, sur sa demande, on lui servit un bouillon qu'il feignit de trouver trop chaud, et qu'il coupa de beaucoup d'eau froide.

Invité derechef chez le comte de Mirabel, il s'y rendit, mais, cette fois, à la vue des mets exquis dont la table était couverte, admirant la munificence de celui qui a pourvu la terre de tant de richesses appropriées aux besoins de l'homme, il entra en extase, et demeura immobile et privé en apparence de tout sentiment, pendant trois heures consécutives. La salle en un moment fut envahie. Les spectateurs à genoux pleuraient et glorifiaient Dieu. Quand il revint à lui, le Saint bénit la table; mais ne prit rien, et se retira sur-le-champ. Les instances que fit le Comte pour l'arrêter et le retenir au château furent inutiles.

V

Le Saint gouverne pour la seconde fois le couvent de Badajoz. — Prédications, catéchismes, plantations de croix. — Le couvent de San-Onofre-de-la-Lapa. — Publication du *Traité de l'oraison*. — Popularité des écrits du Saint. — Un mot de la reine Christine de Suède.

Le Chapitre réuni en 1531 à Badajoz avait élu pour Provincial le P. Diego de Chaves. Sur la demande des habitants, Pierre fut attaché au couvent de Badajoz, mais à condition qu'il y exercerait pendant six mois les fonctions de Gardien.

Le carême arrivait. Pendant toute la durée de la sainte quarantaine, le Bienheureux prêcha dans la ville et aux environs. La parole de Dieu, lorsqu'elle tombait de ses lèvres, n'était jamais stérile. A la voix du Saint, des pécheurs quittaient le siècle, d'autres revêtaient l'habit du tiers-ordre de la Pénitence, d'autres réformaient leurs mœurs et embrassaient la pratique des bonnes œuvres. Du nombre de ceux-ci fut don Juan de Albarado. Longtemps scandalisé des habitudes, suivant lui, trop ascétiques de sa sœur doña Isabella, ce gentilhomme se convertit à la voix du Saint, et devint un de ses plus fervents disciples. Il renonça aux mollesses et aux élégances de la vie, se fit prêtre, et vécut dans le monde comme un anachorète. Il jeûnait presque toute l'année, ne se nourrissait que de légumes et de poisson, couchait sur la dure, et consacrait son temps au service des pauvres et des malades dans les hôpitaux. Il mourut en 1599, chargé d'ans et de mérites, et glorifié devant les hommes, car Notre-Seigneur lui avait accordé le don des miracles.

A l'expiration de ses fonctions de Gardien, le Saint parcourut le diocèse, évangélisant les villes et les bourgades, annonçant partout le royaume de Dieu et la pénitence. L'Apôtre se montrait infatigable. Il prêchait le matin; le soir, il se tenait au confessionnal ou faisait le catéchisme aux petits enfants. La nuit, il se retirait en quelque endroit écarté, moins pour se reposer que pour se livrer à l'oraison. A minuit et au point du jour, deux fois en quelques heures, il soumettait son corps à des disciplines sanglantes.

Pour imprimer plus profondément dans les cœurs le souvenir du bienfait de la Rédemption, le Saint faisait ériger sur les places publiques, dans les carrefours, dans les champs, et plus particulièrement sur les montagnes, de grandes croix destinées à être aperçues de tous les points de l'horizon. C'est ainsi qu'il en éleva une sur le célèbre pic de la Gatta. Vu de la route, le pic paraissait inaccessible. L'ascension en était en effet dangereuse; mais lorsqu'il s'agissait de la gloire de Dieu, Pierre ne connaissait pas d'obstacle. Il fit préparer, pour ce pic, une croix de grandeur colossale. Des hommes de bonne volonté, forts et vigoureux, offrirent au Saint le secours de leurs bras. L'Apôtre les remercia, et ne voulut céder à personne l'honneur de porter le précieux fardeau. C'est à genoux qu'il gravit la montagne ; cette douloureuse ascension lui rappelait le Golgotha. Il parcourait en esprit la voie douloureuse. Le sang coulait de ses membres déchirés ; à peine parut-il s'en apercevoir. Arrivé au sommet, il souleva sans peine la lourde masse, et seul, sans aucune assistance, du moins visible, planta la croix dans une excavation préparée d'avance. Il se prosterna ensuite, et, après avoir adoré Notre-Seigneur, rejoignant la foule échelonnée sur les pentes, il redescendit dans la plaine. Tous les regards se dirigèrent alors du côté du monument. L'air retentissait des notes sublimes du *Vexilla Regis ;* le peuple à genoux rendait gloire à Dieu.

Les cérémonies de plantation de croix se faisaient de la manière suivante : après avoir désigné le local, on se réunissait à l'église le matin pour entendre un sermon du Saint, et, le soir, les fidèles, de nouveau réunis, défilaient en procession. Pierre portait la croix, dont la plantation se faisait au chant de l'hymne triomphal. Une courte allocution couronnait la cérémonie. L'usage de ces plantations de croix se répandit d'Espagne en pays étranger. Dans toute l'Europe, sur tous les points, grâce à notre Saint, la croix brilla sur les hauts lieux comme le phare de l'humanité régénérée. Ce signe béni, symbole de miséricorde et d'amour, source de grâces et de salutaires pensées, apparaissait au voyageur égaré sur les routes du monde comme un aver-

3.

tissement du ciel, et rappelait l'âme humaine à sa véritable destinée. Le malheureux aimait à rencontrer sur son chemin le symbole des saintes espérances, et plus d'un pécheur, à la vue d'une de ces croix planant dans l'immensité, réarbora peut-être, sur les cimes dévastées de son cœur, le signe à jamais béni de la rédemption. Et nous aussi qui écrivons ces lignes, nous les saluons de loin, les croix que nos saints ont plantées. Du fond de notre obscurité, uni par la pensée aux enfants de Dieu de tous les temps et de tous les siècles, nous voulons jusqu'à notre dernier soupir, répéter avec eux, répéter avec l'Église universelle : « Salut, ô croix ; ô « unique espoir du monde, salut! *Crux, ave, spes « unica!* »

Pierre, depuis deux ans, parcourait le diocèse de Badajoz et les pays limitrophes de ce diocèse. Après tant de jours consacrés au service des âmes, il sentit le besoin de se recueillir, et demanda à rentrer dans la solitude. Le Provincial, accédant à ses désirs, l'envoya au couvent de San-Onofre-de-la-Lapa, mais à condition qu'il y remplirait les fonctions de supérieur.

Le couvent dont il s'agit était situé près de la grotte de la Lapa, dans le voisinage de laquelle se trouvent deux oratoires consacrés, l'un à saint Onufre et l'autre à saint Jean l'Évangéliste. Dans cette grotte où il se tenait après les exercices conventuels, notre Bienheureux fut souvent favorisé de ces extases sublimes durant lesquelles son corps, élevé en l'air, semblait n'appartenir plus à la terre. Les rigueurs qu'il exerçait contre sa personne augmentaient avec les faveurs dont Dieu le comblait. Tous les jours, il se soumettait à des flagellations sanglantes ou pour la conversion des âmes, ou pour sa persévérance dans le bien.

De tous côtés, les fidèles, pour le voir, affluaient à San-Onofre. Beaucoup de gentilshommes venaient le consulter, prendre ses avis, lui soumettre leurs doutes, leurs scrupules, l'interroger sur des questions de conscience. L'un d'eux, don Rodrigue de Chaves, qui résidait à Ciudad-Rodrigo, frappé des grandes lumières du Saint, le pressait depuis longtemps d'écrire quelque chose sur l'oraison, et de composer un traité dont il voulait, disait-il, se faire l'éditeur. Des instances du même genre étaient faites à Pierre de plusieurs côtés. Après bien des résistances et beaucoup de réflexions devant Dieu, le Bienheureux se mit à l'œuvre, et rédigea un traité dont il adressa à don Rodrigue le manuscrit, accompagné de la lettre suivante :

« Pieux et magnifique Seigneur,

« Il ne me fût jamais venu en pensée de compo« ser, et encore moins de publier par la voie de la « presse, le traité ci-joint. Mais vous m'avez prié « d'écrire quelque méthode d'oraison, claire, suc« cincte, appropriée à tous, et à la portée des « classes pauvres, qui reculent devant les livres « de grand prix. Rien de mieux, je crois, que de

« satisfaire à un pieux désir. J'ai donc réalisé votre
« pensée, etc. »

L'opuscule eut un succès qui parut tenir du prodige. Toute l'Espagne le lut. Les communautés l'adoptèrent, et le mirent aux mains des novices. Il s'en fit des traductions dans toute l'Europe : en Italie, en France, en Allemagne, en Pologne. Ce succès s'explique par le mérite intrinsèque de l'œuvre. Le grand esprit du Saint s'y révèle, et une doctrine profonde y est exposée avec une remarquable lucidité. Le P. de Grenade, si bon juge en pareille matière, écrivit à l'auteur pour le féliciter et lui demander place dans son amitié et dans ses prières. Sainte Térèse, au trentième chapitre de sa Vie, a loué ce traité : « Pierre d'Alcantara, dit-elle, a composé en langue castillane de petits traités d'oraison qui sont maintenant entre les mains de tout le monde. L'oraison étant sa vie depuis tant d'années, il en a parlé d'une manière admirablement utile pour les âmes qui s'adonnent à ce saint exercice [1]. » La Sainte, dans ce passage, semble faire allusion à plusieurs écrits du Saint. C'est qu'en effet, outre le *Traité de l'oraison,* Pierre avait publié, depuis, le *Traité de la paix de l'âme,* dont la vogue et la célébrité furent également européennes. L'assentiment de toute l'Église a consacré la doctrine que ces livres contiennent ; saint François de Sales recommandait cette doctrine aux fidèles de son temps, et ne par-

[1] *Vie,* p. 404.

lait des écrits du bienheureux Pierre d'Alcantara qu'avec admiration[1]. Le pape Grégoire XV, de pieuse mémoire, voulant laisser à la postérité un monument durable de sa vénération pour Pierre d'Alcantara, fit représenter notre Bienheureux écrivant sous la dictée de l'Esprit-Saint, et chargea de l'exécution du tableau l'un des plus habiles artistes de son temps. La reine Christine de Suède, si célèbre par son goût pour l'étude, distingua et sut apprécier les écrits de l'illustre réformateur de l'Ordre séraphique. Un jour, à Rome, où elle résida de 1662 à 1689, c'est-à-dire jusqu'à sa mort, la Reine, dans sa bibliothèque, s'occupait à lire le *Traité de l'oraison*. Plusieurs Cardinaux s'étant présentés : « Éminences, leur dit Christine en leur montrant le volume, voici l'un des plus petits et des plus grands livres que j'aie jamais lus. » Nous empruntons cette particularité au P. Antoine Huerta, franciscain espagnol, auteur d'une Vie de notre Bienheureux qui fut publiée en Espagne du vivant même de la reine Christine, c'est-à-dire en 1669.

---

[1] V. *Intr. à la Vie dév.*, 1ʳᵉ part., c. iv. — *Lettr. spirit.*, liv. iii, lett. iv.

VI

Procès à soutenir. — Voyages à Plasencia et à Alcantara. — Guérison miraculeuse du jeune don Fernand de Ponz de Léon. — Une vision d'Agnès Vaez. — Retour par Zarza. — Double voyage à Lisbonne. — Le roi Jean III, l'infant don Louis, l'infante doña Maria. — Dissensions apaisées à Alcantara. — Nourriture miraculeuse.

Les Franciscains de l'observance mitigée de Saint-Jacques ayant prétendu, contre toute raison, soumettre à leur obédience les réformés de la province de Saint-Gabriel, Pierre, qui appartenait à cette réforme, fut chargé par le Provincial d'aller soutenir les droits de ladite réforme devant l'Évêque de Plasencia. Il existait un bref du pape Clément VII de l'année 1526 qui paraissait de nature à trancher les difficultés. Muni de quelques ampliations de ce bref, le Saint se rendit à Plasencia, où il pria l'Évêque de prêter au bon droit l'appui de son autorité. Le Prélat cita les parties à comparaître devant lui; mais, déconcertés par la présence de Pierre, dont ils connaissaient la sainteté, les Franciscains de Saint-Jacques n'osèrent déférer à la citation, et leur abstention fut considérée comme équivalant à un désistement.

Bientôt après, le serviteur de Dieu reçut de ses supérieurs l'ordre de partir pour Alcantara. Les amis et les compatriotes de l'Apôtre désiraient entendre cette voix qui ailleurs avait ramené tant d'âmes à la pénitence. Les biographes qui racontent ce voyage ne font aucune mention ni de doña Maria Villela de Sanabria, ni de don Alphonse Barrantès : d'où l'on peut conclure qu'à l'époque dont il s'agit ces personnages étaient déjà morts. Le Saint, par humilité, refusa de loger chez son frère, et accepta une cellule chez les Pères de l'Observance. C'est là que le rencontraient les personnes qui avaient à le consulter.

Don Pedro Barrantès Maldonato, cousin de notre Bienheureux, avait un fils âgé de quinze ans, nommé Antonio. Ce jeune homme fut si touché des vertus de Pierre qu'il résolut de les imiter. Il entra dans l'Ordre de Saint-François, où il vécut et mourut en odeur de sainteté. Six ans après sa mort, son corps, exempt de corruption, exhalait une odeur miraculeuse. D'autres parents du Bienheureux embrassèrent la vie religieuse. Tous réformèrent leurs mœurs, et furent, dans le siècle, des modèles de piété. Leurs intérêts spirituels le touchaient beaucoup ; pour tout le reste, il les traitait comme de simples étrangers.

Le Saint se tenait au confessionnal des matinées et quelquefois des jours entiers, sans prendre aucune nourriture, et prêchait fréquemment. Il s'occupait particulièrement des jeunes hommes, et leur donnait des conseils et des instructions qui produisirent d'admirables fruits de salut. Un discernement exquis présidait à ses jugements. Deux jeunes cavaliers voulaient renoncer au monde et entrer dans son institut : « Vous ne serez pas religieux, leur dit-il d'une voix prophétique; vous servirez Dieu dans l'état de mariage. » Et l'événement vérifia la prédiction.

Notre-Seigneur confirmait par des miracles la parole de son serviteur. Le jeune don Fernand, fils de doña Maria de Ponz de Léon, fut atteint de la petite vérole; il était à l'extrémité. A la demande de la mère, le Saint bénit l'enfant, et le jeune malade fut guéri.

Dans la ville, vivait une grande servante de Dieu nommée Agnez Vaez, très-avancée dans l'oraison, et favorisée de grâces extraordinaires. Un jour, cette personne vit des yeux de l'âme une mystérieuse et blanche colombe descendre et se poser sur l'épaule de notre Bienheureux.

Lorsque Pierre partit d'Alcantara, les principaux habitants et une partie du peuple l'accompagnèrent à une certaine distance de la ville, et lui firent les adieux les plus touchants. Il prit la route de Zarza, suivi du F. Juan de Neira, l'un des jeunes sujets les plus distingués de la province. A quelques milles d'Alcantara, les voyageurs virent venir un ouragan; le ciel était livide et sombre : « Mon Père, dit Juan, nous ferions peut-être bien de chercher un abri. — Mon fils, répondit le Saint, Dieu n'est-il pas là? » Un moment après, l'orage éclatait avec fureur; la pluie tombait par torrents; mais la tempête sembla respecter les voyageurs, et leurs vêtements ne furent pas même mouillés.

La renommée de notre Saint se répandait au loin; son nom avait franchi la frontière. Le roi de Portugal Jean III, ayant entendu parler de ses vertus, désirait le consulter et lui soumettre diverses affaires. Il lui écrivit, le pria de venir à sa cour, et fit porter le message par un gentilhomme de sa maison. Le Provincial, ayant pris connaissance de la lettre du Roi et délivré l'autorisation nécessaire, Pierre partit, mais refusa de monter dans le carrosse royal, et fit à pied le voyage. A Lisbonne, il logea chez les Franciscains, car en quelque lieu qu'il fût, il tenait à rester sous le joug de l'obéissance. Sa présence fit du bien à ses hôtes. Leur maison reçut de lui un nouvel élan de ferveur et de perfection. Le lendemain, il se présenta au palais. Jean III vint au-devant de lui, l'accueillit avec bonté, et, l'ayant introduit dans son cabinet, où il le garda longtemps, lui soumit diverses affaires qui intéressaient sa conscience et l'État. Le prince Louis, frère du souverain, et l'infante doña Maria leur sœur, à qui le Saint fut présenté, joignirent leurs instances à celles du Roi pour le retenir à dîner; mais il se défendit avec persistance d'une invitation dont il parut d'ailleurs sentir tout le prix.

Pendant son séjour à Lisbonne, Pierre se montra souvent à la cour. Il y trouva toujours les mêmes égards. Le Roi disait de lui que ses vertus surpassaient sa réputation. Les grands s'inclinaient sur son passage, et écartaient avec empressement les portières des appartements. Le Saint se dérobait aux honneurs, et son humilité ne les subissait qu'à regret ; mais il ne pouvait entièrement s'y soustraire. Les cœurs semblaient aller au-devant de lui ; sa vertu charmait tout le monde. L'infante doña Maria lui témoignait une confiance particulière, et lui découvrait l'état de sa conscience. C'était une princesse d'une angélique piété. Par le conseil d'un guide si éclairé, elle restreignit le train de sa cour et s'interdit certains divertissements profanes, afin d'aller à Dieu avec plus de liberté.

Après avoir satisfait à toutes les intentions du Roi, le Saint, jugeant sa tâche accomplie, était reparti pour l'Estremadure, heureux d'échapper au bruit des cours et de rentrer dans la vie cachée ; mais l'Infante, qui avait apprécié son grand esprit, demanda qu'il fût rappelé, et, cette fois, lui fit donner par le Provincial l'ordre de déférer à sa volonté et à celle du Roi en tout ce qui concernerait leur avancement spirituel. Pierre, lorsque les supérieurs avaient parlé, ne savait qu'obéir. Tout fatigué qu'il fût, il fit derechef à pied le voyage de Lisbonne.

On avait disposé pour lui, dans la partie la plus tranquille du palais, un appartement et un oratoire. Sa vie à la cour ne différait guère de celle du cloître. Il célébrait la sainte messe tous les jours, et c'était pour les plus grands personnages un bonheur d'y assister. A moins d'affaires importantes, il passait le reste du jour en oraison, et ne retranchait rien de ses austérités habituelles. L'Infante avait avec lui de fréquents entretiens. D'extraordinaires désirs de perfection s'emparèrent de son esprit. Elle songeait à quitter le monde et à se retirer en quelque pauvre communauté; mais Pierre l'en détourna : telle n'était pas, lui dit-il, la volonté de Dieu; elle devait rester à la cour, et y donner l'exemple des grandes vertus. Tout en déférant aux conseils du Saint, doña Maria s'engagea cependant à observer les trois vœux de religion. Elle se lia par le vœu de virginité, embrassa l'obéissance et promit d'obéir en tout à Pierre ou à son confesseur, et enfin s'astreignit à la sainte pauvreté, en ce sens qu'elle renonça à toutes vaines parures. Ses revenus appartinrent aux pauvres et aux bonnes œuvres. La ville de Lisbonne lui dut l'établissement d'un couvent de religieuses réformées de Sainte-Claire où plusieurs jeunes filles de la cour prirent le voile. Elle fonda, à ses frais, à une lieue de Lisbonne, l'hospice de la Miséricorde. Sa charité se manifesta par des institutions dont le souvenir a attaché à son nom plus d'éclat que n'eussent fait les pompes du trône.

Pendant son séjour à la cour, Pierre ramena dans les voies du salut des seigneurs et des gentilshommes du plus haut rang, entre autres les ducs d'Aveiro et de Bragance, proches parents du Roi, dont l'exemple trouva de nombreux imitateurs. Les nouveaux convertis réformaient leurs mœurs. Quelques-uns quittèrent de grandes positions pour embrasser la vie religieuse.

Sur ces entrefaites, de graves démêlés avaient amené entre quelques-unes des principales familles d'Alcantara des rixes sanglantes. La ville était plongée dans le deuil. De puissantes médiations avaient échoué. Avec l'agrément du Roi, le Saint se rendit sur les lieux, et, par ses soins, ramenés à des sentiments plus raisonnables, les partis consentirent à un rapprochement.

Cette œuvre de pacification terminée, Pierre partit pour San-Onofre, et, arrivé le soir dans une campagne entièrement déserte, se disposa à y passer la nuit, au grand déplaisir de son compagnon qui avait faim. « Mon fils, dit le Saint, approchez de ces rochers; vous y trouverez des aliments. » Le religieux avança et vit, auprès d'une source limpide, un pain et un poisson sec. Après un sobre repas, les voyageurs s'endormirent d'un sommeil paisible jusqu'au lendemain.

VII

Le Saint est élu Provincial. — Il visite la province de Saint-Gabriel. — Réforme. — Fondations diverses. — Départ pour Mantoue. — Une maladie l'arrête à Barcelone. — Retour. — Apparition angélique.

Au mois d'octobre 1538, dans un chapitre tenu au couvent de la Mère-de-Dieu près d'Albuquerque, Pierre, alors âgé de trente-neuf ans, fut élu Provincial à l'unanimité des voix. Alarmé de cette nomination, il se jeta à genoux, et supplia ses Frères de diriger leurs suffrages sur un autre que lui; mais l'élection fut maintenue, et le futur réformateur dut s'incliner devant la volonté de Dieu.

Le premier soin du nouveau Supérieur fut d'étudier les besoins spirituels du troupeau qui lui était confié. A cet effet, il entreprit la visite des diverses maisons de la province de Saint-Gabriel. Il voyageait à pied, nu-tête, à jeun, sans aucune provision de bouche, célébrait la messe tous les jours, et, de distance en distance, s'arrêtait sur la route, afin de vaquer à la récitation de l'office monastique, obligation dont il ne s'écartait jamais. Le soir, à la dernière station, il commençait par visiter l'église, puis cherchait, pour y passer la nuit, quelque grange isolée et écartée où il fût à l'abri de l'empressement des populations, car il se dérobait avec soin à toute marque d'honneur. Son compagnon allait de porte en porte quêter un peu de pain, et ce pain obtenu de la charité publique formait l'unique aliment de la journée.

Dans les maisons de son Ordre, le Saint ne voulait pour lui aucun adoucissement de régime. Si fatigué qu'il fût, il s'associait à toutes les pratiques de pénitence, partageait tous les travaux, suivait tous les exercices. Il prêchait et instruisait ses Frères, et s'attachait à diriger les religieux dans les voies de la concorde et de la paix. De toutes les vertus monastiques, la charité fraternelle est peut-être celle que le Saint cultivait avec le plus de sollicitude. Il fermait la porte à la médisance, et ne permettait pas que, sous prétexte de zèle, un religieux en accusât un autre de transgresser la règle. En général, il réprimandait avec douceur; mais s'il s'agissait d'un manquement à la charité, même léger, alors il parlait en juge et punissait avec sévérité. Les besoins spirituels des communautés excitaient toute son attention, leurs besoins temporels ne le préoccupaient jamais; il se réjouissait de l'insuffisance des ressources, tant était vif chez lui l'amour de la sainte pauvreté.

Au terme de la visite provinciale, le serviteur de Dieu se retira en un couvent du centre de la province, de manière à correspondre aisément avec les autres maisons, et à pouvoir s'y transporter au besoin. Là il s'étudia plus que jamais à développer en lui l'esprit d'humilité et de charité. Les Frères qui revenaient de quêter étaient accueillis par le Saint comme des amis longtemps absents. Il les aidait à déposer leur fardeau, et, s'ils étaient mouillés, allumait de ses propres mains le feu destiné à sécher leurs vêtements. Un religieux se montrait-il soucieux ou mélancolique, le bon Supérieur le consolait et ramenait la sérénité dans son cœur. Les malades trouvaient en lui un ami tendre et dévoué. Il partageait leurs peines, prévoyait leurs besoins, les veillait pendant la nuit, les servait, faisait leurs lits, et surtout les encourageait à sanctifier la maladie, en offrant à Dieu leurs souffrances.

Un religieux gravement atteint dépérissait à vue d'œil, et refusait toute nourriture : « Mon fils, dit le Saint, n'est-il donc aucun aliment qui vous fît plaisir ? — Mon Père, répondit le religieux, je vous conjure, *pour l'amour de Dieu,* de me faire donner un peu de salade. » A ce mot de salade, on vit frémir les infirmiers ; mais notre Bienheureux, prenant sur lui la responsabilité de l'ordonnance, décida qu'un aliment demandé *pour l'amour de Dieu* ne pouvait faire aucun mal. Ce fut lui-même qui cueillit les herbages. Il assaisonna la salade de ses propres mains, et la présenta au religieux, qui, en ayant mangé, fut guéri à l'instant même.

La ville de Plasencia, que le Saint avait autrefois évangélisée, était troublée par des querelles et des rivalités de famille ; on était sur le point d'en venir aux mains. Pierre, qui avait pacifié les esprits à Alcantara, intervint ici avec le même bonheur. Par ses soins, la concorde se rétablit.

Au xvie siècle, l'Ordre des Frères mineurs semblait

avoir perdu quelque chose de son antique majesté. L'esprit de mitigation avait pénétré partout; la séve appauvrie ne circulait plus avec la même puissance. C'étaient encore des vertus; ce n'était plus l'esprit héroïque du premier âge, principe de tant de prodiges. La réforme de Saint-Gabriel, quoique régulière, laissait elle-même, sous ce rapport, beaucoup à désirer. Pierre constatait à regret la dégénérescence. Son désir eût été d'y remédier. Longtemps il avait cru entendre une voix lui dire, comme autrefois à saint François d'Assise : *Va relever ma maison qui menace ruine*. Devenu Provincial, toutes ses pensées se portèrent de ce côté. Il prépara un plan de restauration, et lorsque les lignes en furent suffisamment arrêtées, il convoqua ses Frères, afin de soumettre ses vues à leurs délibérations.

L'assemblée se tint au couvent de Saint-Michel, à Plasencia, le troisième dimanche après Pâques de l'an 1540. Notre Bienheureux ouvrit la séance par un discours où il exposa l'objet de la réunion. Remontant aux origines de l'Ordre séraphique, il rappela ses grandeurs et ses gloires, déplora ensuite l'affaiblissement de la discipline, fit ressortir les inconvénients de la mitigation, et conclut à la nécessité d'une réforme. Ce discours excita dans l'assemblé une vive agitation. Le mot de *réforme* n'est jamais sympathique aux parties intéressées. La plupart des Pères se prononçaient contre le projet. Ils en signalaient à leur point de vue les inconvénients, et le jugeaient irréalisable. Après que chacun eut librement exprimé son avis, le Saint, reprenant la parole, crut devoir insister. Il releva les objections, en démontra l'inconsistance, et parla avec tant de force et de raison que son discours produisit un revirement d'opinion. Le projet mis aux voix fut adopté. Notre Bienheureux, à qui ce succès causa la joie la plus vive, s'empressa de transmettre aux diverses maisons de la province copie des constitutions nouvelles et de la délibération de l'assemblée.

Un chanoine de la cathédrale de Plasencia, nommé don André de la Catena, avait un de ses parents chez les Franciscains de Saint-Gabriel. Édifié de la sainteté de ce parent, il offrit de fonder un couvent à ses frais. Pierre agréa la proposition et choisit, pour la nouvelle colonie, une solitude située à quinze milles de Plasencia. La maison fut construite sous les yeux du Saint et par ses soins. Il tint à présider lui-même aux travaux, afin que, dans la nouvelle maison, tout fût conforme aux règles de la sainte pauvreté. Le fondateur était parent de Mgr Caravajal, cardinal du titre de Sainte-Croix. Cette circonstance fut prise en considération, et c'est sous le titre de Sainte-Croix que le nouveau sanctuaire fut érigé.

Vers la même époque furent fondées plusieurs autres maisons, notamment celle de Notre-Dame-d'Espérance, près de Villanova de Fresno, et celle de Valverde, dans le diocèse de Badajoz. L'évêque de Ceuta, don François Henriquez, bienfaiteur de cette maison, la dota d'une miraculeuse image de la sainte Vierge longtemps conservée à Olivenza.

Le Chapitre général de l'Ordre venait d'être convoqué à Mantoue pour la fête de la Pentecôte de l'année 1541. Le Saint résolut de s'y rendre, accompagné du P. Diego de Chaves, qui exerçait alors les fonctions de custode. Il partit à pied et arriva à Barcelone, d'où un navire devait le transporter sur la côte d'Italie. Mais la Providence mit obstacle à ce dessein. Une fièvre violente, suite des fatigues du voyage, empêcha le Saint de s'embarquer. Retenu en Espagne, il désigna, pour le remplacer à Mantoue, le F. Alvar de Tavira. Il recommanda sur toute chose à ce religieux d'obtenir du Ministre général un visiteur capable de consolider l'œuvre de la réforme.

L'indisposition de Pierre ne fut que de courte durée. Aussitôt que ses forces le lui permirent, il retourna en Estremadure. Malgré son état de convalescence, il voulut voyager à pied. Un jour, pendant ce voyage, le Saint et Juan de Neiro étaient restés quarante-huit heures sans manger. Pierre recourut à Dieu par la prière, et au même instant un Ange, sous la forme d'un berger, abordant les voyageurs : « Mes Pères, leur dit-il, prenez courage. » En disant ceci, il leur présenta un pain blanc et un flacon du vin le plus exquis. Juan usa de ces aliments; mais le Saint ne prit rien. Il se tint à l'écart et causa avec l'Ange du Seigneur, qui bientôt disparut.

Le Saint touchait au terme de ses fonctions de

Provincial. Asseoir la réforme sur des bases solides était, dans les derniers instants de son pouvoir, l'objet de toutes ses préoccupations. Il recommanda les intérêts de la réforme au P. Bernard de San-Juan, qu'un chapitre réuni à Notre-Dame-d'Espérance venait de désigner pour lui succéder. En même temps, il eut la satisfaction d'apprendre que le nouveau Ministre général, le P. Juan Calvo, avait nommé Visiteur de la province de Saint-Gabriel le P. Louis de Caravajal, religieux d'une insigne piété, tout dévoué à l'étroite observance.

Affranchi des dignités, notre Bienheureux ne songea plus qu'à s'anéantir dans l'humilité et les plus obscurs travaux. « L'humiliation, disait-il, est le pain des saints. » Mais Notre-Seigneur, qui le destinait à la conduite des âmes, ne le laissa pas longtemps dans la retraite. Pierre exerçait une sorte d'attraction mystérieuse sur les cœurs. On venait à lui de toutes parts. La maison était comme assiégée par les personnes qui avaient à le consulter. Cette affluence attira l'attention des supérieurs. Ils jugèrent que le Saint serait mieux placé et produirait plus de bien dans un grand centre. En conséquence, ils l'envoyèrent à Plasencia, puis à Coria, où il rendit de grands services à don Diego Henriquez de Almansa, Évêque de cette dernière ville.

VIII

Le F. Martihno de Santa-Maria. — Fondation de l'Arabida. — Fondation de Palhaës. — Pierre d'Alcantara maître des novices.

En ce temps-là, un insigne serviteur de Dieu, appartenant à l'Ordre séraphique, le F. Martihno de Santa-Maria, pratiquait la vie érémitique sur le mont Arabida, en Portugal. Issu d'un sang illustre, ce religieux, après s'être sanctifié dans la vie de communauté, avait résolu, d'accord avec les supérieurs, d'aller vivre au désert. Pour lui en faciliter le moyen, don Juan d'Alencastro, duc d'Aveiro, neveu du roi de Portugal, son parent, avait mis à sa disposition, sur les bords de l'Océan, le mont Arabida que couronnaient un sanctuaire et un ermitage. Il s'y était retiré avec un autre religieux, qui depuis l'avait quitté; maintenant il était seul. Le duc d'Aveiro qu'inquiétait l'isolement de son parent, écrivit à Pierre d'Alcantara, et lui proposa de venir partager cette solitude.

Laissé libre par les supérieurs d'agréer ou de rejeter la proposition, notre Bienheureux soumit l'affaire à Dieu, et en conféra avec le P. Juan de Aquila qui précisément revenait des Indes. Les deux religieux considérèrent que leur présence en Portugal pouvait être un moyen de propager la réforme. Cette considération les décida à partir ensemble pour l'Arabida en 1542. Le duc d'Aveiro se montra plein d'égards pour leurs personnes ; les reçut dans son palais, et vint à plusieurs reprises les visiter sur la montagne. Ainsi que nous l'avons déjà fait remarquer, Pierre tenait à ce que les couvents de son Institut fussent situés en des lieux agrestes et sauvages. Le spectacle des grandes scènes de la nature lui paraissait propre à élever l'âme vers Dieu, et à la soutenir dans les voies de la vie contemplative. Le mont Arabida réunissait, sous ce rapport, toutes les conditions désirables. C'est sur les bords de l'Océan, à la pointe du cap d'Espichel, promontoire redouté des navigateurs, que la montagne dressait ses crêtes désolées. La mer, au pied des rochers, précipitait contre les récifs sa vague toujours brisée, toujours renaissante. On n'entendait sur la montagne d'autre bruit que le mugissement monotone du flot, ou le cri sinistre de l'oiseau de proie. Devant cette sublime nature semblaient avoir reculé les habitations humaines. De l'ermitage, l'œil plongeait dans les espaces illimités d'un monde éblouissant de lumière. L'horizon présentait un de ces admirables contrastes dont l'auteur de la création semble s'être fait un jeu de semer son œuvre. D'un côté, le calme des champs : de riches et fertiles vallées, couvertes d'orangers et de citronniers, resplendissantes des richesses d'un végétation tropicale ; de l'autre, les agitations de l'Océan : à côté du calme, l'écueil et la tempête ; à côté du port, la plaine des naufrages.

4.

De quelque côté qu'ils portassent leurs regards, les religieux trouvaient dans cette sublime nature un symbole de leur destinée : l'Océan leur rappelait les orages de la vie présente ; la paix des champs leur était une image du repos de la vie future. Pierre prit avec joie possession du gîte que la divine Providence avait ainsi placé sur le chemin de son pèlerinage, et bénit Dieu de son bonheur. *La félicité des gens du monde,* dit Bossuet, *se compose de tant de pièces qu'il en manque toujours quelqu'une.* Celle des saints est tout à la fois moins compliquée et plus solide. L'âme affranchie des tyranniques exigences des sens est plus près de la paix que l'âme asservie aux convoitises toujours satisfaites et toujours inassouvies de la passion. Ainsi le comprenait notre Bienheureux. La montagne de l'Arabida fut pour lui la montagne des saintes joies, parce qu'elle fut celle du sacrifice. Les austérités qu'il y pratiqua furent excessives. Il dormait à peine, et ne prenait d'aliments que tous les trois jours. Sa nourriture consistait en un peu de pain trempé dans de l'eau. Les FF. Martihno de Santa-Maria et Juan de Aquila rivalisaient avec lui de piété et d'abnégation. Rien n'eût troublé la régularité de la solitude, si les gens du duc d'Aveiro, chargés d'apporter les aliments, ne se fussent rendus incommodes par la fréquence de leurs apparitions. La divine Providence y pourvut, et conduisit sur la montagne un pieux jeune homme qui, échangeant beaucoup d'avantages temporels contre le sac de la pénitence, fut chargé d'aller quêter au palais. Ce jeune homme, qui fut depuis un religieux de beaucoup de mérite, se nommait Pedro Lagarto. La régularité de vie des solitaires de l'Arabida attira sur la montagne plusieurs religieux de Saint-Gabriel, notamment les PP. de la Catena et Pedro de Alconcer.

Le duc d'Aveiro pourvoyait libéralement aux besoins d'ailleurs peu nombreux de la petite colonie. Il fit construire pour les religieux des cellules distantes l'une de l'autre, d'un jet de pierre. La plus petite destinée à notre Bienheureux, était de telle sorte qu'il ne pouvait s'y tenir ni tout à fait couché ni tout à fait debout, comme il est facile de s'en convaincre, puisqu'elle existe encore. Les religieux couchaient sur des sarments ou sur des planches. Ils ne portaient ni sandales ni sabots, s'abstenaient de vin et de viande, et n'usaient de poisson qu'aux jours de fêtes. Des conférences spirituelles les aidaient à se soutenir les uns les autres contre le démon. A minuit, Pierre allait frapper à la porte des cellules, et les Frères se rendaient à la chapelle en chantant le *miserere*. Ils y récitaient matines, et faisaient oraison jusqu'à prime. Après prime, l'un d'eux disait la sainte messe, et les autres l'entendaient. A l'heure de tierce, ils assistaient à l'office divin et à la grand'messe, et se tenaient ensuite dans une rigoureuse retraite jusqu'à vêpres. Après vêpres, chacun vaquait à quelque travail manuel, jusqu'à complies. Tous les jours de l'année, été et hiver, se passaient ainsi.

Le P. Juan Calvo, Ministre général de l'Ordre, que quelques affaires appelaient en Portugal, ayant voulu voir la naissante famille, fut singulièrement édifié de la pauvreté des religieux, de l'exiguïté des cellules, de l'austérité du régime, et surtout de l'humilité de notre Bienheureux qui, déjà célèbre en Espagne et en Portugal, était venu s'ensevelir dans ce désert, sous les ordres du P. Martinho de Santa-Maria. Le Général autorisa les solitaires à recevoir des sujets dans leur compagnie. Or, le premier qui y entra en vertu de cette autorisation, fut précisément le compagnon même du P. Général qui se sentit comme retenu et enchaîné à l'Arabida par les vertus de notre Saint.

Le Ministre général à qui le marquis de Nissa venait d'offrir l'ermitage de Notre-Dame de la Consolation, proche de Palhaës, choisit, parmi les postulants déjà nombreux, les sujets les plus remarquables au nombre de six, et les envoya faire leur noviciat dans cette nouvelle maison, qu'il plaça sous la direction de Pierre d'Alcantara. Cette disposition eut pour effet de rapprocher le Saint de Lisbonne; car la petite ville de Palhaës, à l'embouchure du Tage, sur la rive gauche du fleuve, se trouve précisément en face de cette capitale. Le marquis de Nissa, qui donnait le couvent, aurait voulu construire un édifice somptueux. Pierre eut à soutenir une véritable lutte contre la munificence du fondateur, et exigea que les cellules fussent étroites et pauvres. La plus petite fut à son usage. Il y dormait chaque nuit une heure et demie, couché sur la pierre.

A Palhaës, pour combattre les révoltes de la chair, le Saint, en hiver, se plongea souvent dans des eaux glacées. Il disait en riant, qu'il recommençait son noviciat. Sous la direction d'un pareil maître, les novices firent d'admirables progrès, et le nouveau couvent fut une pépinière de saints.

Pour aller de Palhaës à Lisbonne, Pierre n'avait que le Tage à traverser. L'Infante doña Maria, le prince Louis, son frère, et le duc de Bragance l'attiraient à la cour le plus possible. Lorsqu'il était contraint d'y paraître, il affectait les manières et le langage d'un homme de peu de sens, afin d'appeler sur lui une sorte de déconsidération; mais l'opinion publique ne s'y méprit jamais; sa vertu éclatait malgré lui, et la ville et la cour le vénéraient comme un saint.

IX

Retour en Estremadure. — Voyage à Belvis. — Obsèques de don François de Monroi. — Visite au comte de Oropesa. — Extases. — Nouveau voyage à l'Arabida. — Prédications à Lisbonne. — Le P. Louis de Grenade. — Piété de l'infant don Louis. — Don Louis de Losa. — Fondation à Casaricca. — Juan de Aquila supérieur de la custodie de l'Arabida.

Éloigné depuis deux ans de la province de Saint-Gabriel, où il laissait un grand vide, Pierre fut rappelé par le Provincial. Brisant, sans se plaindre, les nœuds qui l'attachaient au Portugal, il revint, à la grande satisfaction de ses Frères, accompagné du P. Juan de Aquila. A peine de retour en Estremadure, il partit pour Belvis, où on l'envoyait accommoder quelques différends, mais où la Providence lui réservait une autre mission. Il arriva comme à point nommé pour fermer les yeux à don François de Monroi, comte de Belvis, qui succomba à une maladie de quelques jours. Ce seigneur, que distinguaient de grandes vertus et une humilité profonde, avait demandé d'être enterré devant l'église des Franciscains, afin que sa dépouille mortelle fût foulée aux pieds par les passants. Résistant sur ce point aux volontés du testateur, Pierre le fit inhumer honorablement et avec pompe dans l'intérieur même de l'église, et à l'entrée de la principale chapelle. Les honneurs rendus à la mémoire de don François de Monroi n'étaient, à proprement parler, que la libération d'une dette ; car ce seigneur était le fondateur et le bienfaiteur de la maison. Après avoir offert à la Comtesse les consolations de la religion et être allé à Rodrigo, où l'Évêque l'employa à une affaire importante, le serviteur de Dieu passa quelques jours chez le comte de Oropesa.

Des personnes de la maison, instruites que le Saint n'accordait au sommeil que quelques instants, eurent la curiosité de l'observer la nuit, au travers d'une ouverture pratiquée à cet effet dans le panneau de la porte. Elles le virent tantôt à genoux, tantôt élevé en l'air, tantôt debout et en extase, immobile comme une statue, ravi dans la contemplation des choses divines. On peut aisément se faire une idée de l'effet que produisaient sur les âmes de pareilles manifestations de sainteté. A cette époque, la vie du serviteur de Dieu n'était, à proprement parler, qu'une extase continuelle. Il se plaignait à Dieu de la fréquence de ces faveurs. Afin d'en dérober aux hommes la connaissance, il s'isolait et passait la journée seul et retiré dans un ermitage ; mais les serviteurs chargés de l'avertir au moment des repas l'y trouvaient ravi en Dieu, élevé de terre, à genoux, les bras étendus en croix, et les regards dirigés vers le ciel. Ainsi son secret transpirait. Quelquefois, c'était des jours entiers que durait cet état surnaturel. Les assujettissements de la vie ordinaire lui étaient visiblement à charge et le fatiguaient. Les aliments lui causaient une espèce d'horreur; il s'approchait de la table comme de la croix. Par complaisance pour ses nobles hôtes, il consentait à s'asseoir au banquet de la famille, mais ne prenait ordinairement qu'un bouillon coupé d'eau froide.

Lorsqu'il partit, le comte de Oropesa l'accompagna. Les élèves du collége se rangèrent sur son passage. L'un d'eux s'étant mis à genoux pour recevoir sa bénédiction, le Saint regarda fixement celui-ci et lui dit : « Mon fils, vous serez bientôt religieux. » L'étudiant sourit et fit un signe négatif, car il ne songeait à rien de pareil. Mais peu après, ce jeune homme entrait dans le cloître, fort étonné du changement qui s'était opéré dans son esprit.

Nous passons toute une période durant laquelle la vie de notre Saint n'est marquée par aucun événement important, et nous arrivons à l'année 1548. Cette année-là, le Chapitre, réuni le dimanche *in albis,* sous la présidence du Ministre général de l'Ordre, André de l'Isla, avait à élire un Provincial. Trois fois de suite, les voix s'étaient partagées entre notre Bienheureux et son ami Juan de Aquila. A une quatrième épreuve, les suffrages se balancèrent encore. On prit alors le parti de déférer l'élection au Ministre général; mais celui-ci, n'osant prononcer entre deux sujets si éminents, les écarta l'un et l'autre, au grand étonnement du Chapitre, et nomma Provincial le P. Garcia del Castillo, ce qui ne se fit pas sans une secrète disposition de la divine Providence, car notre Bienheureux, ainsi que nous le verrons tout à l'heure, était destiné à remplir une autre mission.

Après la tenue du Chapitre, Pierre d'Alcantara et Juan de Aquila, qui marchaient d'un pas égal dans les voies de la pénitence et de la réforme, se retirèrent à San-Onofre. Sur ces entrefaites, le P. Martihno de Santa-Maria était passé à une meilleure vie. Ce religieux, qui mourut comme meurent les saints, avait été remplacé, dans le gouvernement de la Custodie de l'Arabida, par le P. André Barella, de la province des Algarves. Sous le gouvernement de ce Père des troubles avaient éclaté. Certains religieux s'étaient mis en état de révolte contre la règle; le désordre était au comble.

Le duc d'Aveiro et l'infant don Louis se préoccupaient de la situation; ils la signalèrent au Provincial, Garcia del Castillo, qui sur-le-champ donna l'ordre à Pierre d'Alcantara et à Juan de Aquila de se transporter sur les lieux.

Pierre se rendit à l'Arabida d'abord, puis à Palhaës. Sa fermeté et sa prudence ramenèrent les esprits. Les malentendus furent éclaircis, les passions se calmèrent, et il ne resta bientôt plus aucune trace de ces regrettables divisions.

Notre Bienheureux, pendant son séjour à Palhaës, fit plusieurs apparitions à Lisbonne, à la prière de l'infant don Louis et de la princesse doña Maria. Cette capitale recevait de lui, avec joie, la parole de vie. Les lèvres du Saint, comme celles de

Jean-Baptiste, semblaient ne s'ouvrir que pour prêcher la pénitence, et annoncer aux pécheurs le prochain avénement de celui qui bientôt *rendra à chacun selon ses œuvres*. Il parlait librement et avec autorité aux pauvres et aux riches, devant le peuple et devant les princes. Ennemi de la fausse sagesse, qui consiste à retenir captive la vérité, Pierre se servait de la parole divine comme de la herse, qui déchire, il est vrai, le sol, mais qui féconde le sillon. L'Évangile était, à ses yeux, une puissance qui ne capitule jamais. Le courage, le zèle du Saint, son exemple surtout, produisaient des fruits inespérés. Il recueillait là où peut-être l'ouvrier vulgaire n'eût pas même osé semer. Cet Apôtre, que Dieu bénissait, était en même temps béni des hommes. Le célèbre P. Louis de Grenade, de l'Ordre de Saint-Dominique, l'un de ses admirateurs, ne se bornait pas à venir l'entendre ; il tenait à le voir dans l'intimité et lui faisait de fréquentes visites. Il voulut le connaître, l'étudier, s'éclairer de son expérience, s'inspirer de ses leçons. Ces deux cœurs, si dignes l'un de l'autre, se communiquaient, pour le plus grand bien des âmes, les méditations sublimes qui faisaient l'occupation de leurs jours et de leurs nuits.

L'infant don Louis, un des plus fervents disciples de notre Bienheureux, le prit pour guide de son âme, et s'abandonna entièrement à sa direction. Ce religieux prince eut un moment la pensée de renoncer à la cour, et de se consacrer à Dieu dans l'Ordre séraphique. Le Roi, qui en fut informé, le fit détourner de ce dessein par des personnes graves aux avis desquelles le prince se rendit; mais, sans prononcer de vœux, l'Infant, avec la permission du Roi, se retira à Salvaterra, dans le diocèse d'Evora, où il fonda un couvent de quatorze religieux dont il partagea la vie et les pieux exercices. Saint Pierre d'Alcantara ayant fait un voyage dans cette solitude, dut modérer les austérités du prince, qui se livrait sans mesure aux rigueurs de la pénitence. Le prince coula loin du monde une vie innocente et pure, et termina dans la paix de Notre-Seigneur des jours couronnés par la pratique des vertus chrétiennes.

Un gentilhomme portugais, don Louis de Losa, touché des doctrines et de la vertu du Saint, voulut fonder à ses frais, à Casaricca, près de Lisbonne, sous le titre de Notre-Dame-de-Pitié, un couvent dont l'inauguration se fit en 1550. Pierre résida quelque temps dans cette maison. Mais le nombre des visiteurs fut si considérable, les démonstrations de respect devinrent si gênantes, qu'il fut comme contraint de se réfugier sur la montagne de l'Arabida.

Prévoyant son prochain départ de Portugal, et voulant assurer, dans la colonie de l'Arabida, l'avenir de la réforme, notre Bienheureux décida le P. Juan de Aquila, dont il connaissait le mérite, à prendre la direction de cette Custodie. Le nouveau supérieur justifia les espérances du Saint, et se montra digne de gouverner les âmes. Pendant trente ans, l'habile pasteur dirigea ses Frères dans les voies de la perfection. Il mourut en odeur de sainteté en 1580. Les actes de sa vie se trouvent décrits dans les chroniques de la province de Saint-Gabriel.

X

Voyage à Plasencia. — La Guadina miraculeusement traversée. — Une assemblée à Xerès de los Cavalleros. — Chapitre général de l'Ordre à Salamanque. — La comtesse de Oropesa; prédiction réalisée. — Le vénérable Juan d'Avila. — Voyage à Séville. — Le P. Gaspard de Saint-Joseph.

Toutes choses étant ainsi réglées à l'Arabida, Pierre partit pour Plasencia, où il arriva le lundi de Pâques de l'an 1551. Les Pères qui y étaient réunis en chapitre, le revoyaient avec joie, et voulaient le nommer Provincial; mais il dirigea leurs suffrages sur le P. François de Martiago, et n'accepta même qu'à regret la charge de premier Définiteur.

L'année suivante, en 1552, au commencement d'octobre, devait avoir lieu à Xerès de los Cavalleros une réunion ayant pour objet de députer un Custode au Chapitre général de l'Ordre, convoqué à Salamanque pour l'année 1553. Parti de Plasencia, le matin, pour se rendre à cette réunion, le Saint arriva vers midi au bord de la Guadiana. Cette rivière rapide était alors débordée par suite des pluies. Sur le refus du batelier de le passer, il leva les yeux au ciel, commanda à son compagnon de le suivre, et les deux voyageurs traversèrent le fleuve, marchant sur les eaux. Témoins du prodige, les passagers acclamaient et bénissaient Dieu.

La réunion de Xerès de los Cavalleros s'ouvrit le 4 octobre, jour de la fête de saint François. Les belles qualités de Pierre d'Alcantara, ses talents, son caractère, son dévouement à la réforme, le signalaient au choix de ses Frères qui réunirent en effet sur lui leurs suffrages et le nommèrent Custode. En attendant l'époque de son départ pour Salamanque, le Saint résida à Xerès. Il s'y employa à *la plus divine des œuvres divines*, à l'œuvre du salut des âmes. Plusieurs brebis égarées furent par lui ramenées au bercail. Il convertit notamment trois jeunes hommes qui, ayant embrassé la vie religieuse, furent des modèles de perfection, et que l'on surnommait *les disciples de Pierre d'Alcantara*.

Un jour, dans une course apostolique, le serviteur de Dieu rencontra aux environs de Xerès une femme possédée du démon, qui, sous des dehors de décence et d'honnêteté, menait une vie criminelle. A l'instigation du complice de ses débordements, elle s'était donnée au démon corps et âme, et avait abjuré Dieu; ce qui ne l'empêchait pas de se montrer à la sainte table. Un jour donc, sur le soir, rencontrée par le Saint avec d'autres femmes qui s'approchèrent de lui pour recevoir sa bénédiction, elle n'osa les imiter et s'arrêta. Frappé de son embarras : « Ma sœur, dit le serviteur de Dieu, consentiriez-vous à m'écouter un moment? — Oui, mon Père, » répondit la pécheresse, qui n'osa décliner l'entretien de peur de se trahir. Pierre, la tirant à l'écart, lui parla avec bonté de l'état de sa conscience; mais elle se retranchait dans un silence absolu. Voyant qu'il n'en obtiendrait rien, et comprenant par une vue surnaturelle qu'il avait affaire au démon : « Ma fille, s'écria le Saint, ne vous souvient-il donc plus que tel jour, à telle heure, en tel lieu, dans telle circonstance, vous avez fait telle chose? » Et il lui raconta ainsi en détail, avec une précision effrayante, les secrets désordres de sa vie. Un coup de foudre eût produit sur la malheureuse moins d'effet que cette révélation inattendue des mystères de sa conscience. Interdite, confuse, éperdue, glacée de terreur, elle tomba aux pieds du Saint et les baigna de ses larmes. « Ange de Satan, s'écria alors l'homme de Dieu, au nom de Notre-Seigneur, je te commande de quitter cette créature et de rentrer dans l'abîme! » L'esprit impur ayant obéi, la femme fut soulagée et devint plus calme. Son cœur s'ouvrit aux consolations de la religion. Elle fit au Saint l'aveu de ses égarements, et mena depuis une vie irréprochable.

L'époque de la tenue du Chapitre général approchant, Pierre partit avec le Provincial pour Salamanque. Il revit avec émotion cette ville, berceau de ses études, premier théâtre de sa piété et de sa foi. Les docteurs, les maîtres, les dignitaires de l'Université, vinrent le visiter et puiser auprès de lui de ces leçons que les livres ne donnent pas. Les principaux personnages de la ville tenaient à honneur de le fréquenter. Ce qu'on admira peut-être le plus en lui, fut son humilité. L'esprit d'abaissement se révélait jusque dans son extérieur. La vue d'un si grand homme se présentant dans une assemblée si imposante, sous le plus pauvre des vêtements, était un spectacle à la fois touchant et instructif. Les supérieurs l'entouraient d'égards, d'estime et de vénération. Le P. Clément Monella, élu Ministre général, prévenait ses vœux, et désireux de lui être agréable, donna à la Réforme pour Commissaire visiteur un sujet d'élite, le P. Alfaro, qui déjà avait rempli cette charge avec distinction.

Après la tenue du Chapitre, Pierre quitta Salamanque. De retour en Estremadure, il reçut une lettre du comte de Oropesa, qui le suppliait de le venir voir, ayant, disait-il, besoin de ses conseils en une conjoncture délicate qui intéressait sa famille. Le Saint, s'étant rendu à Oropesa, trouva le Comte et sa femme soucieux. La Comtesse surtout laissait paraître une vive agitation causée par les irrésolutions de caractère d'un de ses enfants, le jeune don Juan, son deuxième fils, qui, ayant à choisir entre la carrière des lettres et celle des armes, montrait de la répugnance pour l'une et l'autre carrière, et vivait dans l'oisiveté. Justement alarmée du sort d'un cadet de famille sans état et sans fortune, la mère confiait ses inquiétudes à notre Bienheureux. Pendant qu'elle parlait, Pierre, silencieux et attentif, semblait interroger l'avenir. Quand la Comtesse eut fini, il lui dit avec autorité : « Madame, tranquillisez-vous; don Juan est à l'abri des malheurs que vous redoutez. Cet enfant possédera un jour des biens considérables ; et sa position ne sera nullement inférieure à celle de son frère aîné. » La Comtesse ne comprenait rien à cette réponse qui paraissait choquer toutes les vraisemblances ; mais telle était sa confiance dans le Saint qu'elle se rassura et devint plus calme. Sans s'expliquer davantage, Pierre engagea le Comte et la Comtesse à consacrer au Seigneur toutes leurs affections, et à unir plus que jamais leur volonté à la volonté de Dieu. Lorsqu'il les vit affermis dans ces pieuses dispositions, il prit congé et se retira. Quelque temps après, don François, fils aîné du Comte, tombait malade, et succombait à la fleur de l'âge, laissant à son frère don Juan tous les avantages et toutes les prérogatives du droit d'aînesse. Ainsi se vérifiait la prédiction de notre Bienheureux.

A Séville, vivait alors le vénérable Juan d'Avila, ce prêtre, ce prédicateur éminent, ce mystique sublime, que ses contemporains avaient à juste titre surnommé l'*apôtre de l'Andalousie.* Instruit par la voix publique de la sainteté de Pierre d'Alcantara et des grâces extraordinaires dont Dieu le favorisait, Juan lui écrivit et le supplia de faire un voyage à Séville, où sa présence aurait entre autres avantages celui de faire probablement réussir une affaire importante. Le Saint se rendit à l'invitation. Son voyage eut d'heureux résultats. L'affaire qui en était le principal objet fut menée à bien. Quelques âmes se convertirent. D'autres, déjà ferventes, firent d'admirables progrès dans la vie spirituelle. Pierre et

Juan d'Avila se voyaient tous les jours : ils se consultaient, se confiaient mutuellement leurs vues et leurs projets, et puisaient dans les discours l'un de l'autre de nouvelles forces pour le service du Maître.

A son retour, Pierre passa par Basa, petite ville des environs de Grenade: Invité par un gentilhomme de cette ville à bénir son fils, âgé de onze ans, le Saint regarda l'enfant avec attention et dit : « Élevez cet enfant avec soin; ce sera un jour un grand serviteur de Dieu. » Le jeune sujet dont il s'agit, connu depuis sous le nom de Gaspard de Saint-Joseph, fut l'un des plus éminents disciples de notre Bienheureux.

XI

Le Saint se sépare de la province de Saint-Gabriel. — Projet d'une observance plus rigoureuse. — Bref du pape Jules III. — Don Diego Henriquez de Almansa, évêque de Coria. — L'ermitage de Sainte-Croix de Cevola. — Extases et ravissements. — Promenades du soir. — Fontaine de Saint-Pierre d'Alcantara.

Les empressements dont il était l'objet dans les villes ne laissant à notre Bienheureux aucun repos, et le besoin de recueillement se faisant impérieusement sentir à son esprit, il obtint, vers le mois d'août 1554, de se retirer en une des maisons les plus isolées de la province. Là, débarrassé des soins extérieurs et des soucis de la vie active, il se livra tout entier aux pratiques de la vie érémitique et à la contemplation. Mais plus, par la prière, il approchait de Dieu, plus il progressait dans le sentier des saints désirs. Une voix intérieure lui signalait les maux de l'Église, lui en indiquait le remède, et le pressait de s'employer à établir, dans l'Ordre séraphique, une réforme plus étendue, plus entière, plus complète que celle dont l'essai tenté dans la province de Saint-Gabriel avait déjà produit des résultats précieux. La voix qui le sollicitait se reproduisant incessamment, il pria Notre-Seigneur, si cette voix venait de l'Esprit-Saint, et si cette réforme était dans les vues de sa divine providence, de le manifester clairement. Après de longs jours d'austérités et de saintes larmes, Pierre comprit, par une communication surnaturelle, que la réforme était en effet dans la volonté de Dieu; il fut en même temps averti par Notre-Seigneur qu'il devait, avant tout, solliciter du souverain Pontife un bref qui l'autorisât à se retirer loin des siens, avec un seul compagnon, dans un ermitage où il attendrait l'heure d'agir. L'embarras était d'introduire l'instance en cour de Rome : don Rodrigue de Chaves s'en chargea. Ce gentilhomme écrivit à Rome, afin de faire auprès du Saint-Siége les démarches nécessaires.

Le 4 octobre de l'année courante, 1554, le Chapitre dut se réunir à Manjarès, pour l'élection d'un Provincial. Le P. André de l'Isla, président de l'assemblée, aurait voulu diriger les voix sur Pierre d'Alcantara; mais la divine Providence, qui avait sur Pierre d'autres vues, réunit par deux fois les suffrages sur le P. Juan de Spinosa.

Peu après la tenue du Chapitre, Pierre reçut de Rome, par l'entremise de don Rodrigue, le bref sollicité, signé du pape Jules III. Muni de la pièce, il se rendit à Plasencia, et fit part au Provincial du dessein qu'il avait de se séparer de la congrégation. Le supérieur fut contristé de la communication, mais ne crut pas pouvoir se dispenser de déférer au bref du souverain Pontife. Il autorisa donc la retraite du Saint dans un ermitage de son choix. C'était pour le moment, tout ce que Pierre demandait : l'heure de la réforme ne devait sonner que plus tard.

Le serviteur de Dieu partit avec le P. Michel de la Catena, le plus dévoué de ses disciples. Il se rendit à Coria, près de l'évêque de cette ville, don Diego Henriquez de Almansa, qui, dans un rang si élevé, se dirigeant par les maximes de notre Saint, assistait les pauvres et les malades, menait une vie dure et pénitente, pratiquait en toute rigueur les conseils évangéliques, et était ainsi l'édification de son peuple. Le Prélat et son frère le comte de Nieba accueillirent avec une cordiale vénération le P. Pierre d'Alcantara, et, disposés à seconder de tout leur pouvoir des projets dont ils appréciaient l'importance, mirent à sa disposition un petit sanctuaire situé près de Sainte-Croix de Cevola. Notre Bienheureux n'accepta de terrain que ce qu'il en fallait pour construire deux cellules. La sienne avait quatre pieds de long sur un peu moins de cinq de haut, et, dans sa plus grande longueur, le jardin ne mesurait que dix pieds. Tel fut le berceau de la réforme.

Dieu est la richesse de ceux qui se font pauvres pour son amour. Ce pénitent dans ses souffrances, ce religieux dans ses humiliations, goûtait une joie que le monde ne connut jamais. Ce que le pieux cénobite sacrifiait à Dieu dans l'ordre de la nature, Dieu le lui rendait avec usure dans l'ordre de la grâce. Moins il participait à la vie des sens, plus il participait à la vie divine. Il y avait en lui comme deux hommes : l'homme de la chair, l'homme de l'esprit. Une prison de boue suffisait au fils d'Adam ; à l'enfant de Dieu il fallait plus qu'une maison, plus qu'un palais. Les libres espaces de l'air étaient devenus comme nécessaires à cette existence agrandie, préglorifiée, qui semblait tenir à la fois de l'homme et de l'ange. Partout ailleurs que sous la voûte des cieux, le Saint se sentait à l'étroit. La nuit, lorsque les étoiles scintillaient au front du firmament, il sortait et s'agenouillait au milieu des champs. Le temple auguste de la création était, pour ainsi dire, le seul sanctuaire digne à ses yeux de la majesté divine. Là, son esprit s'élançait plus librement vers le Créateur ; là, ne trouvant plus d'obstacle, il s'écriait avec le Prophète : *Oh! qui me donnera les ailes de la colombe? Je volerai et me reposerai* [1]. Et celui qui entend la voix de l'insecte sous l'herbe, écoutait les soupirs de son serviteur. Miraculeusement affranchi des lois du monde terrestre, libre de la sainte liberté des enfants de Dieu, le Saint prenait en effet son vol comme la colombe ou comme l'aigle. Le pied du pèlerin quittait la terre de l'exil. Une force inconnue attirait le banni vers la patrie. Le ciel semblait s'ouvrir à celui que le péché ne retenait plus au carcan de l'expiation. Dans cet irrésistible essor de

---

[1] Quis mihi dabit pennas sicut columbæ? Et volabo, et requiescam (Ps. LIV, 6).

l'âme vers son Dieu, le voyageur semblait vouloir, vivant encore, s'élever jusqu'à ces étoiles que son pied devait fouler un jour. Les actes du procès de canonisation constatent que les hauteurs parcourues furent quelquefois considérables. A plusieurs reprises, on vit le Saint planer dans les airs, à genoux, au-dessus de la cime des plus grands arbres. Arrivé à une certaine élévation, il restait immobile, en extase, debout ou à genoux, les bras étendus, les yeux dirigés vers le ciel et quelquefois baignés de larmes. A le voir ainsi, plein de grâce et de majesté, suspendu entre le ciel et la terre, il semblait que le monde fût indigne de le posséder, et qu'il appartînt aux hiérarchies célestes. Ces ravissements aériens, ces vols extatiques embrassaient une certaine durée. D'après les témoins entendus au procès, ils se prolongèrent quelquefois pendant une partie des nuits.

De pareils phénomènes, nous le savons, sont un mystère pour la pauvre raison humaine. Mais de quel côté l'esprit de l'homme se tournera-t-il sans rencontrer le mystère? Dans le monde des corps, l'attraction aussi n'est-elle pas un mystère? Et Newton, qui en découvrit la loi, prétendit-il jamais en déterminer le principe [1]?

---

[1] Certains savants ont pris le parti de regarder comme non avenus tous les phénomènes de l'ordre surnaturel, et de les repousser comme inconciliables avec leurs théories religieuses préconçues et fausses. Périssent les faits, disent-ils, plutôt que leurs systèmes ! Ce procédé n'est conforme ni à la vraie science ni à

Le comte de Nieba, voulant jouir de plus près du commerce de notre Bienheureux, vint, avec toute sa famille, habiter la terre de Sainte-Croix de Cevola. L'Évêque lui-même, don Diego Henriquez de Almansa, y venait chaque fois que les sollicitudes du gouvernement pastoral le lui permettaient. Le pieux Pontife aimait à prier avec le Saint. Cette prière en commun augmentait, disait-il, sa ferveur et sa foi.

Souvent, à la chute du jour, par complaisance pour le bon Prélat, Pierre faisait avec lui de longues et solitaires promenades. On partait au hasard. On se dirigeait à travers les blés jaunissants, le long des bois et des prairies, dans les vallons ou sur le penchant des collines. Les splendeurs du soleil couchant, le calme du soir, les approches de la nuit prêtaient au paysage le charme de leurs paisibles et mystérieuses harmonies. Quelques-uns des problèmes de la destinée humaine fournissaient ordinairement le sujet d'un entretien, dont le souffle de l'Esprit-Saint semblait diriger et déterminer les

---

la saine philosophie. Les faits sont la terre ferme de la science : le savant qui déserte les faits ressemble au soldat qui déserte son drapeau. Les grands philosophes et les grands historiens de l'antiquité ne commirent pas cette faute. Tite-Live, Cicéron, Virgile, Horace, Tacite, Suétone constatent à l'envi les faits surnaturels antérieurs ou contemporains, et poussent l'exactitude jusqu'à enregistrer, sans même en comprendre le sens, les rumeurs prophétiques relatives à la naissance du Sauveur. Il faut leur savoir gré de cette fidélité. L'historien infidèle prépare des armes au sophiste. La doctrine vraie se place dans les faits; le Christianisme est une question de fait.

mouvements. Calme d'abord, la conversation peu à peu s'animait. De degrés en degrés, les esprits s'élevaient du créé à l'incréé, du monde des sens au monde invisible. Les intelligences atteignaient les points culminants de la pensée. Les âmes touchaient à ces promontoires de la foi, à ces hauteurs sublimes d'où l'œil des saints aperçoit, dans les perspectives de l'infini, les lointaines irradiations du jour éternel. Les moments ainsi employés s'écoulaient avec rapidité. Les heures se succédaient comme les rêves d'une nuit heureuse. On ne songeait plus à se retirer; et quelquefois ces effusions intimes, qui n'avaient eu que Dieu pour objet et les anges pour témoins, se prolongèrent jusqu'à l'aurore.

On montre encore une fontaine, sur les bords de laquelle les deux serviteurs de Dieu aimaient à venir s'asseoir au déclin du jour, et dont les eaux, sanctifiées par leur présence, guérissaient les malades. *La fontaine de Pierre d'Alcantara* est aujourd'hui recouverte d'une pieuse chapelle. Trois siècles ont passé; les générations se sont succédé; l'esprit du Saint plane encore dans ces lieux, que ses vertus ont illustrés. Les siècles se précipitent; les ruines s'amoncèlent : seule, au milieu des vicissitudes, la croix reste debout : *Stat crux, volvitur orbis*[1].

Le souverain Pontife avait fait de don Diego

---

[1] Devise des Chartreux.

Henriquez de Almansa un évêque; les exemples et les conseils de Pierre d'Alcantara, joints à la grâce de Dieu, en firent un saint. Le Prélat mourut en 1565, à Salamanque, où il s'était rendu pour assister à un concile provincial.

XII

Situation morale et religieuse de l'Europe au XVIe siècle. — L'Espagne préservée des invasions du protestantisme. — Le Saint se rend à Rome. — Il obtient un bref du pape Jules III. — Retour en Espagne. — Cruelles épreuves.

De jour en jour, Pierre d'Alcantara sentait s'accroître en lui le désir d'instituer une Réforme qui, pratiquant en toute rigueur la première règle de l'Ordre séraphique, fît revivre dans le monde le pur esprit de saint François. Pour apprécier la convenance et l'opportunité de l'institution projetée, il faut tenir compte des immenses événements qui, alors, agitaient l'Europe.

Le fil de notre récit nous a conduit à l'année 1554. A cette époque, Luther était déjà mort; malheureusement, son œuvre de destruction lui survivait, et le mal, rapidement propagé, avait pris des proportions effrayantes. La royauté temporelle de Jésus-Christ, détestée des Juifs, cette royauté pour l'inauguration de laquelle Notre-Seigneur déclare être précisément venu en ce monde, *ad hoc veni in mundum*[1]; cette royauté dont l'impérissable titre a figuré sur l'inscription de la croix, fut de tout temps, et alors

[1] Joan., XVIII, 37.

peut-être plus que jamais, le point de mire des sectaires[1]. Armés du double marteau des passions religieuses et des passions politiques, les démolisseurs du xvi° siècle crurent avoir mieux réussi contre Rome que leurs devanciers. Les feux de joie de Wittenberg annoncèrent un jour au monde la prochaine destruction du royaume de Jésus-Christ. Ces triomphateurs mal avisés oubliaient que le Christ se relève de ses défaites, et que les victoires remportées sur cet incompréhensible ennemi sont plus fatales au vainqueur que des déroutes ; ils oubliaient que celui qui *tue* le Christ aujourd'hui le rencontrera demain vivant et immortel. Ils se trompaient donc; mais, si l'esprit du mal a jamais pu se faire illusion sur sa puissance, c'est certainement aux jours néfastes de ce xvi° siècle qui a déchaîné sur les hommes plus de maux que le monde ne compte de jours. *Homicide dès le commencement,* car au

---

[1] Tout le procès intenté par les Juifs à Notre-Seigneur, et repris depuis, de siècle en siècle, ne roule, à proprement parler, que sur ce chef d'accusation : *Il s'est dit* ROI : « Pilate lui dit : Vous « êtes donc ROI ? Jésus lui répartit : Vous l'avez dit : JE SUIS ROI : « *c'est pour cela que je suis né, et que je suis venu dans le* « *monde.* Les soldats ayant fait une *couronne* d'épines, la lui « mirent sur la tête, et le revêtirent d'un *manteau d'écarlate.* « Puis, venant à lui, ils disaient : Salut, ROI des Juifs! Les Juifs « criaient : Quiconque se fait ROI est ennemi de César. Pilate s'as- « sit donc dans son tribunal, et dit aux Juifs : Voici votre ROI. « Mais ils se mirent à crier : Otez-le, ôtez-le, crucifiez-le ! Pilate « leur dit : Crucifierai-je votre ROI ? Les princes des prêtres ré- « pondirent : Nous n'avons point d'autre ROI que César. Alors, il « le leur abandonna pour être crucifié. Pilate fit aussi une in- « scription qui fut mise au haut de la croix où étaient écrits ces

fond de tout sophisme il y a du sang, la prétendue Réforme promenait sur l'Europe ses bandes fanatiques, enrégimentées pour le meurtre et pour le pillage. Le succès des sectaires parut tenir du prodige. En moins de quarante ans, des pans entiers de l'édifice catholique, unique boulevard de la vérité et du droit dans le monde, avaient été par eux démolis et renversés.

La Saxe, la Prusse, une partie de la Suisse, le Danemark, la Suède, l'Angleterre, s'étaient violemment séparées du Vicaire de Jésus-Christ. Les derniers nés de l'Église, les plus intéressés au maintien de sa puissance, les riches avaient été les premiers à la trahir. Énervée, corrompue, la noblesse de l'Europe, autrefois mieux inspirée, désertait aujourd'hui, du moins en partie, la cause de la civilisation, pour se ranger sous le drapeau rétrograde de la prétendue libre pensée. L'esprit de vertige, favorisé par les passions grossières, gagnait de proche en proche, atteignant les têtes les plus élevées. Pour le malheur du monde et leur propre malheur, les souverains, complices de la révolte, inauguraient dans l'Europe, jusqu'alors préservée de pareils délires, le détestable principe de la liberté des âmes dans le mensonge. Ces majestés insensées oc-

---

« mots : JÉSUS DE NAZARETH, ROI DES JUIFS. Cette inscription
« était écrite *en hébreu, en grec et en latin* (Jean, XVIII, XIX, *passim*). Et j'entendis une grande voix dans le ciel qui dit : C'est
« maintenant qu'est établi le salut, la force et le RÈGNE de notre
« Dieu (Apoc., XII, 10). ».

troyaient aux passions le droit de tout dire, en attendant que l'émeute leur arrachât le droit de tout faire, et qu'une autorité rivale, dont ils semblaient ne soupçonner pas même l'existence, armée contre eux de leurs propres sophismes, s'arrogeât le droit de disposer de leurs couronnes et de leurs vies. Avec la religion périssaient les lois et les mœurs. La propriété et la famille chancelaient sur leurs bases, et l'ordre social menaçait ruine. Un philosophe allemand de nos jours, publiciste justement célèbre, Görres, a écrit une phrase remarquable : « L'Église et l'État, dit-il, ne doivent pas être identifiés par une sorte de panthéisme social qui confond le prêtre et le roi; mais l'Église et l'État doivent, en gardant chacun son individualité propre, s'unir par une sainte communauté d'efforts et de direction[1]. » En rompant, autant qu'il était en eux, cette *communauté d'efforts et de direction*, les disciples de Luther ébranlaient l'une des grandes lois de l'ordre moral, et jetaient la civilisation chrétienne hors de ses voies.

Dans des circonstances analogues, au XIIe et au XIIIe siècle, les pacifiques milices de saint François et de saint Dominique avaient, à force de dévouement et de charité, calmé les passions, concouru à sauver le royaume de Jésus-Christ menacé par d'autres sectaires. Rompant avec les tendances sensua-

---

[1] Görres, *la Mystiq. div., natur. et diab.*, tom. I, p. 39. Trad. de M. Charles Sainte-Foi.

listes et panthéistiques de leur époque, ces deux Ordres s'étaient développés par le renoncement aux richesses et aux honneurs, par la faim, le froid, la nudité, la pauvreté volontaire, le travail et la souffrance. Pourquoi, au xvie siècle, en face de tendances toutes pareilles, ces Ordres ne seraient-ils pas appelés à rendre les mêmes services ? Que leur manquait-il pour cela, sinon de se renouveler dans les vives eaux de la pauvreté et du sacrifice, et de se retremper ainsi aux sources de leur institution ? Le Christianisme, c'est la vie des âmes ; c'est le ressort, le mobile, le but suprême de la civilisation. Réformer les Ordres religieux, sentinelles avancées de la monarchie chrétienne, c'était donc réformer le monde. Régénérés dans la charité, ces grands corps allaient de nouveau répandre la vie. Avec l'ancien esprit, avec l'héroïsme des antiques vertus, renaîtraient l'ancien ascendant, l'ancienne puissance ; et, pour un temps du moins, arrachée une fois de plus à ses propres aveuglements, l'Europe serait retenue sur le penchant de l'abîme[1]. L'action de notre Saint

---

[1] « Tandis qu'il vaquait à de si saints exercices, dit le P. Marchese, Pierre se sentit plus que jamais embrasé du désir de réaliser des projets conçus à l'occasion des désastres de l'Église, et de l'ébranlement causé par Luther, dont les doctrines, propagées de jour en jour sur tous les points de la chrétienté, inoculaient aux peuples le poison. Pour soutenir l'Église, dont tant d'âmes trahissaient la cause, Pierre, à l'exemple de saint François, voulait arborer la croix, et réunir ses frères réformés autour de l'étendard du salut. Il voulait, avec l'aide de Dieu, envoyer les siens jusqu'au bout du monde, les faire marcher à la conquête des âmes assises dans les ténèbres de l'infidélité, et compenser ainsi

tendait ainsi, en réalité, à seconder, à quelque degré, dans la mesure des moyens de l'Ordre séraphique, et au moins indirectement, la gigantesque entreprise de saint Ignace de Loyola qui, dix ans auparavant, c'est-à-dire en 1534, avait jeté les fondements d'un Institut, dont les membres s'engageaient à combattre l'hérésie sur tous les points du monde chrétien. Pierre d'Alcantara conviait les siens à s'associer à la lutte par la prière et la pénitence. Sa voix trouva de l'écho. Sa pensée fut comme le principe générateur de l'admirable mouvement de réforme qui, se propageant dans les Ordres religieux, concourut, au xvie siècle, à préserver la Péninsule des envahissements du protestantisme. Arrêté et contenu par les digues de la sainteté, le torrent blanchit l'obstacle de son écume et se brisa. Le flot de la révolte avait pénétré jusqu'en France ; mais les Pyrénées furent le terme de ses audaces. Il ne les put franchir, et, presque seule en Europe, grâce aux efforts combinés de ses saints et à l'attitude de ses Ordres religieux, grâce aussi à sa Constitution et à l'héroïque concours de son immortel souverain Philippe II, l'Espagne, au xvie siècle, réussit à maintenir l'intégrité de sa foi et l'inviolabilité de ses sanctuaires. Mais le mouvement auquel Pierre d'Alcantara s'était ainsi associé, ne profita pas à l'Espagne seulement. La chrétienté

---

les pertes occasionnées par l'apostasie. » (*Vita del B. Pietro d'Alcantara*, p. 92.)

tout entière en recueillit le fruit. Il est en effet remarquable que les grandes apostasies datent toutes de la première moitié du xvie siècle. A partir de l'époque qui nous occupe, aucune défection nationale nouvelle ne vint contrister le cœur de l'Église. Refoulé dans les limites de ses premières conquêtes, le protestantisme resta stationnaire, et ne réussit même pas toujours à garder les positions acquises. Quelque sommaires que puissent être les éclaircissements qui précèdent, ces éclaircissements suffisent aux besoins de notre récit : le lecteur peut désormais mesurer la grandeur des plans de Pierre d'Alcantara, et apprécier l'importance des projets auxquels le Saint consacrait sa vie[1].

Pendant que Pierre délibérait, Notre-Seigneur lui fit connaître qu'avant de rien entreprendre, il devait se rendre à Rome et soumettre ses vues au souverain Pontife. Le Saint prit pour compagnon de voyage le P. Michel de la Catena, et partit avec lui à pied et pieds nus.

A Rome, Pierre d'Alcantara voulut avant tout

---

[1] Quatre siècles environ après leur fondation, les Ordres institués par saint François comptaient encore en Europe, ou dans les autres parties de la chrétienté, 5,437 maisons d'hommes et 7,700 maisons de femmes, renfermant environ 263,000 religieux ou religieuses. Le personnel des Ordres religieux est aujourd'hui moins considérable; mais le personnel des prisons, des dépôts de mendicité et des polices de l'Europe a reçu en revanche de fabuleux accroissements : cela doit être; car toute diminution d'action morale dans un pays implique la nécessité d'un développement correspondant et proportionnel de la force publique.

vénérer le tombeau des saints Apôtres; il visita ensuite une à une les insignes basiliques de la cité, recommandant à Dieu l'affaire qui l'amenait aux pieds du Vicaire de Jésus-Christ; mais il rencontra tout d'abord, du côté même des siens, de graves obstacles. Alarmés des troubles et des embarras inséparables d'une réforme, les chefs de l'Ordre l'accueillirent froidement, et, s'affranchissant envers le réformateur des égards que semblait commander son caractère, refusèrent de l'écouter. Le serviteur de Dieu mit au pied de la croix ces prémices d'humiliation, et, rebuté des hommes, plaça toute sa confiance en Notre-Seigneur.

Admis à l'audience du pape Jules III, le saint religieux exposa humblement ses projets; mais Sa Sainteté ne se montra nullement disposée à les seconder. Le Pape vit de grandes difficultés à établir la réforme, et de plus grandes difficultés encore à la maintenir. Diverses tentatives du même genre avaient échoué. « Il fallait, dit le Pape, s'en tenir aux leçons de l'expérience et ne pas tenter l'impossible. » Tout en écartant assez brusquement la demande qui lui était faite, le Saint-Père fut cependant frappé de la physionomie du solliciteur et de la sagesse de ses réponses.

Pierre n'était pas homme à se rebuter si aisément. Il se tint à Rome dans la retraite, priant et faisant pénitence, et recommandant à Dieu le succès de son entreprise. Après un certain laps de temps, il sollicita du souverain Pontife la faveur d'une nouvelle audience. Mieux disposé cette fois, le Pape l'accueillit avec bonté, l'écouta avec attention, et, contre tout espoir, prenant en considération sa demande, l'autorisa à mettre ses projets à exécution. Afin qu'il fût plus libre, Sa Sainteté le détacha de la province de Saint-Gabriel, et plaça la future réforme sous la juridiction du Ministre général des Conventuels[1]. Avant de congédier notre Bienheureux, le Pape se recommanda à ses prières, et lui donna sa bénédiction apostolique.

Notre-Seigneur semblait avoir lui-même dirigé la pensée et la volonté de son Vicaire. Pierre avait obtenu tout ce qu'il désirait. Il alla faire part du résultat de l'audience au P. Magnano, Général des Conventuels, qui le reçut avec bonté, l'encouragea dans ses desseins, et lui donna avec empressement les lettres patentes dont il pouvait avoir besoin. Après des négociations si heureusement terminées, il ne restait au Saint qu'à remercier Dieu. Il visita une dernière fois les sanctuaires de Rome et se mit en route.

Dieu, dit sainte Térèse, *est de ceux qui payent les grands services qu'on leur rend par des mortifications; et,* suivant la réflexion de la Sainte, *ce payement est bien le meilleur, puisqu'il fait acquérir l'amour de Dieu.* Pierre, sous ce rapport, fut traité avec une sorte de libéralité. La mesure du

---

[1] Les Frères mineurs conventuels étaient désignés en France sous le nom de *Cordeliers*.

salaire fut pleine et entière. A peine de retour en Espagne, il s'y vit comme écrasé sous le poids des tribulations. La calomnie attaqua ses moindres démarches. Humiliés d'un projet de réforme qui semblait porter atteinte à leur considération, les religieux de Saint-Gabriel ne mirent aucune mesure à l'expression de leur mécontement, et traitèrent le Saint de transfuge. Pour avoir autorisé sa retraite à Sainte-Croix de Cevola, le Provincial fut privé du droit de vote au prochain Chapitre. Pierre lui-même fut cité par le Commissaire général à venir en personne donner ses explications. En vertu du bref du Pape, il pouvait se dispenser d'obtempérer ; il aima mieux s'humilier et obéir. Il comparut donc. Le Commissaire général lui reprocha de semer dans l'Institut l'esprit de trouble et de nouveauté, et l'engagea, puisqu'il cherchait la perfection, à la trouver d'abord dans l'accomplissement des obligations de son état. Pierre reçut cette dure réprimande à genoux et en silence, ne répondit rien au Supérieur, rien aux religieux qui l'accusaient ; mais, ayant vu que son silence même était pris en mauvaise part, il s'expliqua avec douceur : « Vous pouvez avoir raison, dit-il ; le rôle de réformateur ne convient guère à un serviteur inutile tel que je le suis. Mais, si les réformes dont il s'agit manquent d'opportunité, rien ne vous oblige à les accepter. » Le bon sens et la modération du serviteur de Dieu réduisirent ses adversaires au silence.

C'est sur la patience et l'humilité que Pierre entendait fonder l'édifice de la réforme. Il se réjouissait des contradictions du moment, dans la pensée que ces contradictions serviraient un jour à ses disciples d'encouragement et de leçon. *Lorsque Dieu veut montrer qu'un ouvrage est tout de sa main,* dit Bossuet, *il réduit tout au néant, puis il agit.* Témoin ce qui se passe ici : la divine Sagesse humilie, comme à plaisir, l'instrument dont elle va se servir pour l'exécution de ses desseins.

XIII

Le Saint fonde au Pedroso le premier couvent de la réforme. — Historique de cette fondation. — Voyage à Avila. — Noces d'un gentilhomme. — Ravissement admirable. — Un procès devant l'évêque de Plasencia. — Maladie. — Rivière miraculeusement traversée. — Inauguration du couvent du Pedroso.

S'il avait des adversaires, le Saint comptait aussi des amis dévoués. Le bon Évêque de Coria, don Diego Henriquez de Almansa, l'appuyait de tout son crédit. Des religieux d'un rare mérite, les Pères Léon de Lisbonne, François de Galisteo, Pédro de Alconcer, Barthélemi de Sainte-Anne, et plusieurs autres marchaient courageusement sous la bannière du serviteur de Dieu. Le Prélat conseillait de procéder tout de suite à l'inauguration de la réforme, et de donner ainsi au bon droit l'autorité du fait accompli. Il offrait même de construire un couvent à ses frais, à Sainte-Croix de Cevola; mais, le monastère de Saint-Marc de Altamira n'étant situé qu'à quatre milles de là, les deux établissements se fussent trouvés trop rapprochés l'un de l'autre. Don Rodrigue de Chaves et sa femme levèrent les difficultés : ils proposèrent, pour la fondation projetée, la terre du Pedroso qui leur appartenait, et qui, réunissant toutes les conditions désirables, fut immédiatement acceptée.

Un jour qu'il se rendait dans cette terre, Pierre, sur le chemin, frappa à la porte de la maison de deux de ses pénitentes. C'était en hiver; il se présentait couvert de neige de la tête aux pieds : ses cheveux étaient hérissés de glaçons [1]. L'une des dames le gronda doucement : « A quoi pensez-vous, dit-elle, mon Père, de voyager tête nue par un temps pareil? — Ma fille, répondit le Saint, les princes se découvrent devant le Roi; trouvez-vous mauvais qu'un religieux se découvre devant Dieu? » Au même moment, éclairée d'une lumière surnaturelle, la pieuse dame vit auprès du Saint, d'un côté, Notre-Seigneur, et de l'autre, saint François d'Assise.

Arrivé au Pedroso, Pierre dressa les plans et devis du couvent projeté, et alla ensuite à Plasencia solliciter de l'Évêque l'autorisation nécessaire, car le Pedroso faisait partie du diocèse de Plasencia.

Peu après, le Saint se rendit à Avila, à la prière de doña Guiomar de Ulloa dont il dirigeait la conscience, et qui avait à le consulter sur une affaire importante. Nous parlerons ailleurs de cette noble dame, qui eut le bonheur de vivre dans l'intimité de deux saints, et dont le nom est devenu inséparable des noms de Térèse et de Pierre d'Alcantara.

Pendant son séjour à Avila, le serviteur de Dieu

---

[1] Cum nudum caput imbribus et nive exponeret interdum capilli gelu concreti deciderent (*V. Bull. canon.*).

fut invité par un riche gentilhomme à assister à son mariage. Il refusa d'abord; mais, le futur ayant allégué la présence de Notre-Seigneur et de sa sainte Mère aux noces de Cana, Pierre consentit à paraître à la cérémonie et ensuite dans le cortége des jeunes époux. Au lieu d'entrer dans la salle du festin, il s'était retiré seul dans un appartement. Quelques personnes, ayant entr'ouvert la porte, le trouvèrent en extase, élevé en l'air : son front brillait d'une couronne de lumière. Le château en un moment retentit du bruit de l'événement. Les convives accourus se pressaient autour du Bienheureux, et contemplaient avec une religieuse émotion celui dont la sainteté leur était ainsi manifestée. L'extase se prolongea, et, à sa grande satisfaction, le Saint fut dispensé de paraître au banquet.

Avant de quitter Avila, Pierre avait intéressé à ses projets don Velasquez, favori de l'empereur Charles-Quint. Ce seigneur promettait, pour le Pedroso, des bois de charpente; le comte de Torrejon fournissait les ouvriers. L'œuvre, commencée sous les plus heureux auspices, fut poussée avec activité. Pendant la semaine, Pierre s'employait aux travaux comme un simple ouvrier; mais le dimanche était donné à la construction d'un édifice tout spirituel, c'est-à-dire à l'édification des âmes et à la prédication de la parole de Dieu. Après avoir annoncé aux pécheurs la pénitence, le Saint faisait aux petits enfants le catéchisme, et daignait leur apprendre à lire.

De son côté, le démon ne négligeait rien pour étouffer la réforme dans son berceau. Des religieux du voisinage, se prétendant lésés dans leurs droits, inquiets d'ailleurs de l'inauguration d'une règle qui, disaient-ils, dépassait les forces humaines, avaient porté plainte devant l'Évêque de Plasencia. Admis à présenter ses explications, Pierre se rendit dans cette ville, et réfuta victorieusement les griefs des adversaires. On lui reprochait d'introduire des nouveautés : il prouva que la réforme était une restauration, la restauration pure et simple de la règle de Saint-François. L'Évêque, après avoir entendu le Saint, le renvoya de la plainte, et l'encouragea dans son entreprise.

Usé par les austérités, le serviteur de Dieu était tombé malade à Plasencia, dans la maison de don Diego de Loezel. Ses hôtes lui prodiguaient des soins empressés ; mais, pendant sa maladie, il ne diminua rien des rigueurs de son régime, et refusa tout adoucissement. Pour le décider à prendre un peu de vin, il fallut lui en imposer l'obligation, en vertu de la sainte obéissance.

Rendu à la santé, Pierre partit pour Alcantara, et ayant pris dans cette ville un charpentier qui lui avait offert ses services, se dirigea sur le Pedroso. Il précédait ses compagnons, et lisait en marchant. Arrivé au bord d'une rivière qui réunit les eaux de l'Alagon et du Marère, il entra dans la rivière sans s'en apercevoir, car il était en extase. Sourd aux cris de ses compagnons qui l'avertissaient du péril, il marcha sur les flots comme sur la terre ferme, et fut reçu à l'autre bord par les villageois, qui, l'apercevant ainsi, s'étaient jetés à genoux. Lorsqu'il eut repris ses sens, et vu le péril auquel il venait d'échapper, cette marque extraordinaire de la bonté de Dieu parut le couvrir de confusion. Il invita les villageois à joindre ses remercîments aux siens, et à demander à Dieu qu'il fît bon usage des grâces dont il se sentait comblé.

A son retour, Pierre trouva les constructions du Pedroso fort avancées. Rien de plus pauvre que la nouvelle maison. Les cellules ressemblaient à des tombeaux. Les portes en étaient si basses que, pour entrer ou sortir, il fallait se courber. Lorsqu'on demandait au Saint la raison de cette disposition : « Ces portes, disait-il, rappelleront aux religieux qu'ils sont morts au monde, et que la porte du paradis est étroite. » Dans sa plus grande dimension, et mesuré à l'intérieur, le couvent n'avait que trente-deux pieds de long sur huit de large. Et parce que les murailles ne limitent pas l'immensité de Dieu, dit un biographe, le Saint avait voulu que l'église fût petite.

Le sanctuaire du Pedroso fut dédié à Marie immaculée. La cérémonie de la dédicace se fit avec solennité. C'était en l'année 1555. Don Rodrigue de Chaves et le comte de Osorno s'étaient chargés de tous les frais. Les villages voisins envoyèrent leurs populations : le sanctuaire se trouva trop étroit. Les fidèles, refluant au dehors, formaient devant l'église une masse compacte. Pierre, après avoir lu à haute voix l'acte de consécration, supplia la Reine des cieux de bénir la nouvelle maison, et de la rendre féconde.

XIV

Austérité du régime du Pedroso. — Dévotion du Saint pour le mystère de la Passion. — Adjonction de quatre couvents. — Pierre nommé Commissaire général de la réforme. — Deux fondations du comte de Oropesa. — Un mort rendu à la vie. — Premier Chapitre général. — Le duc de Lerme. — Notre-Seigneur ordonne au Saint de se rendre à Avila, près de sainte Térèse.

L'esprit humain, dit le vénérable cardinal Bellarmin, *ne trouvera son repos ni dans de chimériques dignités, ni dans des richesses de boue, ni dans les voluptés honteuses, ni dans les fausses clartés de la science humaine.* Dieu, en effet, ne se communique ni par le monde, ni par la chair : les bienheureux sont ceux qui ont faim et soif de la justice. Ainsi l'ont compris tous les saints ; ainsi le comprenaient les religieux du Pedroso. Sur la terre de l'expiation, ils ne cherchaient que mépris et souffrances, et, martyrs du sacrifice, aspiraient à régler leur pénitence sur celle du Sauveur, qui ne finit qu'avec sa vie. L'humilité dirigeait toutes leurs actions. Cette vertu, qui rend l'homme affable et bon, les prédisposait à s'entr'aimer. Ils briguaient la dernière place comme la plus sûre et la meilleure, et c'était à qui obéirait avec le plus d'empressement aux ordres du supérieur. Le régime alimentaire consistait en un plat de légumes, préparé le dimanche pour le reste de la semaine. Pierre, quoiqu'il ne mangeât que tous les trois jours, s'astreignait néanmoins à l'obligation de présider lui-même la table. Sauf le cas de maladie, l'usage du vin était interdit. Les vêtements se composaient d'une bure grossière. Au dire du vénérable serviteur de Dieu don Juan d'Albuquerque, l'Institut séraphique revivait au Pedroso dans sa pureté.

Ainsi que nous avons déjà pu le remarquer, Dieu ménage dès ce monde à ses amis des jouissances dont les grossières ivresses des enfants de ténèbres ne sauraient donner aucune idée. Nous avons parlé et nous parlerons ailleurs des extases du Saint ; notons ici qu'à cette époque de sa vie la pensée du serviteur de Dieu parut se concentrer dans la méditation du mystère de la Passion. La contemplation des scènes du Calvaire l'embrasait à ce point que, pour calmer ces divines ardeurs, il dut plusieurs fois se plonger dans l'eau froide.

Don Fernand Henriquez, oncle de l'Amirante de Castille, et don Diego Suarez, attirés par les vertus du Saint, vinrent résider au Pedroso, proche du couvent. Beaucoup d'autres gentilshommes voulurent visiter le sanctuaire de la pénitence. Ils en approchaient avec respect ; et, pénétrés de vénération pour notre Bienheureux, s'écriaient avec le Psalmiste : « Nous nous prosternerons dans les lieux que ses pieds ont foulés ; *Ado-*

rabimus in loco ubi steterunt pedes ejus [1]. »

En moins d'une année, l'esprit de réforme avait jeté au Pedroso des racines profondes. Il s'agissait actuellement pour notre Saint de propager cet esprit, de l'étendre, et de multiplier les maisons de l'Institut. La Providence parut venir en aide à ses bons désirs.

Deux grands serviteurs de Dieu, les PP. don Pasqual et Alphonse de Manjarès, autrefois religieux de Saint-Gabriel, avaient, depuis quelques années, fondé quatre couvents réformés, dont trois en Galice, et un autre près de la forêt de Loriana. La mort du P. Pasqual, supérieur général, fit concevoir aux religieux de la province de Saint-Jacques l'espérance de réduire ces couvents sous leur juridiction. Il s'ensuivit de graves conflits. Voulant apaiser les troubles, don Juan Velasquez, l'un des principaux bienfaiteurs desdits couvents, représenta à Pierre d'Alcantara que Dieu serait honoré, s'il consentait à faire des trois maisons de Galice et de la maison de Loriana des annexes du Pedroso.

Après en avoir conféré avec ses Frères, Pierre accepta la proposition, et les cinq maisons ainsi réunies formèrent une Custodie, qui prit le titre de Saint-Joseph. Le P. Antonio, élevé à la dignité de custode, fut envoyé à Rome, afin d'obtenir du Ministre général des Conventuels qu'il donnât au P. Pasqual un successeur. C'est à Pavie, où il se

---

[1] Ps. CXXXI, 7.

trouvait accidentellement, que le Ministre général reçut le P. Antonio. Instruit de la situation, ce Ministre décerna à Pierre d'Alcántara le titre de Commissaire général de la réforme en Espagne, et confirma ainsi l'érection de la Custodie de Saint-Joseph. C'était en 1556.

De retour en Espagne, le P. Antonio s'était hâté de porter ses dépêches au Pedroso. Notre Bienheureux, à l'instant même, déposa les pièces sur l'autel du Saint-Sacrement, rendant grâce à Dieu de l'heureuse issue d'une affaire si importante. Peu de jours après, il partait pour visiter les maisons de sa juridiction, et commençait par la maison de Loriana, où il fut accueilli avec un religieux empressement. Il y reçut des lettres par lesquelles le comte de Oropesa se plaignait obligeamment que la première fondation eût été faite ailleurs que sur ses terres, et demandait un dédommagement. Pierre répondit au Comte de la manière la plus gracieuse, et lui promit satisfaction. Les religieux des couvents de Galice attendaient impatiemment le Saint. Après de si longs troubles, ils avaient besoin d'entendre une voix qui ramenât le calme. Le serviteur de Dieu remplit à leur égard l'office de consolateur, et dressa pour eux un règlement provisoire, en attendant les constitutions, dont il s'engageait à leur faire parvenir prochainement une copie.

Le succès couronnait les efforts du Saint. La malveillance n'osait entrer en lice contre un joûteur si visiblement assisté de Dieu. L'approbation du souverain Pontife et l'appui de l'empereur Charles-Quint contenaient d'ailleurs les adversaires. On murmurait, il est vrai : la réforme, disait-on, manquait de base; l'œuvre ne durerait pas : vains pronostics que devait démentir l'événement.

Aussitôt que le Saint fut de retour au Pedroso, le comte de Oropesa vint l'y trouver, et, l'emmenant dans les domaines de sa juridiction, y mit à sa disposition l'emplacement de deux couvents, qu'il s'engageait à bâtir à ses frais. L'un de ces emplacements, situé au milieu des montagnes, à trente milles de Oropesa, était déjà sanctifié par un antique oratoire. Sur l'autre emplacement, s'élevait une petite chapelle, en vénération dans le pays, dédiée à Notre-Dame-du-Rosaire; tout près de là, les ruines d'une ancienne maison de Templiers rappelaient au voyageur les vicissitudes d'un Ordre célèbre.

Pendant que le Saint s'occupait de ces fondations, le jeune comte de Morata, fils du comte de Osorno, était tombé dangereusement malade. Le mal avait résisté aux remèdes; les médecins ne conservaient plus d'espoir. A peine de retour au Pedroso, Pierre, à la demande du comte de Osorno, se rend au château : la distance à parcourir était de trois milles. Lorsqu'il arriva, l'enfant avait rendu l'esprit. La Comtesse, et sa fille la marquise de las Navas, s'abandonnaient à leur douleur. A la vue du Saint, les sanglots redoublèrent. La malheureuse mère s'était jetée aux genoux de Pierre, le conjurant de lui rendre son fils. L'homme de Dieu, s'arrachant aux supplications de la Comtesse, entre dans la chambre du défunt; il se prosterne, prie, et, nouvel Elisée, penché sur le cadavre, le couvre de son corps. Au contact du Saint, l'enfant paraît se ranimer; son cœur bat; ses yeux se rouvrent à la lumière; il se relève plein de vie. La première parole du jeune Comte fut un cri de gratitude. Notre Bienheureux se déroba aux acclamations, et se retira, renvoyant à Dieu toute louange. Le miracle eut du retentissement, et fit grand bruit en Espagne [1].

Beaucoup de gens du monde, quelquefois des savants et des personnes de distinction, venaient trouver le Saint, demandant à prendre l'habit religieux. La famille de la réforme s'augmentait ainsi de jour en jour, et l'accroissement du nombre des religieux faisait sentir le besoin de resserrer les nœuds de la discipline. Pierre crut le moment venu de réunir pour la première fois un Chapitre général. L'assemblée fut convoquée à Loriana. Comme il se rendait à la réunion, le Saint rencontra sur la route le carrosse de don de Roxas de Sandoval. Ce seigneur, dont le nom rappelle celui du fameux duc de Lerme, avait salué en passant l'humble Franciscain; mais le Religieux, peu frappé des choses extérieures, n'avait rien remarqué. Don de Roxas étonné

---

[1] Nous reproduisons ce fait sur l'autorité du P. Marchese, qui copie les actes du procès de canonisation.

fit arrêter ses chevaux, et demanda quel était le religieux qui se dispensait ainsi de rendre le salut. Au nom de Pierre d'Alcantara, Sa Seigneurie s'inclina, et parut vivement regretter d'avoir été privée du bonheur de s'entretenir avec un religieux si célèbre et si vénéré.

L'intention du serviteur de Dieu, en réunissant le Chapitre, était de faire adopter pour toutes les maisons de la réforme la règle suivie au Pedroso. Il exposa ses vues à l'assemblée, et la mesure proposée passa à l'unanimité.

Après la tenue du Chapitre, notre Bienheureux ne s'arrêta au Pedroso que quelques jours. Une inspiration divine le décida à partir brusquement pour Avila, où en apparence aucun intérêt ne l'appelait. Don Diego de Yepez, évêque de Tarragone, l'un des biographes de sainte Térèse, tient pour certain que Pierre d'Alcantara avait reçu de Notre-Seigneur l'ordre de se rendre auprès de l'illustre Vierge d'Avila qui, alors éprouvée par de grandes afflictions, avait besoin d'être protégée et soutenue. Quoi qu'il en soit de cette conjecture, l'époque à laquelle nous sommes arrivé verra commencer, entre le réformateur de l'Ordre séraphique et la future réformatrice du Carmel, des relations dont le souvenir parfume encore l'Église, et dont le récit serait incomplet, si nous ne le faisions précéder d'un exposé sommaire de la vie de la bienheureuse mère Térèse de Jésus.

XV

Sainte Térèse [1]. — Son enfance. — Son entrée au couvent de l'Incarnation d'Avila de l'Ordre du Carmel. — Grave maladie. — Guérison miraculeuse. — Tiédeurs. — Vie nouvelle. — Extases.

Térèse naquit à Avila, dans la Vieille-Castille, le 28 mars 1515, de don Alphonse Sanchez de Cépéda et de dona Béatrix de Ahumada. Lorsqu'elle vint au monde, Pierre d'Alcantara, qui devait un jour diriger cette âme bénie, était dans la seizième année de son âge. La Sainte appartenait à une famille nombreuse : « Nous étions, dit-elle, trois sœurs et neuf frères. Grâce à la bonté divine, tous, par la vertu, ont ressemblé à leurs parents, excepté moi. » En 1522, à sept ans, accompagnée de son frère Rodrigue, à qui elle avait persuadé d'aller avec elle moissonner la palme du martyre, Térèse quittait en secret le toit paternel, et partait pour le pays des Maures. Rencontrés par un des leurs au delà du pont de l'Adaja, les deux enfants furent ramenés à leur mère désolée. Ainsi s'était révélé jusque dans

---

[1] Nous nous conformons, pour le nom de sainte Térèse, à l'orthographe adoptée par le R. P. Bouix, de la Compagnie de Jésus, dans sa traduction des Œuvres de la Sainte. Les raisons qui portent le savant jésuite à rectifier l'orthographe de ce nom nous paraissent concluantes. A ce sujet, nous prévenons le lecteur que nous ferons à l'intéressant travail du P. Bouix de nombreux emprunts, mais en abrégeant et en resserrant quelquefois le texte, suivant le besoin de notre récit.

les rêves du jeune âge, le grand esprit de Celle qui devait un jour attacher aux armoiries de sa noble famille le blason de la sainteté.

Béatrix de Ahumada, mère de la Sainte, que la Sainte nous représente comme ravissante de grâce et d'esprit, de modestie et de beauté, n'avait que trente-trois ans lorsqu'elle mourut. Térèse, qui touchait à sa douzième année, entrevit la grandeur de la perte qu'elle venait de faire. Dans sa douleur, la jeune fille était allée se jeter au pied d'une image de la très-sainte Vierge, priant la consolatrice des affligés de lui servir de mère. Et depuis, Térèse eut en effet dans le ciel une mère, dont elle déclare n'avoir jamais invoqué vainement le tout-puissant secours.

Dans l'histoire de sa vie, écrite par elle-même, la Sainte se reproche amèrement et comme des fautes graves, quelques-unes de ces imperfections de l'enfance dont, sur la terre, aucune créature, une seule exceptée, n'a pu être tout à fait exempte. Elle avait pris plaisir à la lecture des livres de Chevalerie, à la parure, et à certaines relations de famille qui auraient pu, par la suite, présenter des inconvénients. « Ce que je recherchais uniquement, dans ces sociétés de famille, dit la Sainte, c'était une causerie aimable et de bon ton. Mais enfin, malgré la pureté de mes vues, pareille occasion pouvait me devenir dangereuse[1]. »

---

[1] *Vie*, p. 24.

Les relations de famille auxquelles la Sainte fait allusion, ne durèrent que quelques mois. En 1531, Alphonse de Cépéda ayant marié une de ses filles, Térèse, âgée de seize ans, trop jeune pour rester seule, fut placée comme pensionnaire au couvent des Augustines d'Avila, où l'on élevait les jeunes filles de la Noblesse. Dans cette maison, elle demandait à Dieu de l'appeler à l'état qu'il voudrait ; mais elle aurait voulu que le bon plaisir de Dieu fût de ne l'appeler point à la vie religieuse, pour laquelle elle se sentait de l'éloignement. Pendant qu'elle flottait, incertaine et irrésolue, Dieu lui envoya une grave maladie, et elle dut, après un an et demi de séjour chez les Augustines, rentrer sous le toit paternel. Là, les pensées de vie religieuse, longtemps combattues, se ranimèrent et devinrent pressantes. Dieu l'emporta. Inébranlablement affermie dans la pensée d'être toute à Jésus-Christ, Térèse, s'arrachant à son père qui faisait de vains efforts pour la retenir, entra, âgée de dix-huit ans et demi, au couvent de l'Incarnation d'Avila, de l'Ordre du Carmel ; c'était le 2 novembre 1533. Le combat qu'en ce moment Térèse eut à soutenir contre la nature fut terrible : « Oui, s'écrie-t-elle, je dis vrai, et le souvenir en est encore tout vivant, au sortir de la maison de mon père, mon âme éprouva comme une mystérieuse agonie. La dernière heure ne saurait, je crois, réserver d'angoisses plus cruelles. Je sentis mes os comme se disjoindre. Je luttai avec un suprême effort[1]. » Mais, le jour où Térèse prit le saint habit, le calme lui fut rendu; un bonheur pur inondait son âme : « Je n'avais pas encore vingt ans, s'écrie l'héroïque vierge, et déjà, ce me semble, je foulais aux pieds le monde vaincu[2]. »

Térèse avait prononcé ses vœux le 3 novembre 1534. Elle tomba malade l'année suivante. Son père avait obtenu de la conduire à la campagne. Mais à la campagne, son état ne fit que s'aggraver. Au mois d'août 1536, sa situation paraissait désespérée. La jeune religieuse fut administrée; le bruit de sa mort s'accrédita à ce point, qu'un service funèbre fut célébré pour le repos de son âme dans un des couvents de l'Ordre. En 1537, la Sainte se fit ramener mourante au couvent de l'Incarnation. Abandonnée des médecins de la terre, elle eut recours aux médecins du Ciel. La malade prit pour protecteur saint Joseph. « Ce tendre père de mon âme, dit la Sainte, se hâta de me tirer de l'état où languissait mon corps. Grâce à sa puissante bonté, je sentis renaître mes forces. Je me levai, je marchai, je n'étais plus paralysée[3]. »

Par une de ces contradictions si communes à notre pauvre nature, c'est au moment d'une si insigne faveur que Térèse précisément sembla perdre quelque chose de son ancienne ferveur. De négligence en négligence, elle en vint à quitter et à abandonner

[1] *Vie*, p. 36.
[2] *Ibid.*, p. 42.
[3] *Ibid.*, p. 68.

l'exercice de l'Oraison mentale. Cet état de tiédeur se prolongea environ cinq ans, c'est-à-dire jusqu'en 1542, époque où la Sainte eut le malheur de perdre son père. Sous l'influence de la douleur que lui causa cet événement, elle reprit le saint exercice de l'Oraison, et essaya de renouer cet *intime commerce d'amitié où l'âme s'entretient seule à seul avec Dieu.*

Suivant la remarque de saint Jean de la Croix, *Dieu ne se communique suavement et pleinement qu'à un cœur dénué des affections terrestres.* Tout en se rapprochant ainsi de Dieu, Térèse avait cru pouvoir stipuler, au profit de la nature, certaines réserves en apparence légères. Il lui en coûtait de rompre des amitiés déjà anciennes; elle continuait de recevoir les personnes du monde, qu'attiraient auprès d'elle les agréments de son esprit et les charmes de sa conversation. Bien qu'innocentes, ces relations eurent cependant le grave inconvénient de contrarier dans cette grande âme les mouvements de la grâce : « La vie que je menais, dit la Sainte, était pénible. D'un côté, Dieu m'appelait; de l'autre, je suivais le monde. Je voulais, ce me semble, allier deux éléments contraires : la vie spirituelle et ses douceurs, la vie des sens et ses plaisirs. Lutte cruelle, parce qu'au lieu de tenir le sceptre, l'esprit se trouvait esclave [1]. »

Cette lutte secrète de la nature contre la grâce durait, chez la Sainte, depuis quatorze ans, lorsqu'en

---

[1] *Vie,* pp. 86, 87.

1555, la vue d'une statue de Notre-Seigneur couvert de plaies produisit sur son esprit une impression mystérieuse si profonde, qu'elle résolut de se donner à Dieu tout entière. En renonçant aux liaisons qui l'avaient captivée, Térèse brisa le dernier lien qui l'attachât aux créatures. Rendue ainsi à la liberté, elle marcha depuis sans obstacle dans les voies extraordinaires par lesquelles Notre-Seigneur la dirigeait, voies de l'extase et du ravissement, dont personne mieux que la Sainte ne saurait nous donner une juste idée. Qu'est-ce que l'extase ?

« Par l'extase, dit Térèse, l'âme prend son vol vers Dieu, s'élève au-dessus du créé, au-dessus d'elle-même ; ce vol suave et délicieux se fait sans bruit. Le corps, dans le ravissement, reste comme mort, et dans l'impuissance d'agir ; il conserve l'attitude où il fut surpris ; demeure sur pied ou assis, les mains ouvertes ou fermées, en un mot, dans l'état où le ravissement le saisit. Quoique d'ordinaire on ne perde pas le sentiment, il m'est arrivé d'en être entièrement privée ; ceci a été rare et a duré peu de temps. Le plus souvent, le sentiment se conserve ; bien qu'on ne puisse agir à l'extérieur, on entend. C'est comme un son venant de loin [1]. »

Les éclaircissements qui précèdent indiquent assez à quelle sublimité de vie Térèse était alors parvenue : revenons à notre récit.

[1] *Vie*, pp. 253-259, *passim*.

XVI

Afflictions de sainte Térèse. — La Sainte est accusée d'illusion. — Ses confesseurs se méprennent sur le caractère des grâces dont elle est comblée. — Saint Pierre d'Alcantara redresse sur ce point l'opinion. — Il prend ouvertement, dans Avila, la défense de la séraphique Mère. — Portrait du Saint par sainte Térèse.

Les afflictions que la Sainte éprouvait tenaient précisément aux faveurs dont Dieu la comblait. Des grâces si exceptionnelles, méconnues et mal interprétées dans le milieu où s'écoulait sa vie, y étaient devenues compromettantes pour son repos. Attentive à cacher le *don de Dieu,* Térèse tenait ces grâces secrètes, et ne s'en ouvrait qu'à ses directeurs ou à des amis, de qui les lumières pussent diriger et guider son inexpérience. Mais les confidents de sa pensée en avaient imprudemment ébruité et divulgué le secret. L'œuvre de Dieu était ainsi livrée aux appréciations peu éclairées d'une communauté de deux cents religieuses qui, n'ayant aucune connaissance expérimentale ni théorique suffisante des voies extraordinaires par lesquelles Notre-Seigneur conduisait Térèse, jugèrent ces voies fausses et dangereuses. Il n'y eut, dans la maison, qu'un sentiment là-dessus. Personne ne voulut croire à la réalité des visions de la Sainte. On tint pour certain qu'elle s'égarait. L'illusion qu'on lui attribuait parut évidente. Térèse, convaincue, on le croyait du moins, de témérité et d'erreur, fut soumise à une sorte de persécution morale, sourde, persistante, de tous les jours et de toutes les heures, persécution de tous contre un seul. Que de blessures faites par les hommes à ce cœur que devait percer un jour le glaive d'or du Séraphin ! Térèse, si discrète, si réservée lorsqu'il s'agit des fautes d'autrui, n'a pu dissimuler entièrement, dans le récit de sa vie, les souffrances que ces injustes jugements lui ont causées : « Notre-Seigneur, dit la Sainte, permettait que je fusse en butte à de grandes persécutions, et souvent mal jugée en des choses où j'étais innocente[1]. » Ailleurs, la plainte revêt, sous sa plume, une expression plus vive, plus douloureuse : « Que de hontes ! s'écrie la sainte Mère, que d'angoisses, que de persécutions et d'alarmes m'a causées l'aveu de ces visions[2] ! » Térèse se sentait comme étouffée sous le poids de cette frauduleuse autorité du nombre qui, si souvent parmi les hommes, donne à la passion et à l'erreur l'apparence du bon droit. On ne gardait plus à son égard aucune mesure; on parlait de l'exorciser; on prévenait contre elle ses confesseurs, et on la décréditait ainsi jusque dans le sanctuaire de cette intimité sacrée, dont la porte n'est ouverte qu'à Dieu seul. Ce qu'il y avait pour la Sainte de plus poignant, c'est que des esprits exempts de pré-

---

[1] *Vie*, p. 382.
[2] *Ibid.*, p. 389.

jugés et de passion, des esprits droits et éclairés, d'une piété éprouvée, partageaient à son sujet les préventions des religieuses. Ses amis eux-mêmes la condamnaient, et persistaient à ne voir dans l'œuvre de Dieu en elle qu'une œuvre satanique. Ainsi les coups les plus sensibles, les plus déchirants, lui venaient des mains qui lui étaient le plus chères. Un de ses confesseurs lui it qu'il était clair que ses visions venaient du démon, et lui ordonna, lorsque l'esprit de ténèbres se montrerait, de le repousser avec un geste de mépris. C'était infliger à Térèse la plus cruelle des tortures, car elle savait à n'en pouvoir douter que celui qu'elle repoussait ainsi, avec une apparence de mépris, était Notre-Seigneur lui-même.

Sur ces entrefaites, c'est-à-dire en 1558, arriva à Avila un jeune religieux de la Compagnie de Jésus, devenu depuis justement célèbre : c'était le P. Balthasar Alvarez. Ce religieux, dont le nom rappelle une vie admirablement pure, venait d'être ordonné prêtre ; il n'avait que vingt-cinq ans, et déjà son savoir et ses vertus le plaçaient au premier rang des maîtres de la vie spirituelle. Térèse le prit pour confesseur, lui découvrit son âme, et attendit de lui force et consolation. S'il eût dirigé son illustre pénitente par ses propres inspirations, qui étaient droites, le jeune confesseur eût été précisément le guide dont Térèse avait besoin ; mais un sentiment exagéré de défiance de lui-même le porta à s'inspirer des conseils d'autrui : il subordonna ses vues à des vues moins sûres, moins étendues que les siennes, et il en résulta pour la Sainte et pour lui-même de dures tribulations. « Il était, dit Térèse, fort prudent et fort humble ; mais sa grande humilité m'attira bien des peines. Quoique savant et homme de grande oraison, il ne se fiait pas à lui-même : Notre-Seigneur ne conduisait pas son âme et la mienne par le même chemin. Il eut beaucoup à souffrir à mon sujet. Je sus qu'on lui conseillait de se défier de moi, et de craindre un piége du démon [1]. » Ces secrets dénigrements contristaient le cœur de Térèse, et la jetaient dans d'étranges perplexités. Les choses en étaient venues à ce point, que la Sainte appréhenda d'être abandonnée des confesseurs : « Je craignais, dit-elle, de voir venir le moment où je ne trouverais plus de confesseurs, et où tous me fuiraient. Je ne faisais que pleurer. Mes angoisses étaient assez fortes pour me faire perdre l'esprit. Pauvre femme, imparfaite, faible, craintive, je me voyais condamnée par les gens de bien [2]. » Condamnée de tous, même *des gens de bien !* Que d'amertume dans ce mot ! comme il résume les souffrances de la séraphique Mère !

Telle était la situation. Térèse voyait *clairement que personne ne la comprenait* [3] ; et il ne lui était pas même permis de s'expliquer, car chacune de ses paroles lui était reprochée comme violant les règles

---

[1] *Vie*, p. 381.
[2] *Ibid.*, pp. 381, 385.
[3] *Ibid.*, p. 404.

de l'humilité. La mesure de ses maux était comble ; il ne lui était donné de prévoir aucun terme à ses douleurs, lorsque, touché de pitié sans doute, Notre-Seigneur dirigea vers sa Servante, dans la personne de saint Pierre d'Alcantara, l'Ange des consolations.

A Avila, Pierre se mit en relation avec dona Guiomar de Ulloa. Cette dame de grande naissance était fille de Pedro de Ulloa, gouverneur de Toro, et de dona Aldonce de Guzman. Demeurée veuve en 1552, à l'âge de vingt-cinq ans, dona Guiomar s'était rendue chère à sainte Térèse par de rares vertus, jointes à une exquise droiture de jugement. Son expérience des choses de la vie spirituelle était grande. « C'était, dit la Sainte, une âme à laquelle Notre-Seigneur aimait à se communiquer dans l'oraison : aussi daignait-il lui faire connaître ce que les savants ignoraient [1]. » Elle s'employait à adoucir les peines de Térèse, et, pleine d'une foi vive, ne pouvait s'empêcher de voir l'esprit de Dieu dans ce que tous les autres regardaient comme l'œuvre du démon. Par son conseil, la Sainte, d'accord avec les supérieurs, se décida à consulter le P. Pierre d'Alcantara, et à le voir, soit dans la maison même de dona Guiomar, soit dans les églises d'Avila.

Dès la première entrevue, Térèse se sentit soulagée. Elle parla au Saint en toute confiance, lui ouvrit son cœur, lui rendit compte de sa vie, de son orai-

---

[1] *Vie de la Sainte*, p. 401.

son, des mouvements de la grâce en elle et des merveilleuses faveurs dont Dieu la comblait. Pierre prêtait à ces communications une oreille attentive, et semblait tenir à ne pas perdre un mot de l'entretien. Sa physionomie disait ce qu'il éprouvait. La Sainte avait pour la première fois le bonheur de se sentir comprise. Une âme, enfin, correspondait à son âme. Elle n'était plus seule. Le guide expérimenté dont elle invoquait les lumières, entendait sa langue, la parlait, et allait pour ainsi dire au-devant de sa pensée. Les chemins peu frayés de la vie contemplative étaient familiers à ce guide; il s'y orientait; il en savait les détours; il en signalait les accidents, et se montrait capable d'en aplanir au besoin les difficultés. Suivant lui, Dieu était, sans nul doute, le principe et l'auteur des merveilles dont la Sainte le rendait le confident. Après les vérités de la foi, rien aux yeux de Térèse ne devait être plus indubitable. Ceux qui en jugeaient autrement se trompaient. Il était certain, ajouta l'homme de Dieu, qu'il n'y avait à Avila personne de qui la Sainte eût été comprise. La contradiction, en de semblables matières, était sans doute une peine amère; mais l'erreur n'aurait qu'un temps. Notre-Seigneur, quand il le voudrait, saurait bien dissiper les ombres. La vertu du moment devait être la patience. Il consola et encouragea la Servante de Dieu, et lui donna de précieuses directions pour l'avenir.

Pierre ne s'en tint pas là. Il crut devoir éclairer et redresser l'opinion publique. Sa première démarche fut auprès du P. Balthasar Alvarez, confesseur de la Sainte. Pierre l'alla trouver, et lui démontra par de puissantes raisons, qu'au lieu d'inquiéter et d'effrayer la Mère Térèse au sujet de ses visions, qui étaient véritablement divines, il devait au contraire à l'avenir la rassurer et l'encourager. Tout en exposant les motifs d'après lesquels il avait cru devoir se diriger, le jeune confesseur déféra aux lumières et à l'expérience de notre Bienheureux, dont le sentiment, comme on l'a vu, ne faisait au fond que confirmer le sien. François de Salcedo, ami et parent de sainte Térèse, dont sainte Térèse a immortalisé la mémoire dans ses écrits, s'était mépris sur le caractère des extases et des visions de la Servante de Dieu, et, quoique d'une piété très-avancée, les attribuait aux maléfices du démon. Son sentiment produisait sur le public une impression d'autant plus fâcheuse, qu'il était plus lié avec la Sainte. Pierre essaya de redresser son jugement; mais don Salcedo ne se rendit qu'à demi. « L'autorité du F. Pierre d'Alcantara, dit la Sainte, ne put entièrement le convaincre; elle fit néanmoins qu'il ne m'effraya plus autant[1]. » L'Évêque d'Avila, don Alvar de Mendoza, imbu des mêmes préventions que don François de Salcedo, mais moins obstiné que lui, revint et se rangea parmi les admirateurs de la Bienheureuse Mère. Le Saint vit et éclaira successivement toutes les personnes

---

[1] *Vie*, p. 107.

que Térèse avait eues jusque-là pour adversaires, et la plupart se laissèrent ramener à des sentiments plus droits.

Dans son histoire de sainte Térèse, l'évêque de Tarragone, don Diego de Yepez, constate les heureux effets de l'intervention du Bienheureux. « Le P. Pierre d'Alcantara, dit-il, homme d'oraison, grand esprit, réformateur de l'Ordre séraphique, eut avec la Sainte des communications intimes, et fut à portée d'apprécier la sainteté de sa vie. C'est lui qui, par l'autorité de son caractère, ramena l'Évêque prévenu, et le gagna à la grande réformatrice. Il regardait la Mère Térèse de Jésus comme une âme chérie de Dieu. Après les vérités de la foi, rien ne lui paraissait plus certain que l'action en elle de l'Esprit-Saint. Aussi appuya-t-il Térèse dans toutes ses entreprises. »

Sainte Térèse a consigné dans ses écrits le souvenir de l'impression que produisit sur elle la vue de notre Bienheureux. Nous reproduisons cette page immortelle que connaissent sans doute la plupart des lecteurs, mais qui se lit avec un intérêt toujours nouveau :

« Sa mâle ferveur, dit la Sainte, égalait la ferveur des saints des siècles passés. Pierre avait en souverain mépris les choses de la terre. Voici, touchant ses pénitences, quelques détails. Durant quarante ans, jamais il n'avait dormi, de jour ou de nuit, plus d'une heure et demie. De toutes les mortifications, celle qui lui avait le plus coûté, c'était de vaincre le sommeil. Le peu de repos accordé à la nature, il le prenait assis, la tête appuyée contre un morceau de bois fixé dans le mur. Sa cellule n'avait que quatre pieds et demi de long. Il ne se couvrait de son capuce ni par le soleil ni par la pluie, n'usait d'aucune chaussure, ne portait qu'un habit de grosse bure sur la chair, et par-dessus un petit manteau de même étoffe. Il lui était fort ordinaire de ne manger que de trois jours en trois jours. Un de ses compagnons m'assura qu'il passait quelquefois huit jours sans prendre de nourriture ; c'était apparemment dans ces grands ravissements, où le jetaient les transports du divin amour. Je l'ai vu une fois moi-même entrer en extase. Dans sa jeunesse, il avait passé trois ans dans une maison de l'Ordre, sans connaître aucun religieux, si ce n'est au son de la voix, parce qu'il ne levait jamais les yeux. Pierre était déjà vieux quand je vins à le connaître. Son corps était tellement exténué qu'il semblait n'être formé que de racines d'arbres. Avec toute cette sainteté, il était très-affable ; parlait peu, à moins qu'on ne l'interrogeât. La justesse et les grâces de son esprit donnaient à ses réponses je ne sais quel charme irrésistible [1]. »

Avant de quitter Avila, Pierre recommanda à dona Guiomar de Ulloa et à don Salcedo d'être les appuis et les consolateurs de Térèse, et à Térèse elle-même de lui écrire, de le tenir au courant de

---

[1] *Vie*, pp. 363-365 *passim*.

l'état de son âme et de prier pour lui. La Sainte relève dans ses écrits cette dernière particularité : « Dans sa profonde humilité, dit-elle, Pierre voulut bien attacher quelque prix aux prières d'une créature aussi misérable que je le suis, ce qui me couvrit d'une extrême confusion [1]. »

[1] *Vie*, p. 407.

XVII

Voyage à Valladolid. — La princesse Jeanne d'Autriche. — Une mourante consolée. — Le couvent de Villaviciosa. — L'Almonte et le Tage traversés miraculeusement. — Nouvelles afflictions de sainte Térèse. — Admirable écrit du Saint.

Pierre revint au Pedroso, et alla visiter les deux couvents que faisait construire le comte de Oropesa. Il visita aussi la maison de Loriana, puis, sur l'invitation de Jeanne d'Autriche, fille de Charles-Quint, se rendit auprès d'elle à Valladolid. Cette princesse aurait voulu le charger de la direction de sa conscience. Il s'y refusa, préférant l'obscurité aux grandeurs, et fit agréer à l'Infante ses excuses. La ville de Valladolid possédait une communauté de religieuses franciscaines réformées, qui venaient de Gandie. Le Serviteur de Dieu visitait journellement ces saintes filles, qui depuis, attirées et établies à Madrid par la princesse Jeanne, y furent connues sous le nom de *Royales déchaussées*. Il les étonna par son humilité et sa pauvreté, les édifia par la sublimité de sa doctrine, et leur fit faire d'admirables progrès dans les voies de la vie évangélique. Une dame de Valladolid, dangereusement malade, le fit appeler, regardant sa présence comme un gage de bonne mort. A peine arrivé près de la malade, l'homme de Dieu fut ravi en extase et dit : « Cette âme restera peu en purgatoire. » Un moment après, revenu à la vie des sens : « Que Dieu vous reçoive en sa sainte compagnie, ô âme bénie! » ajouta-t-il. Et à l'instant, la mourante expira.

De retour en Estremadure, le Saint accorda à plusieurs jeunes sujets, sur leur demande, l'habit de religion, et remercia Dieu des accroissements inespérés de la Réforme. Les habitants du Pedroso avaient coutume de célébrer avec pompe la troisième fête de Pâques. Cette année, la présence du Saint donna à la solennité plus d'éclat. Le concours des fidèles fut si considérable, que l'église trop petite ne put contenir la foule. Pour satisfaire à la piété publique, un autel paré de fleurs et de feuillages, élégamment décoré, fut érigé en plein air. C'est sous la tente des cieux, et au milieu des magnificences de la nature, que commença la célébration des saints mystères. Comme on venait de chanter le *Credo*, l'air jusqu'alors pur et serein s'obscurcit. Un vent violent s'éleva; le ciel se couvrit de nuages. Les éclairs se succédaient rapides et livides; le tonnerre grondait; l'orage éclatait sur tous les points de l'horizon. La foule émue s'agitait : on eût dit les fluctuations d'une mer houleuse. Pierre, attentif et recueilli, avait continué de prier avec calme. Il achevait la Préface, lorsque la pluie chassée par le vent commença de jeter au loin ses raffales torrentielles. Mais, au grand étonnement de tous, le peuple et l'autel autour duquel il était rassemblé furent miraculeusement préservés. Les fidèles entendent gronder le vent et mugir l'orage ; l'eau les environne ; ils la voient fuir en nappes rapides sur leurs têtes ; et obéissant à je ne sais quels ordres mystérieux, la pluie semble les respecter. Pas un seul des assistants ne fut atteint ; pas un seul des flambeaux de l'autel ne s'éteignit. L'émotion qui suivit le miracle fut vive. Après la Messe, la foule s'ébranla ; ce fut à qui approcherait de celui à qui les vents et l'orage semblaient obéir. Pierre se déroba aux empressements du peuple, et, fidèle aux saintes lois de l'humilité, se retira promptement[1].

Le couvent que le comte de Oropesa construisait à Villaviciosa était terminé : Pierre l'avait dédié à saint Jean-Baptiste, et y avait placé lui-même le Très-Saint-Sacrement. Cachée et comme perdue dans le pli des montagnes, la maison dominait une vallée charmante. Le Saint résolut d'habiter quelque temps cette solitude. Le site portait l'âme au recueillement et à la prière. Dans le jardin, un oratoire dit de Notre-Dame de Bethléem, décoré d'un tableau de la naissance du Sauveur, avait vu plus d'une fois notre Bienheureux ravi en de sublimes extases. Les jeunes religieux s'en étaient aperçus. Préoccupés de ces merveilleuses grâces, ils en parlaient avec trop de chaleur. Pierre les en reprit : « Mes Frères, disait-il, les extases ne constituent pas la sainteté. Servons Dieu en esprit et en vérité ;

---

[1] Voir à la fin du volume la bulle de canonisation.

attachons-nous aux dévotions solides; pratiquons les bonnes œuvres et les Commandements; le reste n'est rien. » L'oratoire de Notre-Dame de Bethléem subsiste encore. Ce petit sanctuaire est demeuré en vénération dans le pays. Sur les murs se voient des traces de sang, monument d'une pénitence qui, humiliation sur la terre, est aujourd'hui gloire dans les Cieux. Non loin de l'ermitage, s'éleva longtemps un pin séculaire auquel la tradition assignait une origine miraculeuse. Ce pin provenait, disait-on, d'un bâton desséché qui, enfoncé par le Saint dans le sol, y avait pris racine. La beauté du site détermina Pierre à établir dans cette maison le noviciat, qu'il plaça sous la direction d'Alphonse de Llerena, religieux de beaucoup de mérite.

De Villaviciosa, le Saint, se rendant un jour à Truxillo, traversa miraculeusement l'Almonte. Ce torrent, quelquefois à sec, était en ce moment d'une violence prodigieuse. Il entraînait les arbres dans son cours, et couvrait le pays à une distance de près de deux lieues.

Le fait suivant que nous plaçons ici, quoique appartenant à une autre date, paraîtra peut-être encore plus merveilleux. Appelé pour une affaire importante à Alcantara, le Saint était arrivé de nuit au bord du Tage. Les eaux du fleuve, grossies par les pluies, étaient alors considérables. Le batelier habitait de l'autre côté. Pierre, regardant en face, aperçoit sur la rive opposée une lueur miraculeuse vers laquelle il se dirige à pied, sur les flots, ravi en extase, et comme poussé par un instinct divin. A son insu, il traverse le fleuve, va frapper à la porte du batelier, et le prie de le passer, car il a hâte, dit-il, d'arriver à Algarubillas. « Mon Père, répond le batelier surpris, vous en venez. — Non, repartit le Saint, j'arrive de Porticellos. — Erreur ! mon Père, répliqua le batelier ; mais il est tard ; couchez ici ; vous vous orienterez demain. » Le lendemain, ayant examiné les lieux, Pierre reconnaît, à sa grande surprise, qu'il a traversé le fleuve. Le batelier se souvint longtemps du prodige. On se plaisait à le lui faire raconter. Il en égayait le récit par ses bons mots. Lorsque des voyageurs demandaient à passer le Tage : « Pas de bateau ! disait-il en riant ; faites comme le Saint ; passez à pied sec. »

Ainsi que nous l'avons vu, la présence du Bienheureux à Avila avait eu pour résultat d'y modifier singulièrement la disposition des esprits à l'égard de la séraphique Térèse de Jésus. La Sainte n'était pourtant pas exempte d'afflictions. Avertie par Notre-Seigneur que l'esprit de crainte lui serait un moyen de s'affermir dans la grâce, elle cédait à cet esprit, peut-être outre mesure, et tombait parfois en de cruelles angoisses. Certains esprits, même de ceux qui avaient autorité sur elle, persistaient d'ailleurs à méconnaître le caractère des faveurs dont Dieu la comblait, et s'obstinaient à ne voir, dans ces grâces merveilleuses, qu'un effet de la puissance de Satan. Leur obstination et leurs jugements inconsidérés portaient le trouble dans le cœur de la séraphique Mère, et lui inspiraient des appréhensions dont, à la vérité, elle se défendait comme d'une faute, mais qui, sans cesse combattues, se reproduisaient sans cesse. Térèse en vint à concevoir des scrupules au sujet des communications verbales, insuffisantes et incomplètes peut-être, qu'elle avait faites au Saint, et sur lesquelles Pierre d'Alcantara avait dû former et asseoir son jugement. Sous l'inspiration de cette pensée, elle lui fit par écrit, avec le plus grand soin, un nouvel exposé de la situation de son âme, n'oubliant rien, expliquant chaque point avec une religieuse précision.

Pierre lut avec attention, et médita devant Dieu la lettre de la sainte Mère. Les explications nouvelles ne firent que confirmer en lui les impressions produites par les conférences d'Avila. Sa réponse fut rassurante : Térèse devait se consoler; les mouvements qu'elle éprouvait venaient incontestablement de Dieu. Pour plus de sûreté, il transmettait à la Sainte une espèce de consultation dont elle pourrait se prévaloir au besoin, et qui lui servirait de moyen de défense. Cette pièce capitale, dont l'original se conserve au couvent d'Avila, pose avec une admirable précision les règles du discernement des esprits, de cette science qui, *apprenant à distinguer le sol auquel doit être confiée la parole divine*, est comme l'œil de la vie spirituelle. Nous reproduisons la pièce textuellement :

« Dieu, dit le Saint, se propose d'attirer l'âme à

lui ; le démon se propose de séparer l'âme de Dieu. Les craintes que suggère Notre-Seigneur n'éloignent jamais l'âme de Dieu ; les craintes que suggère le démon ne l'en rapprochent jamais. Toute extase ou vision, si elle est divine, conduit l'âme à Dieu, la rend plus humble, plus soumise, plus obéissante.

« Selon saint Thomas et tous les saints, l'Ange de lumière se révèle par le calme et la paix ; or, l'Ame dont il s'agit goûte dans l'extase une paix profonde, une joie en comparaison de laquelle les joies du monde ne sont rien.

« Il n'est imperfection si petite, dont Celui qui parle à cette Ame ne la reprenne.

« Jamais cette Ame ne sollicite les grâces extatiques : son unique désir est de faire en tout la volonté de Dieu.

« Les communications que cette Ame reçoit sont toujours conformes à la sainte Ecriture, à la doctrine de l'Eglise, et aux plus stricts enseignements de la théologie.

« Lorsqu'ont lieu ces sortes de communications, l'Ame dont nous parlons se sent une grande pureté d'esprit, une sincérité parfaite. Plaire à Dieu est son seul désir ; pourvu qu'elle y réussisse, le reste ne lui est rien.

« Il a été dit à cette Ame que tout ce qu'elle demanderait, elle l'obtiendrait. Elle a demandé une multitude de choses dont l'énumération serait longue, et toutes ces choses lui ont été accordées.

« Lorsqu'ils viennent de Dieu, les mouvements

surnaturels tendent toujours au bien de celui qui les éprouve ou au bien du prochain. L'Ame dont il s'agit sait à quel point les grâces qu'elle a reçues ont été profitables à elle et à d'autres.

« Tout esprit de bonne volonté gagne et profite à la conversation de la Personne, lors même qu'elle ne parle pas de ses visions.

« De jour en jour, la Personne progresse en vertu et en perfection : les visions qu'elle a sont de plus en plus lumineuses ; au dire de saint Thomas, ce signe-là est excellent.

« Jamais les voix qu'elle entend ne lui ont parlé de bruits publics ou de bagatelles : toujours le langage de la plus haute mysticité.

« S'il a été dit à cette Ame, de quelques personnes, qu'elles étaient pleines de démons, c'était afin de lui montrer la misérable condition de l'âme en état de péché mortel.

« Le démon, parce qu'il trompe les âmes, recommande de tenir secrètes les choses qu'il dit. Au contraire, il a été recommandé à la Personne dont il s'agit, de communiquer ce qui lui est dit aux théologiens et aux serviteurs de Dieu, qu'autrement elle pourrait être dupe du malin esprit.

« Ces communications avec Dieu l'ont élevée à une si grande perfection, que déjà plus de quarante religieuses ont, à son exemple, embrassé la vie de retraite.

« Les phénomènes surnaturels ne se produisent ordinairement chez cette Personne qu'à la suite d'une oraison prolongée, sous l'influence de la contemplation et d'un très-vif mouvement d'amour de Dieu, ou au moment de la communion.

« Les communications qu'elle reçoit lui inspirent un immense désir de faire le bien, et une immense crainte d'être trompée par le démon.

« Elle se sent portée à une humilité profonde, connaît que les grâces viennent du Seigneur, et que de son fond elle n'est rien.

« Privée de ces consolations, rien ne lui plaît. Sous l'influence de ces consolations, elle aspire à la souffrance, et ce désir lui cause une inexprimable joie.

« Cette Ame se réjouit des épreuves et des murmures qui s'élèvent contre elle. Les maux de cœur, les vomissements, les maladies cruelles qui la tourmentent, cessent pendant les visions.

« Elle s'exerce dans les pratiques de pénitence : jeûnes, disciplines, mortifications, etc.

« Joies ou afflictions, rien ne la trouble ; rien ne lui fait perdre le calme et la paix du cœur.

« La Personne a un tel désir de ne pas offenser Dieu, qu'elle a fait vœu de suivre en toute rencontre ce qu'elle saurait ou ce qu'on lui dirait être le plus parfait. Elle tient pour saints les membres de la *Compagnie*[1], et les regarde comme les instruments des grâces dont elle est comblée. Mais, s'il lui était démontré qu'il y eût plus de perfection à ne pas

---

[1] Les membres de la Compagnie de Jésus, dont plusieurs furent les confesseurs de sainte Térèse.

traiter avec eux, elle cesserait, m'a-t-elle dit, de parler à ces Pères, bien que ce soient eux qui l'aient consolée et dirigée dans la voie qu'elle suit.

« Les goûts et les sentiments de cette Ame pour Dieu, son immersion dans le divin amour, ses extases presque continuelles, tiennent certainement du prodige.

« Si la Personne entend parler de Dieu de certaine manière et avec certaine dévotion, elle entre en extase. Elle essaye bien de résister, mais elle n'y réussit pas toujours. Ceux qui la voient en cet état se sentent portés à la dévotion.

« Elle sait mauvais gré à ses amis, s'ils ne la reprennent de ses fautes, et reçoit les avis avec une profonde humilité.

« Elle veut que les parfaits cherchent leur perfection dans la pratique des règles de leur Institut.

« Elle est très-détachée des parents et des gens du monde; se plaît à la solitude, et professe pour les Saints beaucoup de vénération. Au jour où l'Église célèbre leur fête et solennise les mystères, elle a de hauts sentiments de Notre-Seigneur.

« Si les Pères de la Compagnie ou d'autres personnes lui disent avant ses visions que le démon l'abuse, elle tremble; mais une fois en oraison, elle se laisserait mettre en pièces, plutôt que de douter de l'action en elle de Notre-Seigneur.

« Dieu lui a donné une fermeté et une force invincibles. Autrefois timide, elle est aujourd'hui la terreur du démon. Elle est au-dessus des petitesses ou faiblesses féminines, au-dessus des scrupules ; son jugement est plein de droiture.

« Notre-Seigneur lui a communiqué le don des larmes. Elle compatit au prochain, estime les gens de bien, voit ses fautes, et se méprise. Elle a aidé à beaucoup d'âmes, et m'a aidé moi-même.

« La Personne a un sentiment profond et presque continu de la présence de Dieu. Les voix qu'elle entend ne lui ont jamais rien dit que de vrai, rien qui n'ait reçu son parfait accomplissement ; et c'est encore là un point essentiel.

« Les visions dont elle est favorisée illuminent son intelligence, et lui donnent une merveilleuse connaissance des choses de Dieu.

« Les voix lui ont dit d'engager ses directeurs à étudier les saintes Écritures : ils y verront que jamais aucune âme désireuse de servir Dieu n'a été si longtemps abusée par le démon. »

Telle est cette pièce mémorable ; tel est cet acte monumental, que tous les théologiens ont admiré, et qui seul en effet suffirait pour placer saint Pierre d'Alcantara au premier rang des maîtres de la vie spirituelle.

XVIII

Inauguration du couvent du Rosaire. — Incendie miraculeusement éteint. — Voyage à Madrid. — Annulation d'un édit du Conseil royal. — Présence miraculeuse du Saint dans deux endroits à la fois. — Prorogation des fonctions de Commissaire général. — Nouveau voyage à Rome.

Le comte de Oropesa venait de construire un second couvent. Pierre en fit l'inauguration sous le titre de Notre-Dame du Rosaire, et le plaça sous la direction d'un excellent religieux, le P. François de Galisteo. Mais à peine construit, l'édifice faillit périr par un incendie. D'une cellule où il avait pris on ne sait comment, le feu se propageait dans la direction de l'église. Les religieux effrayés parlaient de déplacer le Saint-Sacrement. Pierre, sans s'émouvoir, entra dans les flammes, renversa et jeta par terre les poutres embrasées, et arrêta l'incendie. Il sortit du feu sans avoir éprouvé aucun mal [1].

Peu après, Pierre reçut de la princesse Jeanne d'Autriche l'invitation de se rendre à Madrid, où elle résidait alors. Notre Bienheureux partit pour cette capitale. La princesse eût désiré qu'il y prît la direction du *royal couvent,* dont elle était fondatrice, et où se trouvaient maintenant réunies ces

---

[1] Ce miracle est mentionné dans la bulle de canonisation. Voir à la fin du volume.

pieuses filles de Sainte-Claire, que nous avons précédemment rencontrées à Valladolid. Il s'y refusa : tous ses soins, dit-il, appartenaient aux couvents de la Réforme, alors attaqués par des ennemis puissants. Mais il promit d'envoyer à Madrid, pour la direction du *royal couvent,* le P. Barthélemi de Sainte-Anne, religieux d'une prudence éprouvée.

Satisfaite de cet arrangement, la pieuse Princesse offrit en revanche de soutenir l'institut de la Réforme, et de l'appuyer de son crédit. Jamais protection ne vint plus à propos. Beaucoup d'intrigues étaient en jeu. Un édit du Conseil royal intervint, qui ordonnait la réunion des maisons de la Réforme à celles de l'Observance mitigée. Si cet édit prévalait, c'en était fait de l'œuvre de Pierre d'Alcantara. La Princesse le comprenait. Elle prit l'affaire en main, et plaida si heureusement, auprès du roi Philippe II, son frère, la cause des Franciscains réformés, que l'édit fut rapporté.

Pendant le séjour de Pierre à Madrid, arriva en Espagne un bref portant ouverture du Jubilé. Dona Elvire de Caravajal, résidant sur sa terre de Grimaldo, en Estremadure, refusait, en l'absence du Saint, d'ouvrir sa conscience à un autre confesseur, et allait perdre le bénéfice du Jubilé, lorsque Pierre, que l'on savait être à Madrid, parut miraculeusement au château. « Ma fille, dit-il, je viens exprès pour vous de Madrid; une autre fois soyez moins exigente, et ne cherchez pas si loin vos confesseurs. » Pierre ne pouvait être venu de Madrid par aucune voie naturelle ; il fallait donc, ou qu'il eût voyagé miraculeusement, ou que sa personne fût présente sur deux points à la fois.

Investi depuis déjà trois ans des fonctions de Commissaire général de la Réforme, l'homme de Dieu avait eu soin de tenir le Ministre général des Conventuels, résidant à Rome, au courant des progrès de l'Institut. En 1559, voyant arriver l'époque de l'expiration de ses fonctions, il écrivit au Ministre, et demanda avec de vives instances que son successeur fût un sujet dévoué à la Réforme. Mais le Ministre, qui regardait Pierre comme un saint, lui imposa l'obligation de rester en charge, et le confirma dans ses fonctions pour trois ans.

Les dépêches qui apportaient cette nouvelle en Espagne, furent accueillies avec joie dans la province de Saint-Joseph. Mais le mauvais vouloir des adversaires s'autorisa de cette nomination pour éclater avec violence, et les conjonctures prirent un caractère inquiétant. Les choses en étaient venues à ce point que Pierre, après avoir beaucoup prié Dieu, se décida à partir pour Rome, et à aller rendre compte de la situation au Vicaire de Jésus-Christ. Il avait alors soixante ans. Un autre que lui se fût effrayé d'un pareil voyage ; mais l'Apôtre de la pénitence puisait aux sources de la foi une énergie toujours nouvelle. Il arriva à Rome vers la fin du mois de mars 1559. Sa première visite fut pour le Ministre général des Conventuels. Il lui fit connaître le véritable état des choses, et le pria d'obtenir du Pape une décision à laquelle, pour sa part, il s'engageait à se soumettre sans réserve. Le Général promit au Saint de l'appuyer de son crédit, et l'invita de la manière la plus affectueuse à prendre en attendant un peu de repos.

Après quelques jours d'attente consacrés à la visite des saints lieux de Rome, Pierre fut admis à l'audience du pape Paul IV qui, touché de ses rares vertus, l'accueillit avec une remarquable bienveillance et l'invita à s'expliquer en toute liberté. Sans récriminer ni nommer personne, Pierre exposa les faits avec simplicité, et pria le Saint-Père de prononcer entre lui et ses adversaires. En ce qui le concernait personnellement, il était prêt, dit-il, à tout abandonner, même l'œuvre de la réforme, si sa Béatitude jugeait ce sacrifice nécessaire au repos de l'Ordre séraphique. Le Saint-Père se fit donner de nombreux éclaircissements, écouta avec attention, et, lorsque sa religion fut suffisamment éclairée, se prononça pour le maintien de la réforme; il encouragea le Saint, le pressa de poursuivre ses travaux, et lui promit un bref qui, tranchant les points en litige, lèverait toute difficulté. La conversation prit ensuite un tour familier. Le Pape causa avec abandon, parla de ses peines, des sollicitudes attachées au gouvernement de l'Eglise universelle, et, avant de quitter le Saint, se recommanda tout particulièrement à ses prières.

Le bref annoncé par le Saint-Père ne se fit pas attendre longtemps. Cette pièce confirmait Pierre dans les fonctions de Commissaire général de la réforme en Espagne, et autorisait indéfiniment sa réélection. Il était fait défense aux religieux de Saint-Jacques, qui n'avaient sur la Custodie du Pedroso aucune juridiction, d'en visiter les couvents et d'en déplacer ou changer les supérieurs. Les religieux du Pedroso, en cas d'accroissement du nombre de leurs maisons, étaient autorisés à se nommer un provincial. Enfin le bref imposait à Pierre, en vertu de la sainte obéissance, l'obligation d'accepter la charge de Commissaire général. Cette dernière clause, en écartant du Saint le reproche d'ambition, paraissait devoir fermer la bouche à la calomnie.

Le bref ne prévoyait pas le cas de conflits. C'était une lacune. Pierre en fit la remarque, et sur sa demande, le Pape, par un nouveau bref, institua un tribunal de trois membres chargé de connaître des questions contentieuses. Les juges appelés à composer le tribunal devaient être le prieur de Magazella, l'archidiacre de Valdemimore et le théologal d'Avila. Muni de ce bref qui est daté du mois de juin 1559, Pierre quitta Rome, et, bravant au cœur de l'été les feux d'un ciel méridional, hâta sa marche, afin de rendre aux siens le repos et la tranquillité.

XIX

Retour au Pedroso. — Arbre miraculeux. — Notre-Seigneur ordonne à sainte Térèse de s'occuper de la réforme du Carmel. — Opposition violente. — Le Saint consulté. — Voyage à Avila. — Portrait de don François de Salcedo. — Isabelle de Ortega appelée à la vie religieuse.

Seigneur, si votre Sublimité ne se révèle qu'à la simplicité du cœur, donnez-nous la simplicité de l'enfance; éclairez d'un rayon de votre sagesse nos intelligences, si longtemps obscurcies par le péché; dissipez en nous les fumées de l'orgueil; inclinez nos cœurs à la vérité, et ne permettez pas que nous rougissions jamais, devant les hommes, des grâces admirables dont il plut à Votre divine Majesté de combler autrefois l'un de ses plus fidèles serviteurs.

Un jour, après son retour de Rome, Pierre se promenait dans le jardin du Pedroso, appuyé sur le bâton qui deux fois l'avait conduit à la Ville Sainte. Ses yeux se reposaient sur de jeunes arbres qu'il avait plantés, et dont il examinait avec complaisance le rapide accroissement : « Mon Père, dit le Gardien, nous manquons ici de figuier ; les fruits de cet arbre conviendraient pour nos collations d'hiver. » Le Saint se recueillit, leva les yeux au Ciel, parut accepter ce vœu comme un ordre, et, secrètement inspiré peut-être, enfonça dans le sol le rameau desséché qui lui servait de soutien. Celui de qui les champs reçoivent leur fécondité, voulut communiquer à ce bois mort une séve mystérieuse. Sous l'action divine, le rameau reverdit, prend racine, revêt une écorce nouvelle et se couronne de fleurs et de feuilles. Les fruits succédèrent aux fleurs, et arrivèrent à maturité; ils guérissaient les malades. La Reine en voulut avoir. Il lui en fut envoyé; et, depuis, il fut d'usage d'en offrir chaque année aux reines d'Espagne un panier que Leurs Majestés distribuaient aux malades et aux dames de la cour. Les rejetons de l'arbre miraculeux, transplantés au loin, en propagèrent la renommée. Le bois des nouveaux arbres fut recherché; et longtemps, au delà des Pyrénées, le *figuier de Pierre d'Alcantara* fournit aux artistes la matière de menus objets que la piété publique rendit populaires [1].

Peu de gens, dit saint Ignace de Loyola, *comprennent bien ce que Dieu ferait d'eux s'ils le laissaient faire*. Déjà choisi pour réformer l'Ordre séraphique, Pierre d'Alcantara, par sa fidélité, allait mériter d'être appelé à faire réussir la grande œuvre de la réforme du Carmel.

Le couvent de l'Incarnation d'Avila, de l'Ordre du Carmel, institué en 1513, n'avait pas été fondé dans la rigueur de la première règle donnée en 1209 par Albert, patriarche de Jérusalem, et approuvée de-

---

[1] Les Leçons de l'office du Saint font mention de ce miracle : *Baculus ab ipso terræ defixus, mox in viridem ficulneam excrevit.* La bulle de canonisation en fait aussi mention. Voir cette pièce à la fin du volume.

puis par le Pape Honorius III, qui siégea de 1216 à 1227. Les religieuses, au nombre d'environ deux cents, vivaient sous le régime de la règle mitigée. Elles sortaient et recevaient des visites, et leur vie, bien que sanctifiée par le devoir et la prière, était cependant plus douce, plus commode que ne semblait le comporter l'esprit de l'Institut. Telle était à Avila et dans le reste de l'Espagne la situation du Carmel, lorsque Notre-Seigneur inspira à Térèse la pensée de se séparer du couvent de l'Incarnation, et de fonder une nouvelle maison où la règle première fût observée en toute rigueur. Un jour qu'elle venait de communier, le divin Maître lui ordonna expressément de s'employer à cette fondation, et lui fit entrevoir la nouvelle maison comme *une étoile qui répandrait un jour une grande splendeur*. Les croix et les travaux inséparables de l'entreprise avaient d'abord effrayé Térèse; mais les ordres de Notre-Seigneur étaient devenus si pressants, qu'il n'y eut plus moyen de reculer. Le projet à peine ébruité rencontra une opposition formidable. Il s'éleva une sorte de rumeur, prélude ordinaire de la persécution. On se répandait en paroles amères et injurieuses. On traitait la Sainte de folle et de visionnaire. Ce fut un déchaînement général. Les sœurs se prétendaient offensées. Rien, à leur avis, n'empêchait Térèse de servir Dieu dans son couvent, comme tant d'autres qui valaient mieux qu'elle. On parlait de la mettre en prison. Le public, en se mêlant de l'affaire, l'envenimait; la plupart des familles tenaient au Carmel par quelques-uns des leurs ; la ville s'émut.

Dans une situation si délicate, en butte aux attaques de tous, désavouée et blâmée par les supérieurs eux-mêmes, Térèse consulta Pierre d'Alcantara, lui fit connaître par écrit les ordres de Notre-Seigneur, et lui demanda ce qu'il fallait faire. Le Saint répondit à la Mère Térèse de Jésus qu'elle devait obéir aux ordres de Dieu. Il l'engageait à se roidir contre les obstacles, à compter sur l'assistance de saint Joseph, à qui devait être dédiée la nouvelle maison, et qui au moment même faisait triompher la réforme franciscaine de beaucoup de persécutions. Pierre ne se contenta pas d'écrire à Térèse. Ayant à remettre au théologal d'Avila un extrait du bref dont il s'est agi plus haut, il avança l'époque de son voyage, et alla loger, à Avila, chez son fils spirituel François de Salcedo, dont nous avons déjà prononcé le nom, et que nous nommerons plusieurs fois encore. Sainte Térèse nous a laissé de don Salcedo le portrait suivant : « Marié, dit-elle, mais d'une éminente vertu et d'une vie exemplaire, ce gentilhomme est si admirablement adonné à l'oraison, si saintement charitable, qu'il est à juste titre regardé comme un modèle accompli de bonté et de perfection. Il travaille avec succès au bien spirituel d'un grand nombre d'âmes ; a beaucoup d'esprit ; se montre envers tous plein d'aménité. Sa conversation ne fatigue jamais. Sa parole est si douce, si aimable, si droite, si sainte, que les cœurs en sont comme ravis. Il ne se propose en chacune de ses actions d'autre but que le bien des âmes[1]. » Tel était le pieux gentilhomme qui eut le bonheur d'offrir au Saint l'hospitalité.

Après avoir conféré avec don Salcedo d'abord, puis avec Térèse et doña Guiomar de Ulloa, et s'être mis ainsi au courant des détails de la situation, Pierre fut d'avis qu'il fallait tout de suite obtenir le bref de fondation, sauf à n'user de ce titre que lorsqu'il plairait à Notre-Seigneur d'en faire naître l'occasion.

En attendant, la divine Providence désignait déjà les sujets destinés au nouveau Carmel. Une jeune personne d'une rare beauté, Isabelle de Ortega, dont plusieurs jeunes hommes se disputaient la main, ayant résolu de n'avoir d'autre époux que Jésus-Christ, songeait à se donner aux Franciscaines du *Royal-couvent* de Madrid. Afin de s'assurer de la volonté de Dieu, elle avait fait demander un entretien à Pierre d'Alcantara. Frappé de l'innocence de cette âme, le Saint lui dit : « Mon enfant, vous n'entrerez pas dans le *Royal couvent*; une autre communauté vous est destinée. — Laquelle? répond Isabelle. — Le futur Carmel, » repartit le Saint. Isabelle ayant paru regarder le projet de réforme comme chimérique et irréalisable : « Ma fille, dit le serviteur de Dieu, le Seigneur aplanira les difficultés. De grandes choses se préparent : *les moissons*

---

[1] *Vie*, p. 302.

blanchissent déjà, et l'heure approche où vous verrez, embrasés du feu de la réforme, les fils du Carmel suivre les glorieuses traces de la Mère Térèse de Jésus. » Quelques jours après, Isabelle, jusqu'alors indécise, entendit dans la prière une voix lui dire : « Je te veux dans la maison de Saint-Joseph. » La jeune fille n'hésita plus ; elle attendit, pleine de confiance, le jour qui lui devait ouvrir les portes du nouvel Institut.

En ce qui touche les fils du Carmel, la prédiction ne se réalisa que neuf ans après. Le premier couvent de la réforme des Carmes fut inauguré le 28 novembre 1568, dans une chaumière du hameau de Durvelo, au diocèse d'Avila. Le fondateur de cette réforme, saint Jean de la Croix, est demeuré célèbre par ses relations avec sainte Térèse. Comme elle, il a marqué son passage dans l'Église par un immortel sillon de lumière. Ses écrits ont reculé les bornes de la théologie mystique. C'est par le renoncement et la souffrance qu'il s'éleva à l'apogée de la vie contemplative. Sa devise était : « *Non mori, sed contemni;* Non mourir, mais être méprisé. » — « Ce n'est qu'un petit homme, disait de lui sainte Térèse, mais ce petit homme est grand devant Dieu. » Le Réformateur des Carmes mourut le 14 décembre 1591, neuf ans après la bienheureuse Mère Térèse de Jésus.

XX

Courses apostoliques. — Voyage à Avila. — Conseils à sainte Térèse. — Extase sublime. — Antoinette de Enao et Marie de la Paix. — Fondation de Aldea del Palo. — Rescrit délivré par le Saint. — Le couvent du Rosaire cerné par les neiges. — Pains miraculeux.

Étendre le royaume de Jésus-Christ était l'unique pensée de notre Bienheureux. Il eût arraché de son cœur la fibre que la charité n'eût pas vivifiée. La soif du salut des âmes imprimait à sa vie une activité prodigieuse. D'Avila, il se rendit au Pedroso, à Plasencia, à Cacerès, et dans plusieurs autres centres de population, annonçant partout la parole de vie. Pendant qu'il s'employait ainsi au service des âmes, une lettre de sainte Térèse lui fit part de certaines difficultés relatives à la demande du bref. Inquiet et affligé, le Saint, sans hésiter, retourna à Avila. L'embarras de Térèse était de savoir par qui et au nom de qui demander le bref. Le Supérieur général, si elle agissait en son nom, allait infailliblement faire avorter les négociations. Pierre conseilla de formuler la requête au nom de doña Guiomar de Ulloa. Cette dame accepta avec empressement la responsabilité de la démarche, et, d'accord avec sa pieuse mère doña Aldonce de Guzman, déclara se charger de tous les frais de la future fondation, heureuse de donner à la très-sainte Vierge ce public témoignage de dévouement.

Le serviteur de Dieu visitait à Avila les couvents

de religieuses. Ce qu'il recommandait surtout aux épouses de Jésus-Christ, c'était la pratique de l'oraison, dont il leur expliquait la méthode. Un jour, prié par les Bernardines de Sainte-Anne de célébrer la messe dans leur chapelle, il éprouva, en montant à l'autel, un mouvement extraordinaire. Ce n'était que le prélude d'un prodige plus grand. Au moment de la consécration, sous l'action toujours croissante de l'Esprit de Dieu, le Saint fut admirablement ravi en extase. Ses pieds se détachèrent du sol; et son corps, élevé à plusieurs pieds de hauteur, resta suspendu en l'air pendant trois heures consécutives. Cette âme bénie semblait tenir au ciel *par une double chaîne de lumière et d'amour*[1]. Émues, attendries, les Religieuses pleuraient, se reprochaient leurs infidélités passées, et se promettaient de servir Dieu avec plus de dévouement. Il fut donné aux pieuses filles de Saint-Bernard d'être plusieurs fois témoins de ces ravissements sublimes. En revenant à la vie extérieure, le Saint paraissait confus et humilié, et se dérobait aux hommages des spectateurs.

Tout se préparait cependant pour l'accomplissement des desseins de la séraphique Mère Térèse de Jésus. Une jeune personne, nommée Antoinette de Enao, vint un jour trouver le Saint : résolue, disait-elle, de se consacrer à Dieu, elle voulait résider loin des villes : « Mon enfant, dit le Saint, votre

---

[1] L'expression est de sainte Catherine de Sienne.

place est marquée dans le futur Carmel d'Avila. — Mon père, répondit la jeune fille, j'ai constitué ma dot dans une autre maison. — La dot n'est rien, répliqua le Saint; tenez-vous prête. »

Une autre jeune fille, Marie de la Paix, pauvre et élevée par dona Guiomar de Ulloa, avait appris de sa pieuse bienfaitrice et de la Mère Térèse de Jésus à n'aimer que le ciel; l'impossibilité de constituer une dot faisait obstacle à ses désirs de vie religieuse : « Mon enfant, lui dit un jour le Saint, Dieu va vous ouvrir un chemin : attendez. » Cette jeune fille fut en effet, sous le nom de Marie de la Croix, l'un des anges du nouveau Carmel.

De plusieurs côtés, arrivaient au Saint des demandes de fondations; mais Pierre, en multipliant les maisons de la réforme, craignait de donner prise à la jalousie. Les habitants de Aldea del Palo[1], bourgade située à cinq milles de Zamora, eurent l'idée, voulant aussi un couvent, de faire présenter leur demande par dona Guiomar de Ulloa, qui avait des propriétés dans le pays. La requête donna lieu à un rescrit dont l'original, encadré et protégé par un cristal, se conserve religieusement à Zamora. La pièce est importante, en ce que l'esprit du Saint s'y révèle à chaque ligne. Le lecteur parcourra ce document avec intérêt.

« Nous Pierre d'Alcantara, Commissaire général

---

[1] *Aldea del Palo,* bourg du bois.

des Mineurs conventuels réformés d'Espagne, par l'autorité apostolique, etc.

« Informés par l'illustre dona Guiomar de Ulloa, résidant à Avila, que les principaux seigneurs et habitants de Aldea del Palo offrent de nous céder l'ermitage de la Madeleine, près de Zamora, et s'engagent à y construire par eux-mêmes ou par autrui un couvent et un sanctuaire pour les religieux de notre observance, tenant l'offre pour certaine, et ayant toute confiance en ladite dame qui s'est assurée de la volonté des requérants, nous déclarons par les présentes, recevoir et accepter le futur couvent, et être prêts à y envoyer, pour commencer l'œuvre, des religieux dont le nombre sera augmenté, lorsque les constructions seront en état. Nous exigeons que l'édifice ne dépasse pas la grandeur ordinaire de nos maisons; que les fondateurs en conservent la nue propriété, et qu'ils aient le droit d'en expulser nos religieux, le jour où ceux-ci cesseraient de procurer la gloire de Dieu et l'édification du prochain. Cette maison ne sera pas nôtre. Nous nous y regarderons comme de pauvres voyageurs, comme des mendiants admis par charité à y servir Dieu. Nous prenons l'engagement d'en rapporter chaque année les clefs aux propriétaires, qui disposeront librement de leur maison, et nous autoriseront, pour l'amour de Notre-Seigneur, si tel est leur bon plaisir, à y continuer notre service. En foi de quoi nous signons le présent acte, et voulons qu'il soit revêtu du sceau de notre charge.

« Fait à Oropesa le 9 janvier 1561.

« Fr. Pierre d'Alcantara,
« *Commissaire général.* »

Pierre, en partant d'Avila, fit aux environs plusieurs courses apostoliques, et se rendit ensuite au couvent du Rosaire pour y passer les fêtes de Noël. Pendant qu'il s'y trouvait, le temps se mit à la pluie et au froid; il était tombé des quantités de neige considérables; les eaux du Titar avaient débordé; le service des quêtes devint impossible. Les provisions du couvent, composées de légumes et de quelques morceaux de biscuit séchés au soleil, furent promptement épuisées. En pareil cas, le Saint ne se décourageait jamais; sa foi était inébranlable: « Mes Frères, dit-il, réunissons-nous au pied du Saint-Sacrement; Notre-Seigneur ne nous abandonnera pas. » Comme on entrait à l'église, l'ouragan parut redoubler; la neige en épais tourbillons s'amoncelait avec rapidité. Le Saint, par une courte allocution, invita ses Frères à se confier en la très-sainte Vierge, patronne de la maison. Pendant qu'il parlait, un coup de marteau se fit entendre. Le portier étant allé ouvrir, ne trouva personne à la porte; mais, à sa grande surprise, vit sur la neige une corbeille pleine de pains. Il rentra joyeux dans l'église, et prévint à voix basse Pierre d'Alcantara de l'incident qui remplit d'allégresse la communauté. On alla en procession chercher la corbeille, qui fut apportée dans l'église au chant du *Te Deum*. Les pains miraculeux, miraculeusement multipliés, suffirent pendant plusieurs jours à tous les besoins. Après que les chemins furent redevenus praticables, le comte de Oropesa vint au couvent. Pierre, qui passait des semaines entières sans manger, lui remit, sur sa demande, trois de ces pains. Le comte envoya l'un des pains au roi Philippe II, un autre à Jean III, roi de Portugal, et le troisième à l'ambassadeur d'Espagne à Rome, pour être présenté au souverain Pontife.

XXI

La Custodie de Saint-Joseph érigée en province. — Constitutions nouvelles. — Fondation d'Arenas. — Le Duero miraculeusement traversé. — Litige déféré au tribunal de l'Évêque d'Avila. — Le Saint gagne sa cause. — Un dîner chez sainte Térèse. — Extases. — Visions.

Celui qui se consacre au service de Dieu, dit sainte Térèse, *n'ira pas seul au Ciel. Dieu, comme à un vaillant capitaine, lui donnera des soldats qui marcheront sous sa conduite.* La phalange de la réforme grossissait de jour en jour. En moins de six ans, neuf maisons avaient été fondées, et d'autres étaient en voie de fondation. Le moment parut venu de profiter des facultés accordées par le souverain Pontife, et d'ériger la Custodie en province. En 1561, les Pères furent convoqués à cet effet à Villaviciosa. Les comtes de Osorno et de Torrejon auraient voulu pourvoir libéralement à l'alimentation des membres du chapitre. Pierre s'y refusa. Il ne servit à ses Frères que les aliments ordinaires, du pain et des légumes. Un admirable esprit de ferveur et de pénitence animait l'assemblée. Les religieux pratiquaient de rigoureuses austérités, et passaient une partie des nuits priant Dieu qu'il daignât les diriger. Pendant les délibérations, des députés du bourg d'Arenas étaient venus, au nom de leurs concitoyens, sollicier la fondation, sur leur territoire, d'un couvent dont ils s'engageaient à faire les frais. Cette démarche fut regardée comme un signe d'heureux augure. On alla aux voix avec confiance, et, le dimanche de la Septuagésime de l'an 1561, la Custodie ut érigée en province, sous le titre de Saint-Joseph.

Le P. Christophe Bravo, que Pierre proposait pour la charge de Provincial, n'appartenait à l'Ordre séraphique que depuis quelques mois; d'éminentes vertus l'y avaient fait remarquer. Il fut élu Provincial à l'unanimité des suffrages. La nomination des autres supérieurs, à tous les degrés de la hiérarchie, se fit avec entente et facilité. On s'occupa ensuite du régime intérieur des maisons. Une république sans lois étant un corps sans âme, le saint réformateur soumit à l'approbation de ses Frères un ensemble de dispositions qui peuvent être regardées comme le code de la réforme. Ce code porte, dans quelques-unes de ses dispositions, le cachet de l'esprit héroïque qui l'a dicté.

« L'office divin se récitera au chœur sur un ton mesuré et uniforme. Il y aura chaque jour trois heures de méditation en commun, et une heure de travail manuel.

« Conformément à l'esprit de sainte pauvreté, base de l'Ordre séraphique, les Frères iront pieds nus, sans aucune espèce de chaussure, vêtus d'une bure grossière. Ils coucheront sur des planches ou sur une natte, et prendront tous les jours la discipline, dans la salle du Chapitre, excepté les jours de fête. Sauf le cas de maladie, la viande, les œufs, le poisson et le vin sont interdits.

« Les vieillards et les infirmes seront l'objet de soins spéciaux. Les malades exonérés des obligations de la vie commune n'auront pas voix au Chapitre.

« A l'exception de deux calices, de deux patènes et d'une custode d'or ou d'argent, l'usage des métaux précieux est interdit. Défense d'employer la soie. Les corporaux seront en toile de Hollande.

« Les messes se diront sans rétribution, à l'intention des bienfaiteurs.

« Tout fondateur restera propriétaire, et pourra à son gré expulser les religieux, qui seront tenus de lui présenter les clefs une fois par an. En cas de départ, le mobilier sera rendu au fondateur ou à ses ayants cause.

« Il ne devra y avoir de bibliothèque ni dans les cellules ni dans la salle du Chapitre.

« Les églises n'auront que vingt-quatre pieds de long, et ne contiendront au plus que deux autels. La dimension de l'enceinte de chaque couvent, y compris l'épaisseur des murailles, ne dépassera jamais cinquante-cinq pieds. Le maximum d'élévation des cellules sera de sept pieds. En un mot, la hauteur de l'édifice se rapprochera le plus possible du niveau du sol.

« Le supérieur qui aura enfreint ou laissé enfreindre les constitutions, sera exclu de toute charge pendant six ans, sans préjudice des mesures plus rigoureuses auxquelles les Pères jugeraient à propos de le soumettre. »

Telle est la législation de la réforme, législation sévère, mais féconde, fondée sur le principe du dévouement et du sacrifice. De nos jours, quelques économistes ont essayé de donner pour base à la vie commune le principe du moi et de l'intérêt : on sait quel a été le résultat de ces irréfléchies et imprudentes tentatives.

Aussitôt après la séparation du Chapitre, Pierre d'Alcantara chargea le Provincial Christophe Bravo d'aller à Rome rendre compte au Ministre général et au Saint-Père des dispositions récemment arrêtées. Il fit ensuite connaître à sainte Térèse le résultat des délibérations, et la pressa fortement de mettre, comme lui, sa réforme sous le patronage de saint Joseph. Il écrivait en même temps à dona Guiomar de Ulloa, et la prévenait qu'il allait se rendre à Aldea del Palo, dans la Vieille-Castille, en vue d'y exécuter la fondation dont il s'est agi plus haut. En arrivant à Aldea, Pierre eut la satisfaction d'y rencontrer cette dame, qui était partie à la réception de sa lettre, et dont le dévouement n'était jamais en défaut. Elle offrit, pour le couvent projeté, une terre située près d'une chapelle dite de la Madeleine, vénérée dans le pays. Les ouvriers se mirent à l'œuvre, et la maison s'éleva comme par enchantement.

De Aldea del Palo, notre Bienheureux se rendit à Arenas dont les habitants, comme on l'a vu, lui avaient adressé une députation pendant la tenue du Chapitre. C'était au cœur de l'hiver : une neige épaisse couvrait les chemins ; le Saint parcourait ces routes désolées tête nue et pieds nus. Arrivé au bord du Duero, il trouva la rivière débordée et le service du péage interrompu. Le serviteur de Dieu fit sur le torrent un signe de croix, et, marchant sur les flots, atteignit sain et sauf l'autre rive. Quelques passagers, témoins du miracle, étaient tombés à ses genoux ; mais il se déroba à leurs hommages, et poursuivit sa route vers Arenas, dont les habitants le reçurent avec joie, car ils le regardaient comme un apôtre. A demi-lieue du bourg, dans un site charmant, au milieu de collines couronnées de châtaigners sauvages, se trouvait un ermitage dédié à saint André, et connu sous le titre de Saint-André-du-Mont. Les confrères à qui appartenait ce sanctuaire le cédèrent au Saint qui y installa ses religieux. Quelques ecclésiastiques s'offusquaient de la donation, et se prétendaient lésés. Ils portèrent plainte : Pierre dut comparaître devant l'Évêque d'Avila ; mais l'Évêque, après mûr examen, confirma la donation, et adjugea même un local accessoire pour l'infirmerie.

Sainte Térèse profita de la présence de l'homme de Dieu à Avila pour avoir avec lui une conférence. Le nouveau Carmel devrait-il ou non posséder des revenus ? Cette question l'embarrassait. Pierre se prononça pour la négative : il allégua l'exemple de sainte Claire, et loua la conduite des Franciscaines du *Royal couvent* de Madrid, qui, appartenant aux premières familles du royaume, avaient voulu, fidèles aux leçons de leur sainte fondatrice, ne posséder rien. Suivant lui, l'administration des biens temporels détournait l'esprit des choses de Dieu. Térèse le consulta aussi sur le régime de vie qu'elle menait. Le Saint l'engageait à modérer ses austérités ; elle s'en plaignit doucement : « Mon Père, dit-elle, pourquoi tant d'indulgence à mon égard, et au contraire tant de rigueur lorsqu'il s'agit de vous ? — Ma Mère, répondit humblement le Saint, je n'ai nul mérite au régime que je suis ; chez moi, c'est affaire d'habitude. » A la suite de cette conversation, Térèse pria notre Bienheureux de venir le lendemain dîner à la grille du couvent de l'Incarnation. Pierre avait refusé d'abord ; mais, Térèse insistant et demandant cette faveur *pour l'amour de Dieu,* il promit de se rendre à l'invitation. La Sainte fit préparer un dîner modeste, mais substantiel, auquel elle convia une amie commune, d'éminente sainteté, nommée Maria Diaz.

A l'heure indiquée, Pierre frappait à la porte du couvent de l'Incarnation, et se présentait au parloir, où Térèse et dona Maria étaient déjà réunies. En attendant le dîner, on se mit à causer. La conversation roulait sur le bonheur d'aimer Dieu. Pierre prit la parole, mais, après quelques phrases, les mouvements de la vie ordinaire se trouvèrent chez lui comme suspendus. Transporté de l'esprit de Dieu, il était entré en extase. Térèse ne l'avait point encore vu dans cet état surnaturel : elle le contemplait avec bonheur. Lorsque le Saint fut revenu à la vie ordinaire, on se mit à table. Mais, éclairées à leur tour d'une lumière toute divine, la Sainte et son amie virent distinctement des yeux de l'âme, pendant le repas, un jeune homme d'une souveraine beauté se tenir près de la table, et approcher des lèvres du Saint une coupe remplie d'un breuvage mystérieux. Ainsi semblaient se vérifier à l'égard de notre Bienheureux les paroles du divin Maître : « Il les fera asseoir, et, passant, il les servira ; *Faciet illos discumbere, et, transiens, ministrabit illos*[1]. » Pierre recommanda à Térèse et à dona Maria de ne point parler de cette vision. Dona Maria en parla cependant, mais longtemps après. Térèse, plus discrète, reste fidèle à la réserve qui lui a été imposée : « Mon Père, dit-elle dans l'histoire de sa vie, je pourrais ajouter beaucoup de choses ; mais *je n'ose les confier à votre Sainteté.* »

Le séjour de Pierre d'Alcantara à Avila profita à plusieurs âmes, notamment à un jeune ecclésiastique noble et riche, qui faisait servir à ses passions le bien de l'Église, et scandalisait la ville par la licence et le déréglement de ses mœurs. Ce jeune homme vit d'abord notre Saint par curiosité. Peu à

---

[1] Luc., XI.

peu la curiosité s'était changée en respect. Un jour, sans trop y penser, il s'était recommandé à ses prières. La nuit suivante, pendant que le serviteur de Dieu priait en effet, le jeune insensé eut conscience du misérable état de son âme, et vit avec effroi la profondeur de l'abîme où il s'était précipité. Le lendemain de bonne heure, il va trouver le Père, lui remet une liste des principaux péchés de sa vie, et le prie d'en obtenir de Dieu le pardon. Quelques jours après, entièrement converti, le pécheur faisait aux pieds du Saint une amère confession de ses fautes, et se relevait réconcilié. Il vendit son riche mobilier, se fit pauvre, se consacra aux bonnes œuvres, et se souvint toute sa vie de ce qu'il devait à notre Bienheureux.

XXII

Retour à Arenas. — Une station à el Baraco. — Pluie miraculeuse. — La vue rendue à une aveugle. — Les PP. Gaspard de Saint-Joseph et Diego de Marciado. — Piété et simplicité des princesses Jeanne d'Autriche et dona Maria de Portugal. — Le P. Louis de Grenade consulte notre Bienheureux. — Apparition de Pierre à sainte Térèse. — Fin prochaine de Pierre révélée à la bienheureuse Mère. — Voyage à Avila. — Neige miraculeuse.

Pierre était parti pour Arenas, accompagné de don François de Guzman et de maître Gaspart Daza qui, pour profiter de sa société et jouir de sa conversation, voulurent faire à pied le voyage. Les prêtres et les habitants d'un bourg nommé el Baraco vinrent à demi-lieue au-devant du Saint et le conduisirent processionnellement à l'église où, prosterné devant le Saint-Sacrement, il appela avec une émotion visible les bénédictions de Dieu sur les bons villageois qui daignaient l'accueillir avec tant d'empressement. Un ecclésiastique du pays, nommé André del Prado, lui offrit à dîner; mais suivant son habitude, le Saint, sous prétexte de faiblesse d'estomac, ne prit qu'un bouillon mêlé d'eau froide. Il bénit, avant de la quitter, cette pieuse population, et, après une halte d'environ trois heures, reprit la route d'Arenas, où l'attendait un accueil non moins empressé. Il logea d'abord à l'infirmerie. Sa cellule était si basse qu'il ne pouvait marcher que courbé; il dormait la tête appuyée sur une corde transversale. A cette époque de sa vie, il ne célébrait guère la messe sans être ravi en extase et élevé de terre. Le bruit s'en étant répandu dans le pays, les curieux arrivaient de tout côté, et les fidèles, pour le voir, s'entassaient à la porte de l'église.

Depuis plusieurs mois, il n'était pas tombé dans la contrée une goutte d'eau. La sécheresse désolait le pays; les récoltes étaient en souffrance. Le peuple demandait au Saint l'assistance de ses prières : une procession générale fut ordonnée. Au jour fixé, le serviteur de Dieu monte en chaire dans l'église d'Arenas, déplore les effets de la sécheresse, et les attribue au moins en partie à l'*aridité* des âmes; il rappelle le peuple à la pénitence, et annonce qu'avant la fin de la procession les vœux des fidèles seront exaucés. La procession avait commencé par un temps sec et brûlant : le ciel tout à coup s'obscurcit; les nuées se condensèrent, l'orage éclata, et une pluie abondante rendit aux campagnes desséchées leur éclat et leur splendeur.

De divers côtés, les malades se recommandaient au serviteur de Dieu, et il en guérissait un grand nombre. Une pauvre femme aveugle vint à lui : « Mon Père, dit-elle d'une voie naïve, rendez-moi la vue, afin que je puisse gagner ma vie. — Ma fille, répondit le Saint avec la même simplicité, qu'il vous soit fait selon votre foi; que Dieu daigne vous guérir! » Et à l'heure même la pauvre aveugle recouvra la vue.

Beaucoup de sujets se présentaient pour embrasser la vie religieuse ; c'étaient quelquefois des âmes d'élite. Le Saint, comme on l'a vu, avait jadis prédit à un riche particulier de Basa, près de Grenade, que son fils serait un jour religieux. A quinze ans, l'enfant entra au couvent d'Arenas, et par ses éminentes qualités mérita l'affection du Saint, qui le surnommait en riant *sa petite brebis*. Ce religieux, connu depuis sous le nom de P. Gaspard de Saint-Joseph, fut célèbre par ses extases et par ses miracles. Il exerça jusqu'à sa mort la charge de Maître des novices, et forma des sujets admirables, dont plusieurs répandirent leur sang dans les missions de l'Inde et du Japon. Après la mort de Pierre d'Alcantara, sainte Térèse consultait le P. Gaspard de Saint-Joseph, et se dirigeait par ses conseils. Nouvel Elisée, ce religieux semblait avoir hérité des vertus d'un autre Élie. Le couvent d'Arenas fit, à la même époque, une conquête précieuse dans la personne du P. Diego de Marciado qui, déjà religieux, embrassa la réforme à la suite d'une vision. Sur une vaste mer, lui était apparu un navire qu'une chaîne de rochers reliait au rivage : des religieux, les uns chargés de bagage, les autres sans bagage, se dirigeaient vers le bâtiment. Les premiers, en s'élançant d'un roc à l'autre, tombaient presque tous dans les flots ; les autres, plus légers, gagnaient le navire. Le P. Diego fit son profit de l'allégorie, et quitta tout pour suivre Notre-Seigneur. Ce Père fut l'un des flambeaux de la réforme ; il opéra des miracles pendant sa vie et après sa mort.

La princesse Jeanne d'Autriche et l'infante dona Maria de Portugal écrivaient quelquefois au Saint, et se plaignaient avec bonté du sentiment de réserve qui le portait à ne leur demander rien. Sans sortir des bornes d'une étroite discrétion, Pierre, satisfaisant à leurs pieux désirs, pria Jeanne d'Autriche de lui envoyer une pièce de bure pour vêtir ses religieux, et dona Maria quelques corporaux pour le service des églises franciscaines. Touchante simplicité! les Saints ne demandent à la terre que le strict nécessaire : il faut si peu à qui a placé ses espérances dans le Ciel!

Le P. Louis de Grenade, autre correspondant de notre Bienheureux, le pria un jour d'examiner devant Dieu quelle direction il devait donner à ses travaux. Après avoir consulté Notre-Seigneur, Pierre répondit au P. Louis qu'au lieu de prêcher il devait écrire, et que ses écrits édifieraient un grand nombre d'âmes. Le Dominicain suivit ce conseil, et entreprit son livre de l'oraison, qui n'est à proprement parler qu'une paraphrase du petit traité de l'oraison de Pierre d'Alcantara.

Depuis assez longtemps, notre Bienheureux était sans nouvelles d'Avila, et n'entendait plus parler du bref de fondation. Il en exprima son étonnement à sainte Térèse par un billet daté du mois de septembre 1561, dans lequel, au dire du P. Ribadeneira, il parlait de l'aggravation de ses souffrances et de ses infirmités, et priait la Sainte de le recommander à Notre-Seigneur. Au moment même où le billet lui parvint, Térèse recevait le bref; mais le bref ne disait pas qu'en cas d'opposition du Provincial, la nouvelle maison pût se constituer de plein droit sous la juridiction de l'Ordinaire. Cette clause étant indispensable, on fut obligé de renvoyer la pièce à Rome et de solliciter un nouveau bref.

Térèse, dans ces conjonctures, eût désiré que le Saint fût à Avila. Toujours prêt à condescendre *à la volonté de ceux qui le craignent,* Dieu fit en faveur de sa servante un double miracle. Il permit que, sans sortir d'Arenas, Pierre connût tout ce que la Bienheureuse Mère voulait lui communiquer. Il permit en même temps que, sans quitter sa résidence, Pierre apparût à la Sainte et lui donnât, dans ces circonstances délicates, toutes les directions dont elle pouvait avoir besoin. Cette mémorable apparition a été mentionnée par Térèse dans l'histoire de sa vie. « Un an avant sa mort, dit-elle, le F. Pierre d'Alcantara m'apparut, malgré l'éloignement qui nous séparait [1]. » Dans cette vision, la Sainte eut une vue claire des vertus du serviteur de Dieu, et des grâces que ses mérites attireraient sur toute l'Espagne : « Ma fille, lui dit Notre-Seigneur, tels sont les mérites du F. Pierre d'Alcantara et son crédit près de moi, qu'aucune chose, si tu la demandes en son nom, ne te sera refusée. » Enfin la Sainte, dans cette vision, fut avertie de la fin prochaine du serviteur de Dieu : « Je sus, dit-elle, qu'il

---

[1] *Vie,* p. 360.

devait bientôt nous être enlevé. Je l'en avertis et lui écrivis, car il résidait à quelques lieues de nous. »

Ainsi Térèse écrit à Pierre d'Alcantara qu'il va bientôt mourir. Elle veut être pour lui le messager de la dernière heure, ou plutôt l'Ange précurseur de la Vie nouvelle. La lettre de la Sainte, cette lettre si précieuse, n'existe plus. Le papier qui contint la communication a péri dans le naufrage des ans. Nous apprenons des contemporains que Celui à qui le pli était destiné, loin de se troubler devant la mort, reçut avec joie la nouvelle de sa future délivrance. Le *clou* qui attache l'homme à la terre, ce sont les biens temporels. L'âme sevrée de ces sortes de biens n'a rien qui l'enchaîne ici-bas et n'y est retenue que par la sainte volonté de son Dieu. La vie est à charge aux Saints : le Fidèle a dit comme Job : « *Tædet animam meam vitæ meæ* [1]; Je m'ennuie de vivre. » Dégoûté d'un monde où tout lui est occasion d'offenser Dieu, impatient d'être délivré *de ce corps de mort* [2], il s'écrie avec saint Bernard : « Seigneur, mon exil ne va-t-il pas bientôt finir? » avec saint Grégoire de Nazianze : « Verbe Roi, délivrez des chaînes de la vie ce mort qui est à vous. Donnez-lui de respirer de ses fatigues, et conduisez-le dans cette vie tranquille pour laquelle il soupire, pour laquelle il a tant souffert! » ou avec saint Augustin : « Maison du Seigneur, rayonnante

---

[1] Job., x, 1.
[2] Quis me liberabit de corpore mortis hujus? (Rom., vii, 24.)

demeure, palais resplendissant, oh! que ta beauté m'est chère, maison de la gloire de mon Dieu! » Tels étaient les sentiments de notre Bienheureux ; rien en ce monde ne pouvait le satisfaire, que l'espoir d'en sortir bientôt.

Peu après la réception de la lettre dont il s'agit, le Saint se rendit à Avila pour s'y occuper de l'affaire de la réforme du Carmel, car, avant de mourir, il voulait avoir vu l'œuvre se fonder. Lorsqu'il repartit d'Avila, l'hiver était déjà venu. Son projet était de coucher le jour du départ à las Cuevas, et d'arriver le lendemain à Arenas. L'extrême faiblesse du voyageur et le mauvais état des routes contrarièrent son dessein. La nuit le surprit au pied de la montagne de Puerto del Pico. Lui et son compagnon avaient gravi péniblement ces pentes escarpées. Lorsqu'ils atteignaient la cime, il était déjà nuit close. Ils ne trouvèrent pour abri sur la montagne que les ruines abandonnées d'une ancienne hôtellerie. Pour comble de malheur, survint, dans l'obscurité, une épaisse bourrasque de neige qui, en un clin d'œil, couvrit l'horizon, et dont les flocons glacés s'amassaient sur leurs têtes nues. « Mon Frère, dit le Saint à son compagnon, abandonnons-nous à la divine Providence. » Dans les décombres, les voyageurs avisèrent un enfoncement où, à la rigueur, une personne pouvait se blottir. Le serviteur de Dieu y plaça son Frère, et, quant à lui, se tint debout, parmi ces murailles sans toiture, exposé à la violence de l'ouragan. Mais Dieu n'est jamais éloigné de ses serviteurs. Pendant que le Frère reposait paisiblement dans son humble abri, Pierre, avec étonnement, voit la neige, ce *duvet des airs*[1], former en tombant comme un cercle autour de lui. Les flocons glacés s'amoncèlent, s'élèvent en manière de rempart, et, s'arrondissant en voûte, dessinent sur la tête du voyageur un pavillon, sous lequel l'Hôte de la divine Providence passa commodément la nuit. Lorsque vint l'aurore, il tendit la main, renversa le fragile édifice, et s'ouvrit sans peine un passage. Le P. François Marchese, de l'Oratoire, de qui nous avons emprunté ce fait, l'a tiré des Actes de la procédure. Plus le prodige peut paraître étrange, plus évidemment aura dû être rigoureux l'examen dirigé par la congrégation des Rites. Ce miracle est du nombre de ceux qui sont à la fois mentionnés, et dans la bulle de canonisation, et dans les leçons de l'Office du Saint. Nous nous faisons un devoir de placer sous les yeux du lecteur le texte même de la Leçon : « *Dum noctu iter ageret, densa nive cadente, dirutam domum sine tecto ingressus est, eique nix in aere pendula pro tecto fuit*[2] ; Dans un voyage de nuit, il se réfugia en une maison ruinée, sans toiture. La neige suspendue en l'air lui servit de toit. »

[1] Qui dat nivem sicut lanam. (Ps. cxlvii, 5.)
[2] Voir à la fin du volume la bulle de canonisation.

XXIII

Sainte Térèse à Tolède. — Dona Luisa de la Cerda. — Le Saint va à Tolède. — Il conseille de fonder le nouveau Carmel sans revenus. — Il se rend à Avila pour cette affaire. — Lettre de lui à l'Évêque d'Avila.

En 1561, mourut à Tolède don Arias de Pardo, marquis de Malagon, l'un des plus grands seigneurs de Castille. Sa femme, dona Luisa de la Cerda, sœur du duc de Medina-Cœli, inconsolable de la perte qu'elle venait de faire, tourna ses vues et ses espérances du côté de la Religion. Instruite qu'à Avila vivait en odeur de sainteté une religieuse d'un esprit éminent, nommée Térèse de Ahumada, elle écrivit au Provincial, et le conjura d'envoyer près d'elle cet ange de paix. C'est la veille de Noël de l'an 1561 que Térèse reçut des supérieurs l'ordre de partir. Elle éprouva, dit-elle, une peine extrême de se voir ainsi recherchée à cause de la bonne opinion qu'on avait de sa personne. Mais Notre-Seigneur, dans une révélation, lui ayant ordonné d'entreprendre le voyage, elle partit accompagnée de son beau-frère, Juan de Ovalle, qui avait autrefois servi avec distinction sous les drapeaux de l'empereur Charles-Quint, et descendit dans le palais de la marquise.

Qui se fie autrement qu'en la divine espérance, dit un vieil auteur, *chemine par la nuictée, et s'appuie sur le bâton de roseau.* Si quelqu'un avait paru pouvoir compter sur les joies de la vie, c'était certainement Luisa de la Cerda. La fortune, quelquefois si avare, avait été envers elle d'une merveilleuse prodigalité. L'édifice de son bonheur semblait assis sur des bases solides. Dans son heureuse existence, longtemps les joies de la veille s'étaient enchaînées aux promesses du lendemain, et toute cette félicité s'était en un clin d'œil évanouie. Un grand nom, des alliances relevées, des titres, des honneurs, d'immenses revenus, rien de tout cela ne remplissait le vide que la mort avait fait dans son cœur. Un seul être autour d'elle avait disparu, et tout lui manquait. La détresse l'avait saisie : hier riche, aujourd'hui indigente, indigente de félicité, elle dirigeait d'avides regards vers une humble fille du Carmel, et semblait demander à cette déshéritée des biens du monde l'aumône d'une part de son bonheur. Elle implorait le calme, le repos, la paix du cœur, un peu de cette paix dont les malheureux sont altérés, et que le monde ne donne pas. La présence de sainte Térèse fut en effet pour Luisa de la Cerda comme une vision suave dans les désolations d'une nuit agitée. La Séraphique Mère remplit de son abondance cette âme dévastée par la douleur. Le baume de la charité assoupit des souffrances que rien ne semblait pouvoir calmer, et sur un front chargé de tristesse, brilla le rayon des divines espérances. « Il plut à Notre-Seigneur, dit Térèse, de faire éprouver à cette dame de grandes consolations près de moi. Elle se portait beaucoup mieux ; son âme allait s'épanouissant de jour en jour. Le changement fut remarqué, car l'excès de la douleur l'avait réduite à un état déplorable. Toutes les personnes de la maison s'avancèrent, grâce à Dieu, dans le service de Notre-Seigneur [1]. »

Térèse parlait quelquefois devant la Marquise du Bienheureux Pierre d'Alcantara, de la sainteté de sa vie, et des grâces sublimes dont Dieu le favorisait. Ce qu'elle en dit fit naître chez Luisa de la Cerda une extrême curiosité de le connaître. Sur la demande de cette dame, Térèse écrivit au serviteu de Dieu, et l'invita, au nom de la Marquise, à venir passer quelques jours dans son palais. L'invitation était formulée en des termes si affectueusement pressants que le Saint, malgré son âge et ses infirmités, se sentit porté à y déférer, et voulut faire le voyage. Pendant son séjour à Tolède, il eut avec dona Luisa de la Cerda des entretiens qui achevèrent de la désabuser des faux biens du monde, et de diriger son âme vers les seuls biens éternels. Sa présence fut d'ailleurs utile à sainte Térèse elle-même.

Ainsi que nous l'avons déjà vu, la bienheureuse Mère était disposée à fonder le nouveau Carmel sans revenus, ce qui était conforme à l'ancienne règle. Mais les théologiens consultés se prononçaient dans un sens diamétralement opposé. Le confesseur de Térèse lui-même la désapprouvait, et alléguait en faveur des revenus des raisons telle-

---

[1] *Vie*, pp. 490-492.

ment plausibles, tellement pressantes, que la Sainte, sans accepter ces raisons, ne savait comment les détruire. Pierre d'Alcantara, à qui elle soumit les objections, et qui connaissait par une longue expérience *les richesses de la pauvreté*, conseillait à la Sainte de persister dans sa première résolution ; et comme don Alvar de Mendoza, évêque d'Avila, pouvait, avec quelque apparence de raison, s'effrayer d'une fondation sans revenus, notre Bienheureux se chargea d'aller lui-même traiter avec le Prélat. Dona Luisa de la Cerda, avant de quitter le Saint, obtint de lui la promesse d'une fondation franciscaine, dont elle s'engageait à faire les frais, sur l'une des terres de sa juridiction. Ainsi que nous le verrons ci-après, la terre affectée à la fondation fut celle de Paracuelos, à quelques lieues de Madrid.

Pierre arriva malade à Avila; il eut le déplaisir de n'y rencontrer point l'Évêque, qui était alors en tournée. Comme il importait que la question des revenus fût réglée avant l'arrivée du bref, notre Bienheureux écrivit au Prélat une lettre dont le texte nous a été conservé :

« MONSEIGNEUR,

« Que l'Esprit-Saint remplisse l'âme de Votre Grandeur ! Empêché par une grave indisposition d'aller régler de vive voix une affaire qui intéresse le service de Dieu, je prends la liberté de traiter cette affaire par écrit.

« Une âme très-avancée dans les voies spirituelles, animée du zèle le plus pur, aurait l'intention de fonder à Avila un très-pieux couvent, dont les religieuses pratiqueraient en toute rigueur la première règle du Carmel. Pour plus de garantie, la personne voudrait que la future communauté fût placée sous la juridiction de l'Ordinaire. Confiante en la piété et la bienveillance de Votre Grandeur, cette personne a déjà obtenu le bref de fondation, et dépensé en frais de négociation près de cinq mille réaux. Je supplie Votre Grandeur d'agréer et de favoriser ce dessein, qui me paraît bon, et qui intéresse à la fois la gloire de Dieu et la cité.

« Votre Grandeur, dont je serais heureux d'aller recevoir la bénédiction, ferait acte de charité si elle daignait charger maître Daza ou tout autre de traiter avec moi. Elle pourrait donner ses instructions à Daza et à Gonzalo de Aranda, qu'elle connaît et de qui je suis connu. Je fais grand cas de quelques-unes des âmes destinées à la maison projetée. En ce qui touche la fondatrice, le Saint-Esprit, ce me semble, réside en elle. Daigne Notre-Seigneur donner et conserver à Votre Grandeur ce divin Esprit, pour sa gloire et le bien de son Église.

« Frère PIERRE D'ALCANTARA. »

Quelque confiance que lui inspirât le caractère du Serviteur de Dieu, le Prélat n'agréa pas l'établissement projeté, et refusa son approbation. Assez de couvents, dit-il, existaient dans Avila. Il ne laisserait, sous aucun prétexte, s'y établir un couvent sans revenus. Maître Daza, don Gonzalo de Aranda et don François de Salcedo, qui s'étaient chargés de porter le message, essayèrent en vain de fléchir le Prélat : tout fut inutile, et la députation revint sans avoir réussi. Pierre ne se rebutait jamais; dans les œuvres de Dieu, la contradiction lui paraissait un présage de succès. Il monta à cheval, et, tout malade qu'il était, se rendit à Tiemble, où était l'Évêque. Don Alvar de Mendoza résistait; mais, lorsque Pierre eut déduit les raisons de la réforme, indiqué son but, son objet, signalé son importance et son opportunité, le Prélat, craignant d'aller contre l'ordre de Dieu, donna son assentiment à la fondation projetée.

XXIV

Deux fondations dans le royaume de Valence. — Le couvent de Caldahalso. — Manœuvres du démon et des ennemis de la Réforme. — La Réforme passe sous la juridiction du Ministre général de l'Observance. — Fondation de Paracuelos. — Érection de deux nouvelles Custodies. — Voyage à Avila. — Admirable lettre du Saint. — Marie d'Avila. — Prédiction réalisée.

De retour au Pedroso, le Serviteur de Dieu, sur la demande de la marquise de Elche, fonda, dans le royaume de Valence, près de Elche et de Sollana, deux maisons qu'il savait, par révélation divine, devoir propager un jour la Réforme dans l'Andalousie. Il autorisa en même temps la fondation de Caldahalso, à la demande de la duchesse de Scalona, fille du comte de Oropesa qui, après plusieurs années de mariage, n'ayant pas d'enfants, avait fait vœu, si elle devenait mère, d'ériger un couvent. La Duchesse avait eu depuis cinq garçons. Le Duc, son époux, fit placer, sur le frontispice de l'église du couvent, le buste de ses fils, avec une inscription destinée à rappeler à ses descendants les obligations que la famille avait au bienheureux Pierre d'Alcantara.

Le tissu de la vie humaine, dit saint Philippe de Néri, *se compose d'une consolation et d'une souffrance.* Si, d'un côté, la Réforme faisait des progrès, de l'autre, ce n'était qu'un enchaînement de peines et de rudes épreuves. Le démon n'oubliait rien pour ruiner la naissante Congrégation. L'Esprit de ténèbres portait les Frères à rougir de l'esprit de mortification; il leur inspirait le dégoût de la pauvreté, leur apparaissait sous des formes horribles, les outrageait, les frappait[1]. Pierre opposait à l'ennemi le bouclier de l'oraison, et répétait souvent à ses religieux le mot de saint Antoine: « Mes Frères, le démon redoute les veilles, les jeûnes, les prières, la pauvreté volontaire, l'humilité, et surtout l'ascendant de l'âme qui aime Dieu. » Les adversaires de la réforme s'attachaient, de leur côté, à décréditer le Saint, à le perdre dans l'opinion : ils le disaient cruel, l'accusaient de sacrifier les hommes à une règle implacable : colportés par la malveillance, ces bruits ne trouvaient que trop d'écho. A des causes d'affliction déjà si graves, se joignit une affliction nouvelle, plus grave, plus douloureuse.

Sur la proposition du roi d'Espagne Philippe II, le pape Pie IV songeait à distraire la province réformée de la juridiction du Ministre des Conventuels, pour la placer sous la juridiction du Ministre général des Franciscains de l'Observance. A Rome, des personnages influents, notamment le cardinal Rodolphe de Carpi, protecteur de l'Ordre, poussaient à ce changement. Le P. Christophe Bravo,

---

[1] Appariva loro, mentre oravano, sotto horribili e spaventose sembianze; dava urli e strida tremende..... Scaricava sopra di loro delle percosse. (Franc. Marchese, *Vita del B. Pietro d'Alc.*, in-4°. Roma, 1667, p. 222.)

qui résidait à Rome, s'y opposait de tous ses efforts, mais succombait dans une lutte inégale. Battu sur tous les points, il proposait, comme moyen terme, de ne rien conclure sans avoir consulté l'auteur même de la réforme. Le Cardinal se rangea à cette proposition, et écrivit de sa propre main au P. Pierre d'Alcantara. Le Saint, que cette affaire affligeait beaucoup, et qui s'effrayait des suites possibles d'un changement de juridiction, ne voulut rien décider que de concert avec ses Frères. Il les réunit au couvent du Rosaire le 10 avril 1562. Le comte de Oropesa avait mis à la disposition de Pierre une maison pour les religieux, et s'était chargé de tous les frais. On se réunit; Pierre parla le premier. Il entretint ses Frères de la mesure projetée, la montra sous toutes ses faces, et ne laissa pas ignorer que le Cardinal, en cas de changement de juridiction, s'engageait à maintenir, et même à étendre les droits et les priviléges de la réforme.

L'assemblée ayant proposé au Saint de rester seul chargé de la conduite et de la solution de l'affaire, Pierre s'y refusa, et ouvrit la délibération. Il fut décidé que l'on demanderait à rester sous la juridiction du Ministre des Conventuels. En cas de refus, on exprimerait le vœu de relever directement du souverain Pontife. Enfin, dans l'hypothèse d'un double refus, l'assemblée s'engageait à se soumettre loyalement à la juridiction du Ministre général des Observants. Le P. Barthélemi de Sainte-Anne, Définiteur, fut chargé de se rendre à Rome, et de suivre l'affaire dans ce sens; mais il ne put rien obtenir : le changement de juridiction fut prononcé, et le délégué dut aller faire ses soumissions au Ministre général de l'Observance, le P. François de Zamora, qui résidait alors à Venise. L'affaire se conclut par le bref dit *de pacification* qui, tout en consommant le changement de juridiction, maintenait dans leurs droits et leurs priviléges la province et la custodie de Saint-Joseph.

Avant de dissoudre l'assemblée, Pierre fit décider que l'on accepterait de la marquise Luisa de la Cerda la fondation de Paracuelos, à trois lieues de Madrid. De plus, il érigea deux Custodies nouvelles, l'une sous le titre de Saint-Simon, en Galice, l'autre sous le titre de Saint-Jean-Baptiste, dans le royaume de Valence. La dernière de ces Custodies fut placée sous le gouvernement du F. Alphonse de Llerena. Ce religieux, autrefois capitaine dans les armées de l'empereur Charles-Quint, était simple Frère; mais ses vertus et son caractère le plaçaient au premier rang parmi ses égaux, et déjà des charges importantes lui avaient été confiées.

Le Saint avait eu le bonheur de retrouver ses Frères tout pénétrés de l'Esprit de Dieu. Il les engagea fortement à persévérer : « Mes enfants, disait-il, vous avez des ennemis; armez-vous contre eux du bouclier de la pénitence. Si quelqu'un venait à vous prêcher une doctrine large, ne l'écoutez pas; séparez-vous de l'imprudent; fuyez-le comme un démon. » En prenant congé des siens, Pierre s'attendrit; des larmes coulaient de ses yeux. Parmi les religieux qui demandaient sa bénédiction, plusieurs la recevaient pour la dernière fois. Il le savait, et pressait affectueusement sur son cœur des enfants qu'il ne devait plus revoir.

Térèse, à Tolède, était en butte à de nouvelles contradictions. Par leur persistance à censurer et à repousser le projet d'une fondation sans revenus, les savants et les canonistes la désolaient. Suivant eux, ce projet choquait la raison, blessait les règles de la plus vulgaire prudence. Inquiète et embarrassée d'une opposition si persistante, la Sainte prit le parti d'en référer à Pierre d'Alcantara; elle lui écrivit, et don Gonzalo de Aranda se chargea de porter la dépêche. A la lecture de cette lettre, qui lui fut remise au couvent du Rosaire, Pierre parut éprouver une vive agitation. Tout infirme qu'il était, le Saint partit sur-le-champ pour Avila, d'où il écrivit à Térèse, sous la date du 14 avril 1562, la mémorable lettre que nous allons lire :

« Ma révérende Mère, que le Saint-Esprit remplisse l'âme de votre Sainteté ! J'ai reçu la lettre que vous m'avez adressée par don Gonzalo de Aranda. J'éprouve, je l'avoue, quelque surprise de vous voir appeler des savants à résoudre une question qui n'est nullement de leur compétence. Les litiges et les cas de conscience peuvent être du ressort des canonistes et des théologiens; les questions de vie parfaite ne relèvent que de ceux qui pratiquent ce genre de vie. Pour traiter une matière, il faut la connaître. Ce n'est pas à un savant de décider si vous et moi devons ou non pratiquer les conseils évangéliques. Mettre ceci en question, serait déjà un commencement d'infidélité. Le conseil de Notre-Seigneur est toujours bon : il ne paraît inexécutable qu'à l'incrédulité ou à la prudence humaine. Qui donna le conseil donnera le moyen de l'exécuter. Tout mauvais qu'ils sont, les hommes, s'ils ouvrent un avis, veulent que cet avis réussisse. Seule, la souveraine Sagesse aurait-elle donné à ses disciples des avis impraticables?

« Si votre Sainteté est résolue de suivre le régime le plus parfait, rien ne l'en empêchera. Le conseil de Jésus-Christ est pour les femmes aussi bien que pour les hommes, et réussira à vous comme à tous ceux qui, avant vous, l'ont suivi. L'esprit des savants vous paraît-il le meilleur? Cherchez de grosses rentes, et voyez si l'opulence vous profitera mieux que la pauvreté conseillée par le Sauveur. Les abus, dans les couvents pauvres, tiennent à ce que la pauvreté y est subie, au lieu d'y être désirée. En soi, la pauvreté n'a rien de louable; ce que je loue, c'est la pauvreté acceptée, recherchée, voulue, désirée pour l'amour de Jésus crucifié; si je professais là-dessus d'autres sentiments, je ne serais pas sûr d'être dans la vraie foi. En ceci, comme en tout, je crois fermement et inébranlablement à la parole du Maître. J'estime les conseils évangéliques excellents, parce qu'ils sont divins; et, tout en reconnaissant que les conseils n'obligent pas sous peine de péché, je crois plus parfait de les suivre que de ne les suivre pas. Je dis plus : à mon avis, les conseils évangéliques obligent moralement, car les conseils offrent à l'âme un moyen de s'élever, de grandir, de se rendre plus sainte et plus agréable à Dieu.

« Appuyé sur la parole du Sauveur, je tiens pour bienheureux les pauvres d'esprit, les pauvres de cœur et de volonté. Je pourrais en pareille matière alléguer mon expérience personnelle, si je n'avais en la parole de Dieu plus de foi que dans ma vaine expérience.

« Que le Seigneur éclaire votre Sainteté, rende sensible à votre esprit cette vérité, et vous donne le courage de la suivre! Ne croyez point aux hommes qui enseignent le contraire : ces hommes manquent de sagesse et de foi; ils ignorent combien le Seigneur est doux à ses amis, aux âmes qui ont tout quitté pour son amour; ils ont horreur de porter la croix de Jésus-Christ, et ne croient pas à la gloire future. Plaise au Seigneur que sur une vérité si claire votre esprit ne vacille pas! Inspirez-vous de la sagesse des âmes qui pratiquent les conseils évangéliques. Ceux qui ne pratiquent pas les conseils se sauvent, il est vrai, par l'observance des commandements; mais, en général, ils manquent de lumières, et jugent mal des choses élevées. Il sera donc sage de préférer à leurs avis les avis de Notre-Seigneur qui donne, avec le conseil, le moyen de l'exécuter, et promet de récompenser éternellement le disciple qui, renonçant aux choses terrestres, aura placé en lui tout son espoir.

« Avila, le 14 avril 1562.

« Fr. Pierre d'Alcantara. »

La lettre qui précède produisit sur l'esprit de Térèse une impression profonde. L'original, trouvé dans ses papiers après sa mort, se conserve au couvent de l'Incarnation d'Avila, comme un monument de grand prix. La pièce est en effet remarquable. Les hagiographes en ont à l'envi admiré la doctrine. « Au point de vue de la sainte pauvreté, dit le P. François de Sainte-Marie, annaliste des Carmes, chaque ligne du document mérite d'être méditée. Je révère cette pièce comme une explication, je dirais presque comme une page de l'Évangile. »

Nous sera-t-il permis d'ajouter une réflexion, qui naît des entrailles mêmes de notre sujet? Le salut des sociétés humaines, perdues de sensualisme, est sorti de ces mots : *Heureux les pauvres !* La ruine des sociétés humaines, ramenées sur les pentes du sensualisme, et de nouveau saturées d'irréligion, sortira peut-être de ces mots : *Heureux les riches !* La proposition aujourd'hui peut paraître téméraire; elle ne sera pas toujours contestée. Pour qui sait lire dans le présent, l'histoire de l'avenir ne présente guères d'obscurité. La préface du temps qui commence est écrite dans les doctrines du temps qui s'achève. Notre siècle a divinisé la richesse et proclamé le culte de l'or. Au dire des sages, le seul pain de la vie sociale serait le pain matériel; et l'accroissement indéfini du capital, la fin dernière de la civilisation. D'étranges illusions se cachent sous de pareilles théories; et le jour n'est peut-être pas éloigné où, trahi par l'idole devant laquelle fume aujourd'hui son encens, plus d'un apôtre de la richesse, confessant l'infaillible vérité, dira peut-être, avec l'Évangile, comme nous, mais trop tard: *Heureux les pauvres!*

Qu'on ne se méprenne pas sur notre pensée. Sans doute, les biens extérieurs viennent de Dieu. Employés avec sagesse, les biens extérieurs affermissent la famille et l'État, cimentent la prospérité et la force des empires. Chez les peuples chrétiens, les richesses sont chrétiennes : la croix, en les marquant du sceau de la charité, leur a imprimé le plus sublime des caractères. La richesse en soi est donc un bien; mais, par l'abus, ce bien peut devenir la source d'un déluge de maux; et de l'usage à l'abus il n'y a qu'un pas. Qui oserait en douter? Qui ne voit les funestes effets de la passion des richesses? De nos jours, la soif de jouir a poussé l'Europe au culte de l'or. Ce culte impie, qui consomme la ruine des âmes, ne prépare-t-il pas la ruine des peuples? n'ébranle-t-il pas les fondements de la civilisation? Le mal est partout. Eh bien, dans le cercle de l'enseignement chrétien, dans cette zone *privilégiée*[1], là, mais là seulement, une sagesse supérieure a mis aux entraînements de la passion la barrière de ses sublimes révélations, le frein salutaire de ses immuables commandements : « Fils d'Adam, fils de l'homme enfanté dans le péché, esclave de la pauvreté et de la mort, tu sanctifieras, par l'esprit, les trésors de ma bonté : à cette condition, tu vivras, tu seras riche, tu posséderas les Cieux : *Beati pauperes spiritu, quoniam ipsorum est regnum Cœlorum*[2]. » O Science, ô Philosophie, ô Sagesse ! de quel bandeau vos yeux sont-ils couverts, si aucune clarté de cette éblouissante sagesse, si aucun rayon de cette divine lumière ne pénètre jusqu'à vous ?

Notre Bienheureux, pendant son séjour à Avila, s'occupa activement de préparer les voies au futur Carmel. Il y fut en relation journalière avec don François de Salcedo, doña Guiomar de Ulloa, et Juan de Ovalle, beau-frère de Térèse, qui déjà faisait exécuter dans la maison les travaux d'appropriation. Isabelle de Ortega fut par lui avertie de se tenir prête. Enfin, il enrôla pour le Carmel une jeune fille nommée Marie d'Avila, obscure et pauvre selon le monde, mais riche en mérites devant Dieu.

Tout étant ainsi préparé, le Saint repartit pour

---

[1] Où les richesses *légitimes*, les richesses *pures de fraude et de violence*, ont-elles plus abondé que chez les peuples chrétiens ?
[2] Matth., v, 3.

Arenas. La chaleur était extrême. Pressé d'une soif ardente, son compagnon, sans rien dire, prit les devants, et, avisant une source, s'y désaltéra, puis s'assit au bord de la route. Pierre l'ayant rejoint : « Mon Frère, lui dit-il, pourquoi avez-vous bu sans permission? Dieu punira votre désobéissance. La fièvre va vous saisir; vous resterez malade tant de jours, chez telle personne. » La prédiction reçut le jour même son accomplissement.

XXV

Séjour à Arenas. — Courses apostoliques. — Le Saint tombe en défaillance à Monbeltrano. — Voyage à Avila. — Patience sublime. — Persécution apaisée. — Entrevue de sainte Térèse et de l'Évêque d'Avila. — Inauguration de la Réforme du Carmel.

A peine arrivé à Arenas, le Saint y reprit le cours de ses travaux apostoliques. L'esprit résistait chez lui aux glaces de l'âge et aux assauts de la maladie. Dévoué jusqu'à la fin, il allait, comme autrefois, de bourgade en bourgade, consoler et évangéliser les pauvres. Un jour pourtant, dans une course de ce genre, les forces parurent lui manquer : c'était à Monbeltrano. Il était entré défaillant chez une pieuse dame, toute dévouée à l'ordre Séraphique; des soins empressés furent prodigués au voyageur. Peu à peu, il se remit. Ses premiers mots, après la crise, furent une aspiration vers le Ciel. Il parla avec effusion du bonheur de ceux qui meurent dans le Seigneur. Pierre, ici-bas, se considérait comme réellement banni. Ainsi que nous l'avons déjà remarqué, sa seule consolation sur la terre, c'était l'espoir d'en sortir bientôt. Il tardait à cet étranger, las du pain de l'exil et de *l'eau du torrent,* de s'asseoir au banquet de la patrie. Après quelques instants d'une conversation toute céleste, il s'était levé pour prendre congé. Les soins dont il venait d'être l'objet semblaient l'avoir vivement ému. Avant de s'éloigner, il se tourna du côté de la maîtresse du logis : « Ma fille, dit-il, je pars ; ici-bas, nous ne nous reverrons plus. Je n'ai nul moyen de m'acquitter envers vous : le peu que j'ai, je vous le donne. Que le bâton de mon pèlerinage vous soit un gage de mon éternelle gratitude ! Vous m'avez assisté ; daigne la divine Majesté vous bénir ! » En parlant ainsi, Pierre s'éloignait. L'humble legs accepté avec respect, recueilli avec émotion, conservé avec une tendre et religieuse sollicitude, ne trahit ni les bienveillantes intentions du testateur, ni les filiales espérances de la légataire. Dieu bénit ce rameau ; et, longtemps après la mort du Saint, douée d'une vertu divine, la relique des derniers adieux guérissait encore les malades.

Sur ces entrefaites, Térèse avait reçu du Provincial une lettre qui l'autorisait à quitter Tolède, aussitôt qu'elle le jugerait convenable. Instruite que ses sœurs voulaient la nommer supérieure du couvent de l'Incarnation, elle eut un moment la pensée de différer son retour ; mais Notre-Seigneur lui ordonna de partir, et elle fit ses préparatifs. Au même moment, Pierre d'Alcantara, malade à Arenas, recevait de Notre-Seigneur, dans une révélation, l'ordre de se rendre, de son côté, à Avila. Le commandement paraissait inexécutable. La faiblesse du Saint était extrême ; il se soutenait à peine, et ne marchait qu'appuyé sur le bras d'un religieux. On s'opposait à son départ ; les médecins réunis aux religieux essayaient de le retenir ; mais leurs efforts vinrent se briser contre une volonté inébranlable. Dieu avait ordonné, il obéit.

A Puerto del Pico, le Saint, excédé de fatigue, s'étendit dans la cour de l'hôtellerie, la tête appuyée sur une pierre recouverte du mantelet de son compagnon. Pendant qu'il reposait ainsi, la bête qu'il montait pénétra dans le jardin, et y brouta quelques herbages. L'hôtesse s'en aperçut : c'était une méchante femme : elle sortit dans la cour, injuria les Pères, les traita de fainéants et de vagabonds, et, avisant le mantelet qui servait à Pierre d'oreiller, le lui arracha si brutalement que la tête du Saint heurta la pierre et saigna. L'homme de Dieu n'avait laissé échapper ni une plainte ni un signe de mécontentement. Il se redressa péniblement sur les genoux, et, au lieu de reprocher à la femme ses mauvais procédés, la pria humblement d'excuser le dommage dont elle se plaignait. Mais, sourde aux prières du vieillard, la mégère s'emportait avec plus de violence, lorsqu'apparaît comme providentiellement à la porte de l'hôtellerie un gentilhomme accompagné de ses gens : c'était don François de Guzman d'Avila. Il entend les invectives ; il voit le Saint couvert de sang. Ému, indigné, hors de lui : « Tuez-moi cette créature, dit-il à ses gens, et brûlez-moi cette baraque. » L'hôtesse effrayée crut sa dernière heure venue. A la prière du Saint, don Guzman se calma ; il paya le dommage, et les religieux poursuivirent leur route. Ce trait d'héroïque patience du Saint est relaté dans la bulle de canonisation [1]. L'indignation de don Guzman paraîtra peut-être un peu vive ; mais le sentiment qu'il a des droits de l'opprimé suffirait déjà pour excuser le bon gentilhomme, si d'ailleurs, après avoir fait un peu de bruit, il n'acquittait noblement une dette qui n'est pas la sienne.

A Avila, Pierre apprit que l'affaire de la réforme allait au plus mal. La ville entière prenait feu contre le projet. Les habitants ne voulaient pas entendre parler d'une fondation sans revenus. Les esprits se déchaînaient contre la Mère Térèse de Jésus : ses projets étaient traités de rêverie et de folie. On reprochait à Pierre lui-même d'avoir, par sa crédulité, encouragé des écarts dignes de blâme. Mais la personne la plus maltraitée, c'était sans contredit dona Guiomar de Ulloa. On ne pardonnait pas à cette dame et à sa mère, dona Aldonce de Guzman, de s'être immiscées dans une affaire qui froissait à ce point les susceptibilités locales, et ces dames se voyaient journellement exposées aux procédés les plus blessants. Enfin, sous la pression de l'opinion publique, l'Évêque avait cru devoir retirer son approbation. Ainsi, tout appui manquait. Pierre examina de sang-froid la situation, et ne s'en effraya pas outre mesure. Il lui parut tout naturel que Satan cherchât à ruiner l'entreprise ; mais Notre-Seigneur n'était-il pas là ? Cette réflexion ranime sa confiance. Loin de paraître plier, il aborde de

[1] Voir à la fin du volume.

front l'opinion publique. Les adversaires étaient nombreux et puissants. Il les vit un à un, et chercha à leur faire entendre le langage de la vérité : « Prenez garde, disait-il, que la pauvreté évangélique est le fondement de la vie religieuse. Si vous niez cela, vous niez l'Évangile. Dieu a parlé, la Mère Térèse de Jésus doit obéir. En quoi ses projets vous blessent-ils ? Qu'importe à la cité que de pauvres filles se tiennent cloîtrées et mortes au monde ? S'il leur plaît de vivre du travail de leurs mains, et de se lever la nuit pour prier, quel mal cela vous fait-il ? N'étouffez pas la prière ; encouragez des voix qui appellent le pardon sur vous ; et au lieu de repousser la miséricorde, bénissez des victimes qui, pour vos péchés, immolent leurs vies sur l'autel de la pénitence et de la croix. » Présentées avec liberté, développées avec l'autorité du langage apostolique, ces considérations qu'animait l'esprit de Dieu firent impression sur les esprits raisonnables. L'opposition se sentit entamée, et perdit de sa force. L'Évêque lui-même revint des préventions qu'il semblait avoir conçues.

Les conjonctures demandaient de la prudence. La position de dona Guiomar de Ulloa et de sa Mère était délicate. Tout en adjurant ces dames de rester fidèles à l'œuvre, Pierre leur conseilla de s'éloigner momentanément, et de se dérober ainsi aux premiers effets de l'émotion qui allait infailliblement se produire à l'arrivée du bref.

Don Juan de Ovalle, résidant alors à Avila, y

était tombé malade. Il habitait la future maison de la réforme. Éloigné de sa femme et de sa belle-sœur, ce gentilhomme se laissait aller à un abattement profond. Pierre d'Alcantara l'encourageait, et lui disait que l'heure des consolations ne tarderait pas à sonner. En effet, à quelques jours de là, Térèse arrivait de Tolède, et, le même jour, le bref arrivait de Rome. La maladie de Juan de Ovalle, fâcheuse à quelques égards, devint par le fait un incident favorable, et servit la situation, en ce que Térèse, autorisée par les supérieurs à demeurer près de son beau-frère et à lui donner des soins, se trouva ainsi soustraite aux influences hostiles de la Communauté. Le bref autorisait la nouvelle maison à se constituer sous la juridiction de l'Ordinaire, nonobstant l'opposition des chefs de l'Ordre. Pierre, par esprit de ménagement, conseilla à Térèse de demander l'assentiment du Provincial. Celui-ci ayant répondu par un refus : « Ma Mère, dit le serviteur de Dieu, ce que vous deviez faire, vous l'avez fait; le reste me regarde. » En parlant ainsi, il se rendit, accompagné de don François de Salcedo, chez l'Évêque, don Alvar de Mendoza, à qui il communiqua le bref, et qui, animé d'excellentes dispositions, promit de faire expédier sur-le-champ les autorisations nécessaires. Les administrateurs de la cité suscitèrent quelques obstacles; mais les actes d'opposition n'aboutirent point.

D'accord avec Pierre d'Alcantara, Térèse fit exécuter d'urgence, dans la maison qu'habitait son

beau-frère, les derniers travaux d'appropriation.
On disposa la chapelle et le chœur, et l'on meubla
les cellules. Le local était petit et de peu d'apparence: « Tant mieux, dit le Saint, ce sera la grotte
de Bethléem. Ma Mère, étouffez toute voix qui vous
dissuaderait de la sainte pauvreté. En vérité, je vous
le dis, c'est sur la pauvreté que Notre-Seigneur veut
fonder votre Institut. »

Pierre et Térèse se rencontraient quelquefois à
l'église ; c'était pour la bienheureuse Mère une joie
de recevoir de cette main vénérée le corps du Sauveur. Un jour, Térèse et Isabelle de Ortega assistaient à la messe du saint prêtre dans la cathédrale
d'Avila. Elles remarquèrent en lui des mouvements
extraordinaires. Une sainte allégresse rayonnait
dans ses traits; des larmes coulaient de ses yeux.
Pain vivant descendu du Ciel, lumière incréée, soleil
des esprits, vous lui apparaissiez; vous l'enveloppiez
de vos feux, et cet œil inondé de vos clartés ne pouvait supporter d'autre éclat que le vôtre! La vision
des choses terrestres n'arrivait plus jusqu'à son regard. Les mouvements de la vie inférieure semblaient avoir chez lui complétement cessé. On eût
dit une apparition céleste. Lorsqu'elle approcha de
la table sainte, Térèse, à son tour, illuminée d'une
clarté divine, vit, auprès de la personne du serviteur de Dieu, deux figures angéliques : d'un côté,
saint François d'Assise, de l'autre, saint Antoine
de Padoue, couverts de vêtements étincelants, prosternés devant la très-sainte Eucharistie. Cette mé-

morable vision n'est pas mentionnée par la Sainte dans l'histoire de sa vie. L'extrême réserve de la bienheureuse Mère la lui aura fait passer sous silence ; mais un jour, dans les épanchements de l'intimité, entretenant des personnes graves de ses relations avec Pierre d'Alcantara, elle déclara l'avoir vu célébrer la messe, ayant à ses côtés saint François d'Assise et saint Antoine de Padoue ; c'est ainsi que le fait a pu être constaté.

Après la messe, le Saint réunit Térèse et Isabelle dans une petite chapelle. La conversation fut vive et animée. De part et d'autre, on s'exprimait avec abandon. Térèse exposait à Isabelle de Ortega ses plans, ses vues, ses désirs, ses espérances. Isabelle s'y associait sans réserve, et, à la manière dont elle parlait des choses de Dieu, se montrait digne de concourir à l'exécution des grands desseins qui lui étaient communiqués.

L'effervescence de l'opinion commandait certains ménagements. Il importait de ne rien précipiter. On temporisa donc ; mais le moment parut enfin venu d'arborer publiquement le drapeau de la réforme.

L'Évêque d'Avila, don Alvar de Mendoza, à qui Pierre fit part de sa résolution, ne connaissait pas encore sainte Térèse. Il demanda qu'elle lui fût présentée. Térèse, dans les relations ordinaires de la vie, exerçait sur ceux qui l'approchaient ce mystérieux ascendant dont les amis de Dieu ont seuls le secret, et qui est apparemment l'un des attributs de la Sainteté. Le Prélat, en l'écoutant, sentait arri-

-ver jusqu'à lui comme un souffle de l'Esprit-Saint. Il fut ravi de cette parole souriante et facile qui, par un mélange heureux, savait allier ce que l'esprit a de plus aimable à ce que les mystères de la foi ont de plus sublime. Les préventions qu'il pouvait avoir un moment conçues à l'égard de la Mère Térèse, firent place chez lui à un ineffaçable sentiment de respect et d'admiration. Sa protection, désormais acquise à l'œuvre nouvelle, ne se démentit jamais. Le Prélat, pendant sa vie, aima les filles de sainte Térèse, et c'est parmi les filles de sainte Térèse qu'il voulut reposer après sa mort. Trois siècles ont passé. D'immenses vicissitudes ont troublé la face du monde. En Espagne, comme ailleurs, le temps a multiplié les ruines. Au milieu de beaucoup de débris, les édifices du Carmel sont encore debout. Une main invisible a protégé contre le vandalisme de la libre pensée les lieux consacrés par l'impérissable souvenir des vertus de la glorieuse réformatrice. Le voyageur qui visite les saints lieux d'Avila, s'arrête avec respect devant un tombeau couronné d'une statue de marbre blanc. Cette statue rappelle les traits d'un pontife du Très-Haut. C'est ici en effet, c'est sous ce mausolée, c'est au milieu de ses filles de prédilection, que don Alvar de Mendoza, comte de Ribadavia, de son vivant Évêque d'Avila, attend dans la paix du Seigneur le jour de la bienheureuse résurrection. Un peu plus loin, se voit le tombeau de don François de Salcedo. Le bon gentilhomme, lui aussi, a voulu dormir son dernier sommeil sous les paisibles voûtes du Carmel. Térèse semble avoir ainsi couvert du manteau de son immortalité tout ce qu'elle aima sur la terre. Espagne, Espagne, patrie de Pierre et de Térèse, patrie d'Ignace et de Xavier, patrie des François de Borgia et des Jean de la Croix, terre illustrée par tant de vertus, sanctifiée par tant de miracles, garde, ah! garde les trophées de ta foi et de ta puissance, les monuments de ta gloire et de ton bonheur; et n'imite pas les folles nations qui, en un jour d'égarement, jetèrent au vent les ossements de leurs saints et les cendres de leurs pères!

La cérémonie de l'inauguration du couvent de Saint-Joseph eut lieu le 24 août 1562. Les postulantes, au nombre de quatre, Isabelle de Ortega, Antoinette de Enao, Marie de la Paix et Marie d'Avila, se présentèrent à la grille, vêtues de grosse serge brune, la tête couverte d'une toile écrue et nu-pieds. Maître Gaspard Daza, délégué par l'Évêque, eut le bonheur de célébrer la première messe, et de mettre le Saint-Sacrement dans la chapelle : « Enfin, dit Térèse, tout étant prêt pour la fondation, il plut à Notre-Seigneur que le jour de la fête de saint Barthélemi, quelques filles prissent l'habit, et que le Saint-Sacrement fût mis dans notre sanctuaire. Ainsi se trouva définitivement érigé, en 1562, avec toutes les approbations requises, le monastère de notre glorieux P. saint Joseph [1]. »

[1] *Vie*, p. 512.

Pierre n'assista pas à la cérémonie : il était déjà parti d'Avila. Sa dernière entrevue avec Térèse mérite d'être mentionnée. Dans ces suprêmes adieux, il recommanda à la Sainte de supporter avec courage une séparation qu'il savait devoir lui être douloureuse. Térèse émue écoutait avec respect cette voix qu'elle ne devait plus entendre. Elle remercia humblement le Saint de tant de services qu'il lui avait rendus, et dont le souvenir, dit-elle, subsisterait éternellement dans son cœur et devant Dieu. Le sentiment de sa gratitude s'est perpétué dans les lignes suivantes, que nous empruntons à l'histoire de sa vie : « C'est, dit-elle, le bienheureux Pierre d'Alcantara qui fit véritablement tout. Le saint vieillard passa ici huit jours au plus; il y fut malade, et Dieu l'appela à lui peu après. Sa divine Majesté semblait n'avoir prolongé sa vie que pour conduire à terme notre entreprise; car, depuis plus de deux ans, si mes souvenirs sont fidèles, ses forces étaient entièrement épuisées [1]. »

Pierre était parti d'Avila, à cheval. Ce vieillard à qui il n'était plus possible d'aller à pied, ce malade à qui il ne restait qu'un souffle de vie, avait résolu de parcourir une fois encore les maisons de la Province, et de porter à ses Frères une dernière bénédiction. Il commença par la maison du Pedroso, qu'il eut le bonheur de trouver toute remplie de l'esprit de saint François. Dans leurs actes comme

[1] *Vie*, p. 520.

dans leurs paroles, les religieux n'avaient que Dieu seul en vue. Le Saint s'appliqua à développer et à consolider en eux ces heureuses dispositions. « Mes enfants, disait-il, ce n'est pas assez d'être réguliers sous le cloître ; soyons réguliers dans le monde, afin que les hommes soient édifiés de nos œuvres. Mes Frères, c'est au fond des mers que le poisson cherche sa sécurité ; cherchons la nôtre dans les profondeurs du cœur de Jésus. Vaste océan des plaies de mon Dieu, s'écriait-il, mettez-nous à l'abri de la tempête ! »

Avant de suivre le fil de notre récit, jetons un coup d'œil d'ensemble sur la vie de notre héros, et résumons en quelques pages les vertus de celui dont il ne nous restera bientôt plus qu'à décrire les derniers moments.

XXVI

Vertus du Saint. — Foi. — Espérance. — Charité. — Pureté. — Humilité. — Esprit de pauvreté. — Patience. — Mortification. — Douceur. — Joie spirituelle.

La foi, sans laquelle il est impossible de plaire à Dieu, était, chez Pierre d'Alcantara, inébranlablement affermie. A ses yeux, tout témoignage des sens s'effaçait devant l'autorité de la Révélation. Les grâces merveilleuses, les extases, les visions n'avaient, disait-il, de valeur qu'autant qu'elles sortaient victorieuses du creuset de la foi. Les mystères les plus profonds étaient, à son avis, ceux devant lesquels la faible raison doit s'incliner le plus profondément. Ces sublimes mystères, il les prêchait hautement devant les hommes, les développait dans des entretiens familiers auxquels il attirait, par quelques aumônes, les pâtres, les enfants, les pauvres, les ignorants; il annonçait la vérité aux mendiants eux-mêmes, répétant, sans se lasser jamais, les explications propres à leur en faciliter l'intelligence. Par son ordre, les religieux de son Institut, au péril de leurs vies, portaient la foi chez les infidèles. C'est la foi qui lui faisait ressentir si douloureusement les désastreuses influences de la révolte de Luther. C'est la foi qui le rendait si éloquent, lorsqu'il parlait de la soumission que tout chrétien doit au Vicaire de Jésus-Christ, et à la sainte Église romaine, mère et maîtresse de toutes les églises. Pour la foi, il eût répandu jusqu'à la dernière goutte de son sang[1].

Les livres saints formaient l'objet exclusif de ses études ; il les savait presque par cœur ; à chaque parole de l'Évangile prononcée devant lui, il se levait et s'inclinait profondément, en signe de respect. Un jour, parlant à ses Frères de la solidité des dogmes de la foi : « Mes enfants, dit-il, lorsque vous entendez lire l'Évangile, joignez les mains, écoutez : *Dieu s'est incarné...* » Un soudain mouvement d'esprit l'empêcha de poursuivre. Il reprit sur un ton plus élevé : *Dieu s'est incarné* ; mais la véhémence toujours croissante du mouvement intérieur l'interrompit de nouveau. Alors, d'une voix vibrante et avec une émotion inexprimable : *Oui*, s'écria-t-il, *Dieu s'est incarné dans l'humanité !* En articulant la dernière syllabe de ce dernier mot, il fit entendre un cri si retentissant, que l'effet n'en saurait être comparé qu'à celui du tonnerre. L'émotion qui le dominait devenant de plus en plus vive, il s'enfuit dans sa cellule ; mais le ravissement l'enveloppa et l'éleva en une extase qui dura trois heures. Ces mouvements extraordinaires se manifestaient chez le Saint, chaque fois qu'il parlait des principaux mystères, notamment du mystère de la très-sainte Eucharistie ; et il était impossible à qui le voyait en

---

[1] Si occasio sese obtulisset, non dubitasset pro unico puncto fidei mori. (*In Relatione Rotæ Auditor.*, — Bened. XIV, *De can. serv. Dei*, lib. III, cap. XXIII, n° 6.)

de pareils moments de n'être pas ému de dévotion.

Notre Bienheureux avait cette foi qui transporte les montagnes; il croyait fermement que Dieu *obéit à la voix de l'homme, et fait la volonté de ceux qui le craignent*[1]. Nourrir miraculeusement des communautés entières, traverser à pied sec des fleuves rapides, envoyer sans aucune provision ses Frères jusqu'au bout du monde, affronter toute privation, guérir les malades, rendre la vue aux aveugles, toutes ces choses semblèrent n'être qu'un jeu de sa puissance.

Par la foi et par l'espérance, le serviteur de Dieu était arrivé à cette charité suréminente qui caractérise les saints. Toutes ses idées, tous ses actes, toutes ses démarches tendaient à Dieu; toutes ses affections se rapportaient au bien suprême. Des soupirs embrasés, et quelquefois, au moins dans l'extase, des exclamations, des cris s'échappaient de cette poitrine d'où débordait le divin amour. Pour apaiser le feu qui le dévorait, il cherchait, la nuit, la fraîcheur de l'air; et plus d'une fois, on le vit, au cœur de l'hiver, se plonger dans des eaux glacées. Il eût voulu se multiplier, afin de gagner les âmes. Il semblait ne vivre que pour étendre et propager le royaume de Dieu. Sa voix conviait tout être, toute créature animée et inanimée, à bénir l'Auteur de la Création : « Cieux et terre, et vous, saints Anges,

---

[1] Obediente Deo voci hominis. (Jos., IX.) — Voluntatem timentium se faciet. (Ps. CXLIV, 19.)

disait-il, louez le Seigneur; Séraphins qui savez aimer, aimez et bénissez le Seigneur. » Ses aspirations vers le Ciel s'épanchaient en exclamations sublimes : « Soleil de l'éternité, s'écriait-il, douce lumière, principe de toute chose, ami des amis, ma gloire, mon bonheur, ma vie, mon Dieu, quand donc me recevrez-vous? Quand irai-je m'abîmer en vous, et me retremper aux sources de l'Être? »

L'homme animal, dit saint Paul, *n'entend rien aux choses de Dieu*[1]. La manière d'être du Saint, les mouvements surnaturels dont l'Esprit de Dieu était en lui le principe, scandalisaient les esprits grossiers de son temps. C'est ce que nous apprend sainte Térèse : « J'ai connu, dit-elle, un religieux nommé Pierre d'Alcantara, personnage d'une éminente sainteté, comme le prouvent les actes de sa vie. Certaines personnes, en le voyant et en l'écoutant, le jugeaient insensé. Il était effectivement atteint de cette sainte ivresse, de cette sainte folie que connut le Prophète. Oh! l'heureuse folie, mes Sœurs! si Dieu daignait nous la communiquer! »

L'amour de Dieu avait développé chez Pierre d'Alcantara le plus tendre amour pour les hommes. Son bonheur était de les consoler et de les aider. Rien ne lui coûtait, lorsqu'il s'agissait de leur être utile. Tout pécheur, à tout heure, avait auprès de lui ses entrées libres : pour les pécheurs, il inter-

---

[1] Animalis autem homo non percipit ea quæ sunt Spiritus Dei. (I Cor., II, 14.)

rompait ses exercices les plus chers ; pour eux, il se soumettait à des expiations sanglantes. Jamais sur ses lèvres parole agressive : « Mes enfants, disait-il, la paix et l'amour nous sont donnés comme deux bras pour étreindre la vertu. Le secret de conserver Dieu dans nos cœurs, c'est d'y maintenir la paix. La charité parle en bonne part et avec indulgence de tout le monde. » Conformément à ces principes, il ne gardait des injures nul souvenir, et ne répondait aux outrages que par des bienfaits.

Ce pauvre de Jésus-Christ mendiait pour les pauvres. Il introduisit dans les couvents de sa juridiction la louable coutume de nourrir les indigents, de raccommoder leurs vêtements, et de laver leur linge de corps. « Plus d'une fois, dit un témoin, je l'ai vu distribuer de ses propres mains aux pauvres leur nourriture : Venez, disait-il, venez, mes enfants bien-aimés. » Les malades trouvaient en lui un serviteur intelligent et dévoué. Il les visitait dans leurs réduits, les assistait dans les hôpitaux, et ne négligeait rien pour adoucir leurs souffrances.

Attentif à conserver en lui la sainte vertu des anges, le Saint, dès ses plus jeunes ans, s'était placé sous la protection de la Reine des vierges et de l'apôtre saint Jean. Il s'abstenait de vin, fuyait la conversation des femmes, jeûnait, et soumettait son corps à un régime de fer. Il tenait ses sens sous le joug d'une vigilance incessante, et ne laissait à ses regards aucune liberté. Après trois ans de séjour à Manjarès, il ne connaissait ni la disposition des lieux ni les traits de ceux qui lui parlaient. A table, il distinguait à peine les mets; et, au chœur, il n'ouvrait jamais les yeux, pas même pour lire, car il savait l'office par cœur. La vertu du Saint fut soumise à de cruelles épreuves; il vainquit par la grâce de celui qui soutient les martyrs et fait *germer les vierges*.

Les vertus de Pierre d'Alcantara étaient fondées sur l'humilité de cœur. Il ne briguait pour son Ordre aucun honneur, aucune distinction. Il pensait avec le patriarche d'Assise, que l'unique privilége des Frères Mineurs, c'est d'obéir à tous, et d'être réputés les moindres de tous. Cet apôtre, chargé de mérites, se regardait comme un serviteur inutile. Pour se dérober aux empressements de la foule, il avait soin, lorsqu'il voyageait, de n'arriver dans les villes que de nuit : « Fils de l'homme, disait-il, n'es-tu pas mort au monde? Meurs donc aux flatteries et aux adulations des hommes. » L'empereur Charles-Quint, retiré au monastère de Saint-Just, le fit un jour appeler, et voulut le charger de la direction de sa conscience. Pierre résista aux instances du monarque : « Sire, dit-il, Votre Majesté, je le sais, ne veut que ce que Dieu veut. Je soumettrai cette affaire à Notre-Seigneur. Si je ne reviens pas ici, tenez pour certain que Dieu destine à Votre Majesté pour confesseur un autre que moi. » Il partit et ne revint pas. La charge de confesseur de la princesse Jeanne d'Autriche, fille de Charles-Quint, lui fut également offerte. Nous avons vu ailleurs qu'il refusa cette dignité.

Aux yeux du serviteur de Dieu, la sainte pauvreté était comme la pierre angulaire de l'ordre Séraphique. Il voulait chez les religieux une pauvreté réelle, effective, qui affligeât la nature. « Chez les Frères Mineurs, disait-il, la pauvreté doit manquer du nécessaire. » Cette maxime était la règle de sa vie. Sa cellule, qui subsiste encore au Pedroso, n'avait que quatre pieds et demi de long sur trois de large. Elle était si basse, qu'il était impossible de s'y tenir debout. Une grosse pierre y servait tout à la fois de siége et de lit. Le mobilier se composait d'une croix, d'une image de Jésus crucifié, d'un morceau de bois employé en guise d'oreiller, et d'un bréviaire en mauvais état. Le Saint ne voulait dans les cellules aucun objet de curiosité, pas même d'image ni de reliquaire. Tout au plus y tolérait-il la présence de quelque saint livre. Pour façonner les siens à une pauvreté si rigoureuse, il leur rappelait souvent le mot de l'Évangile : *Là où est votre trésor, là est aussi votre cœur.* « Mes Frères, disait-il, tout ici-bas n'est que misère ; la créature corrompue corrompt le cœur qui s'en nourrit. » Jamais il ne porta de tunique neuve ; jamais de chaussure. S'il se blessait en marchant, il adaptait une sandale au pied malade, et l'autre restait nu. Jamais il n'approcha du feu. Il vivait d'un peu de pain grossier et de quelques légumes de rebut. Sa consolation était de manquer du nécessaire : « Il est impossible, disait-il, de pratiquer la pauvreté, lorsqu'on a tout à discrétion. » L'esprit de pauvreté se manifestait chez lui jusque dans le papier dont il se servait pour écrire. Le P. Ribera raconte qu'ayant vu une lettre de Pierre adressée à sainte Térèse, il fut frappé de l'extraordinaire petitesse du format.

Un religieux titré de l'ordre de Saint-Dominique aperçut un jour dans le jardin du Pedroso le Saint les bras nus. Comme il paraissait s'en scandaliser, le Saint montra sa tunique qui séchait sur l'arbre voisin, et dit au religieux en souriant: « Mon Père, c'est l'Évangile qui a tort ; le Maître ne nous accorde qu'une tunique. » Il recommandait aux siens l'esprit de renoncement : « Mes enfants, disait-il, soyons comme Dieu qui, renfermant en lui toute chose, n'a besoin de rien. »

La patience du Saint fut longtemps proverbiale en Espagne. « Pour supporter cet affront, disaient les Espagnols, il faudrait avoir la patience de saint Pierre d'Alcantara. » Lorsqu'on l'injuriait : « Mon Dieu, s'écriait-il, je vous remercie ; je suis enfin estimé ce que je vaux, et traité selon mes mérites. » Sa vie ne fut qu'un tissu d'afflictions. Les souffrances physiques ou morales ne lui laissèrent peut-être pas un seul jour de trêve. Il lutta avec constance ; souffrir était, à ses yeux, l'unique chemin de la perfection : « Point de mortification, disait-il, point de christianisme : le chemin est rude, mais il mène au Ciel. »

C'est par cette voie difficile et dure que le Saint se dirigea constamment. Le corps fut pour lui comme un ennemi, avec lequel il ne se réconcilia jamais.

Toute sa vie, il marcha tête nue et pieds nus, bravant les intempéries de l'air et des saisons. Trois ans de suite, il garda un caillou dans la bouche, afin d'apprendre à se taire et à maîtriser sa pensée. Pendant vingt ans, il porta sur la chair un cilice de métal. Pendant quarante-six ans, il se soumit deux fois chaque jour à des macérations quelquefois sanglantes. Un peu de pain noir, un bouillon insipide, aux jours de fête quelques herbages, jamais de vin, tel était son régime. Il ne mangeait que de trois en trois jours. Le sens du goût, chez lui, avait fini par s'émousser. Il ne distinguait plus si les substances étaient chaudes ou froides, amères ou douces, assaisonnées ou sans saveur. De tous les aliments, sans exception, il disait : « Cela est bon. » Invité, dans un âge avancé, à modérer ses austérités : « Non, non, répondit-il en souriant, entre mon corps et moi, il y a un pacte : le corps a promis de se laisser maltraiter sur la terre ; j'ai promis de le laisser se reposer dans le Ciel. »

Avec toute cette sainteté, comme le dit si bien sainte Térèse, le serviteur de Dieu *était très-affable.* Il jugeait les hommes avec indulgence, et témoignait aux pécheurs eux-mêmes la plus tendre condescendance. Un jour, devant lui, le comte de Oropesa éclatait en invectives amères contre les désordres du monde : « Oui, s'écria-t-il, la société est perdue de scandales, et je ne comprends pas que Dieu supporte les hommes. — Monsieur le Comte, répondit Pierre en souriant, commençons par être vous et moi ce qu'il faut être ; que chaque censeur en fasse autant, et je réponds d'une réforme générale. » Cet esprit si grave savait, au besoin, sortir de sa gravité, et se montrer enjoué. Il voulait de la gaieté chez les enfants de Dieu : « La joie de l'âme, disait-il, est le principal aviron de la vie spirituelle. » Dans les relations, on trouvait chez lui l'urbanité du gentilhomme. Il pensait, avec saint François d'Assise, que *la politesse est sœur de la charité*. Il aimait à trouver chez les jeunes religieux des manières franches et naturelles. Le manque de simplicité dans une âme était, disait-il, un obstacle insurmontable à la perfection. Il recommandait à ses Frères l'union et la bonne harmonie, et se montrait en toute occasion doux et humble de cœur. Même lorsqu'il réprimandait, sa parole respirait la mansuétude : le peuple le nommait *l'Ange de la paix*.

XXVII

Oraison. — Extases, ravissements, élévations corporelles. — Résumé du Traité de l'Oraison.

L'oraison occupa, dans la vie de notre Bienheureux, une place immense. A toute heure, en tout lieu, le jour, la nuit, dans la cellule, sous le cloître, sur les chemins, partout il se tenait en union avec Dieu. Sa fidélité fut admirablement récompensée. Dans une chair mortelle, il vivait de la vie spirituelle. L'état extatique lui était devenu comme naturel. Quelquefois, en entrant en extase, il poussait un cri dont il serait difficile de donner une juste idée, mais qui, loin d'être choquant, excitait au contraire les cœurs à la dévotion et les portait à l'amour de Dieu. L'âme, s'élevant au-dessus des limbes de la vie inférieure, arrachait le corps à son centre de gravitation, et, par une action dont le principe échappe aux lumières de la raison naturelle, déterminait ces merveilleuses ascensions corporelles, dont la vie du Saint nous a offert de si curieux et si mémorables exemples. On vit fréquemment le serviteur de Dieu s'élever, comme en volant, à la hauteur des voûtes de l'église, et au-dessus de la cime des plus grands arbres. La nuit, lorsqu'il priait à la clarté des étoiles, les pâtres du voisinage l'apercevaient dans l'air, à genoux, à des hauteurs considérables. Quelquefois, dans ces mouvements aériens, le corps parut transfiguré, lumineux, brillant comme un pur cristal, et participant en quelque sorte de la splendeur des corps déjà glorifiés.

Écoutons, au sujet des extases et des ravissements corporels de notre Bienheureux, un de ses biographes. « Surviennent, dit l'historien, les extases et les ravissements; surviennent ces merveilleux transports aériens dans lesquels, malgré sa pesanteur, le corps arraché à la terre obéit aux ardents mouvements de l'âme. L'auteur du prodige, le Seigneur miséricordieux, n'accorde en général une telle grâce qu'à de très-grands contemplatifs. Sainte Térèse en fut favorisée, et saint Pierre d'Alcantara aussi. Le Saint, priant dans le chœur, absorbé dans la contemplation de Dieu, se sentait, par l'ardeur de l'esprit, élevé jusqu'à la voûte de l'église. Souvent du pied des arbres, où il s'agenouillait, on le vit atteindre, comme en volant, les branches les plus élevées. Il suffisait de parler de Dieu en sa présence pour provoquer chez lui les transports extatiques. Les pâtres et les passants bien des fois le virent et l'admirèrent priant devant une croix de bois, les bras étendus en croix, élevé à une grande hauteur[1]. »

---

[1] « Succedunt raptus et ecstases, succedit illa mirabilis per aera transportatio qua corpus, grave licet, animæ ferventis motibus, rapitur. Operarius tanti effectus est misericors Dominus, qui hujusmodi gratiam non solet nisi viris summe contempla-

Un jour, dans le jardin d'un couvent, Pierre entendait une voix chanter l'Évangile *In principio erat Verbum*. Cette voix venant de l'église produisit sur son esprit une impression extraordinaire. Saisi et comme frappé par le ravissement, le Saint pousse un cri immense; s'élève au-dessus de terre à la hauteur d'une coudée, prend son vol dans la direction de l'église, et, après avoir traversé sans se blesser cinq portes consécutives, va se poser devant le Saint-Sacrement, en extase, à genoux, privé en apparence de tout sentiment, complétement absorbé en Dieu.

Le fait suivant paraîtra plus merveilleux encore. C'était au Pedroso. Pierre contemplait de loin ce Calvaire dont il a été parlé ailleurs, et qui couronnait l'une des montagnes voisines. A la vue du monument commémoratif du plus ineffable de nos mystères, le Saint, ravi en extase, se sent élevé de terre, comme malgré lui. Il traverse l'espace, et s'arrête, en l'air, à genoux, devant les bras de la croix. La scène bientôt s'agrandit, et prit un caractère sublime. De la croix jaillissaient des rayons

---

tivis concedere. Dedit eam sanctæ Teresiæ, et largitus est sancto Petro de Alcantara, ita ut orans in choro, et in Dei contemplatione absorptus, usque ad laquearia spiritus ardore ferretur. Sæpe ad radices arborum genuflexus, supremos ramos, velut avis volando, attingere videbatur. Si quis de Deo coram ipso agebat, dabat novis excessibus mentis occasionem. Sæpe coram cruce lignea orans, brachiis in modum crucis extensis, multum supra terram evectus, omnium transeuntium et pastorum admirationem movebat. » (Ben. XIV, *De Serv. Dei can.*, lib. III, cap. XLIX, n° 9; *Vita B. Pet. de Alc.*, lib. IV, cap. X, p. 197.)

qui illuminaient le visage du Saint, et du visage du Saint partaient des rayons qui illuminaient l'arbre de la Rédemption. Au-dessus du Bienheureux, une nuée lumineuse, balancée dans l'espace, s'étendait sur sa tête comme un pavillon. De cette nuée, comme du foyer d'un vaste incendie, se détachaient, plus brillantes que le soleil, des gerbes étincelantes qui embrasaient la montagne, et la faisaient resplendir de leurs feux, jusque sur les pentes inférieures. La lumière projetait dans la direction du couvent ses reflets colorés des nuances du prisme, et les murs au loin ruisselaient de clarté. Jamais les purs horizons de l'Estremadure ne s'étaient couronnés de tant de splendeurs. Les Frères accourus étaient là : un inexprimable saisissement éclatait dans les attitudes et dans le jeu des physionomies; l'admiration, la crainte, le respect, se peignaient dans les gestes et dans les regards. Les Religieux se prosternèrent : on eût dit les Apôtres sur le Thabor. Cette scène imposante, cette merveille divine, unique peut-être dans les fastes de l'Église, embrassa une certaine durée. Le Saint, revenu à lui, paraissait éprouver une vive confusion; il se déroba aux regards, et regagna promptement sa cellule [1].

Le serviteur de Dieu ne parlait jamais de ses visions; il s'étudiait à cacher les grâces de Dieu; mais son secret lui échappait malgré lui. Sainte Térèse,

---

[1] Ce miracle admirable est mentionné dans la bulle de canonisation. Voir, fin du volume.

lors de leur première entrevue, à la manière dont il traitait des communications divines en général, comprit qu'il avait de ces sortes de communications une longue expérience : « Je lui rendis compte, dit-elle, de ma vie, de ma manière d'oraison, et tout de suite je vis qu'il m'entendait par l'expérience qu'il en avait. Il m'éclaira sur tout, et me donna une claire intelligence des visions extatiques. Il goûtait un inexprimable plaisir dans le mutuel épanchement de nos âmes [1]. »

Nous avons dit ailleurs quelques mots du traité de l'Oraison, de ce traité qui, à son apparition, fixant l'attention de l'Europe catholique, excita l'admiration de sainte Térèse et du P. Louis de Grenade. Le lecteur nous saura peut-être gré d'en placer l'analyse sous ses yeux. L'écrit dont il s'agit a concouru au salut d'une multitude d'âmes : aujourd'hui encore, les fidèles qui aspirent à la perfection peuvent étudier utilement cet écrit.

« L'homme déchu, porté au mal par la mauvaise inclination de son cœur, triomphe de la répugnance au bien par la dévotion : or, le sublime enthousiasme de la dévotion ne peut naître que de la méditation des choses divines ou de l'oraison : *C'est dans l'oraison*, dit saint Bonaventure, *que nous est communiquée la grâce de l'Esprit-Saint qui enseigne toute chose.*

---

[1] *Vie,* pp. 405-406.

« Les mystères du Symbole, notamment la vie et la Passion du Sauveur, seront la matière, l'aliment, l'objet propre de la Méditation et de l'Oraison.

« Pensez d'abord à la multitude de vos fautes, au temps où Dieu vous fut le moins connu. Passez en revue les bienfaits de Dieu. Comment avez-vous coulé votre enfance, votre jeunesse, l'âge suivant ? A quoi avez-vous employé la santé, la force, les talents, la fortune ? Qu'avez-vous fait pour votre prochain ? Que répondrez-vous à Dieu lorsqu'il vous interrogera ? Arbre sec et préparé pour le feu, que diras-tu au Juge suprême lorsqu'il te demandera compte du temps, de ce divin capital dont si longtemps tu ne fus qu'un frauduleux et infidèle dispensateur ?

« Pensez aux péchés commis depuis votre conversion. Adam vit en vous par une multitude d'habitudes anciennes irrégulières et désordonnées. Imaginez le jour formidable où seront mises au net les causes des enfants des hommes, et où seront tirées les dernières conclusions des procès de nos vies. Puisez dans la considération de vos fautes une basse opinion de vous-même, et prenez garde que l'humilité est la pierre angulaire de l'édifice spirituel.

« Rappelez-vous la brièveté et l'instabilité de l'existence, la misère et le néant du monde, les perpétuelles vicissitudes de l'être humain, les passions, les troubles, les inquiétudes de l'âme. Considérez la vanité du siècle, la perte des biens, la mort, la destinée finale et le jugement.

« Tout ce qui porte le cœur à l'amour, à la crainte de Dieu, et à l'observation de ses commandements est matière à méditation : vous méditerez surtout le mystère de la Passion du Sauveur.

« Les actes de l'entendement occuperont peu de place dans l'oraison. C'est le cœur et la volonté qui doivent agir. Si vous discourez à perte de vue, si l'esprit raisonne beaucoup, au lieu de faire oraison, vous aurez seulement étudié.

« La dévotion ne s'obtient pas par violence. Quelques-uns s'étudient à exciter en eux les larmes, les émotions, les affections sensibles ; ils se trompent : le labeur de l'imagination tarit la piété et dessèche le cœur.

« L'attention et le recueillement sont nécessaires ; mais toute contention d'esprit, dans l'intérêt même de la santé, doit être évitée. Il ne faut ni se livrer à des efforts excessifs, ni se laisser emporter à tout vent de l'imagination : ce sont, en sens opposés, deux excès également fâcheux.

« Les nuits et le commencement des jours sont le temps le plus propice à l'oraison. Ne vous dégoûtez point de l'oraison, sous prétexte de n'y trouver pas tout de suite l'onction désirée. Persévérez humblement et attendez[1]. Si Notre-Seigneur daigne

---

[1] L'illustre Vierge de Paray-le-Monial, la bienheureuse Marguerite-Marie, donne le même conseil, et revêt sa pensée d'une image charmante : *L'âme qui prie*, dit-elle, *doit se tenir devant Dieu comme une toile d'attente devant un peintre.* Sainte Térèse recommande aussi de persévérer et d'attendre. Cette fidélité

venir, remerciez-le ; s'il tarde, reconnaissez-vous indigne de sa visite, et offrez-vous en sacrifice. Vous prétendiez adorer Notre-Seigneur sous une forme sensible; il veut être adoré de vous en esprit et en vérité; qui êtes-vous pour résister? Dans les heures d'aridité, aidez-vous, s'il le faut absolument, de quelque pieuse lecture, lente, réfléchie, entremêlée d'élévations de cœur. Dieu n'exige pas l'impossible. Ce qu'il attend de sa créature faible et bornée, c'est la direction soumise de la volonté.

« Ne vous arrêtez pas, dans l'oraison, à quelque douceur que vous y aurez éprouvée. La rosée humecte le sol et ne l'abreuve point. Les larges pluies de la grâce sont seules capables de pénétrer, de féconder l'âme, et d'y faire germer les vertus. Persévérez : les pluies fécondantes viendront.

« Soyez attentif aux appels de l'Esprit-Saint; rendez-vous docile aux mouvements de la grâce. Lorsque l'Esprit de Dieu souffle, ce souffle doit être regardé comme le sifflement du pasteur qui appelle la brebis au pâturage.

« Par l'oraison persévérante, si Dieu vous en fait la grâce, vous arriverez à la contemplation. La contemplation c'est le but. Élevé à ce haut degré de la vie spirituelle, l'esprit n'a plus qu'à se tenir en repos; il se complaît en la simple vue de Dieu; le considère dans ses infinies perfections, et jouit du

---

patiente a tout au moins le mérite du sacrifice : *Si je ne fais oraison*, dit la Sainte, *je fais pénitence*.

bonheur que lui cause cette vue. Ici, toute opération de l'entendement doit cesser. L'âme recueillie et attentive cherchera en soi-même l'image de Dieu, écoutera le Seigneur, comme s'il n'y avait au monde que lui et elle, ou plutôt s'étudiera à s'oublier soi-même ; car, suivant l'admirable remarque d'un Père du désert, *l'oraison la plus parfaite est celle où l'âme qui prie ne s'aperçoit pas qu'elle prie.* »

Telles sont les doctrines élémentaires du *Traité de l'oraison*. Les principes posés par saint Pierre d'Alcantara font règle parmi les théologiens, sont reçus dans l'Église universelle, et servent de base aujourd'hui encore à tous les ouvrages qui s'écrivent sur cette importante matière [1].

[1] M. l'abbé Migne, dans son édition des *OEuvres de sainte Térèse*, a réimprimé le *Traité de l'oraison* de saint Pierre d'Alcantara, à la suite des OEuvres de la Sainte.

XXVIII

Dévotion du Serviteur de Dieu pour la très-sainte Eucharistie et la très-sainte Vierge. — Puissance de sa parole. — Intuition de l'avenir. — Vénération dont il est l'objet. — Ses relations avec la princesse Isabelle de Portugal et saint François de Borgia.

La dévotion du serviteur de Dieu pour la très-sainte Eucharistie datait de son jeune âge, et ne fit que s'accroître depuis. Par tous les actes de sa vie, Pierre tendait à s'unir aux souffrances du Sauveur. Il semblait, tant il les touchait avec respect, que les vêtements sacerdotaux fussent les vêtements mêmes du divin Maître. Il approchait de l'autel comme du Calvaire. Ses yeux se couvraient de larmes, lorsqu'à l'Évangile il prononçait le nom trois fois adorable de Celui devant lequel tout genou fléchit. Les paroles de la consécration le ravissaient en extase. Assez ordinairement, après la communion, il s'élevait de terre, même à la grand'messe, c'est-à-dire devant le peuple.

Lorsqu'il écrit, les effusions du divin amour débordent de son cœur : « Venez, ô mon Dieu ! s'écrie-t-il ; père des pauvres, consolateur suprême, hôte intime des âmes, rafraîchissement des cœurs, venez ! Lumière béatifique, remplissez le cœur de vos fidèles ! » Et ailleurs : « Mon espérance, ma gloire, mon refuge, ma joie, ami des amis, quand serai-je tout à vous ? Quand serai-je absorbé en vous à jamais ? »

Et ailleurs encore : « Dieu de mes entrailles qui revêtez les lis des champs et donnez aux petits oiseaux leur pâture, pourquoi m'avez-vous oublié, moi qui ai tout fait pour vous ? »

Après Notre-Seigneur, la très-sainte Vierge occupait le premier rang dans ses affections. Au couvent de Notre-Dame-des-Anges, le Saint passait de longues heures devant l'image de la Reine des cieux, en extase, élevé de terre, les bras en croix, les yeux baignés de larmes. A Villaviciosa, un jour qu'il priait dans le petit oratoire de Notre-Dame-de-Bethléem, on recueillit de ses lèvres l'invocation suivante : « Marie, Vierge très-sainte, Mère de Dieu, Reine du ciel, Maîtresse du monde, Sanctuaire du Saint-Esprit, Lis de pureté, Rose de patience, Paradis de délices, Miroir de chasteté et d'innocence, priez pour un malheureux, répandez sur un exilé les trésors de votre miséricorde ! » C'était, du vivant du Saint, une opinion généralement répandue que la sainte Vierge lui apparaissait. Nous trouverons plus loin la preuve de la réalité de ces apparitions.

Les saints ne se bornent pas à pratiquer la vérité ; ils ont pour mission de la répandre. Saint Pierre d'Alcantara fut puissant en paroles. Il semblait, en prêchant les mystères, briser le sceau qui en cache aux pécheurs l'intelligence. Sa voix était sympathique au peuple ; ses prédications remuaient les masses. Avant même qu'il eût parlé, l'ascétisme de ses traits, son extérieur grave et recueilli, avaient déjà commandé l'attention de l'auditoire. Les artifices du langage lui paraissaient indignes de la gravité de la chaire. Il parlait de l'abondance du cœur. Sa rhétorique se résumait dans le précepte de saint François : « Annoncez purement et simplement la pénitence, et confiez-vous en la parole du Sauveur qui a vaincu le monde. » Il croyait à l'infaillibilité de la promesse ; il savait que si le sort de la vérité c'est d'être toujours attaquée, son privilége c'est de n'être jamais vaincue. Cette conviction passait de son âme sur ses lèvres, et lui communiquait une force surhumaine. Ainsi que nous l'avons déjà remarqué, les dogmes terribles étaient ceux que Pierre d'Alcantara prêchait de préférence. Aucune lâche considération ne l'eût décidé à transiger avec les préjugés et les passions de son temps. Les ménagements pour l'erreur lui semblaient une conspiration contre la vérité. Il foudroyait le mensonge et le vice, et portait la terreur dans les consciences coupables. L'éloquence du Saint jaillissait des profondeurs de sa foi, et s'embrasait au foyer d'une immense charité : si le prédicateur gagnait les pécheurs, c'est que les pécheurs le savaient plein de miséricorde et d'amour. En un certain sens et d'une certaine manière, Pierre semblait avoir reçu le don des langues [1]. La vérité, sur ses lèvres, devenait intelligible pour tous ; il la mettait à la portée de tous les esprits, à la portée de tous les cœurs, et réussis-

---

[1] Deus qui beatum Petrum de Alcantara dono scientiæ et linguarum, prophetiæ et miraculorum illustrem fecisti. (*Office du Saint.*)

sait à la faire aimer. On accourait à ses sermons. L'église, lorsque le Saint parlait, était trop étroite : souvent il dut prêcher en plein air.

Ce grand serviteur de Dieu connaissait le fond des consciences et lisait dans l'avenir. Un jour, un jeune gentilhomme décachette devant lui une lettre de la cour, et reçoit la nouvelle d'une riche succession. Transporté de joie, il veut partir pour Madrid. Pierre l'en dissuade : « Mon Fils, cette succession vous égare; naguère vous aimiez Jésus-Christ. — Mon Père, je l'aime encore. — Si la succession annoncée vous était ravie, que diriez-vous? — Mon Père, je voudrais perdre mes biens plutôt que le Ciel. — Et si, avec les biens, on vous ravissait aussi l'honneur? — Mon Père, je sacrifierais l'honneur plutôt que Dieu. — Mais si les amis d'aujourd'hui vous ravissaient demain la liberté? — Mon Père, répondit le jeune homme avec vivacité, je vous l'ai dit : je serais inébranlable. » Le jeune imprudent partit pour Madrid : des sociétés corrompues l'entraînèrent; il marcha de désordre en désordre, et tomba dans l'hérésie. Poursuivi, emprisonné, privé de ses biens, abandonné de ses proches, il vit se réaliser un à un tous les pronostics de l'homme de Dieu. Plus tard, son cœur s'ouvrit à de meilleures inspirations; mais les chagrins du jeune insensé ne finirent qu'avec sa vie.

Tant de vertus appuyées de tant de miracles commandaient la vénération publique. On venait de tous côtés voir et consulter le Saint, et se recommander à ses prières. Les grands l'attiraient dans leurs palais; les malades l'appelaient au chevet de leurs lits; et, sur la voie publique, les passants voulaient obtenir sa bénédiction. *Il n'appartient pas à la terre,* disait de lui l'empereur Charles-Quint; *c'est un ange venu du Ciel.* Nous avons vu de quels égards l'entouraient à Lisbonne le Roi, l'infant don Louis et la princesse dona Maria. Une autre princesse de Portugal, dona Isabelle, mariée à l'un des fils du roi Emmanuel qui mourut à vingt-cinq ans, professait pour notre Bienheureux la plus tendre vénération. Elle lui envoyait des ornements d'autel travaillés de sa main. La lettre suivante donnera au lecteur une idée de l'esprit et du caractère des relations qui existaient entre la Princesse et le Religieux. C'est une lettre du Saint; la lettre est évidemment écrite de l'Arabida :

JÉSUS.

« Madame,

« Que la paix de Jésus-Christ remplisse l'âme de Votre Altesse! En venant dans ce pays, j'ai accompli, je crois, la volonté de Notre-Seigneur; ma présence y a produit bon effet. J'y suis avec le F. Juan de Aquila; nous achevons de régler les intérêts de la Custodie de l'Arabida. Notre-Seigneur semble prendre soin de nos maisons, et en agréer le régime. Ce n'est qu'une poignée de monde, mais ce monde est dévoué. Oui, madame, Dieu a béni mon voyage, et c'est lui, je le vois bien, qui règle tout. Que vous dirai-je? la Province va mieux que jamais. Je sais combien Votre Altesse est zélée pour la gloire de Dieu, surtout dans ce pays. Quant à moi, je m'intéresse à la Custodie de l'Arabida à cause des âmes qui s'y sanctifient, et aussi à cause de l'esprit si chrétien des princes de ce royaume. Dieu, madame, vous a donné l'élévation du rang et l'élévation de l'esprit, et ces grâces, chez vous, ne demeurent pas stériles. C'est ce que répètent toutes sortes de personnes, notamment celles qui approchent Votre Altesse. Dieu, j'espère, veillera sur les petits princes : daigne Sa divine Majesté les protéger! Votre présence serait, pour l'infante dona Maria, le plus efficace des remèdes. Je désire que vous la voyiez avant que Notre-Seigneur l'appelle à régner avec lui dans le Ciel. Ainsi soit-il. Votre Altesse, si elle daigne répondre, peut compter sur la fidélité du messager.

« De Votre Altesse, Madame,
« Le Chapelain très-dévoué,
« Fr. Pierre d'Alcantara. »

Des prélats éminents, les évêques d'Avila, de Coria, de Plasencia, de Badajoz, de Tolède, regardaient Pierre comme un apôtre, et l'appelaient à l'envi dans leurs diocèses. Les âmes saintes, celles à qui Dieu se communiquait avec le plus de libéralité, le P. Louis de Grenade, le vénérable Juan d'Avila et une foule d'autres, tenaient à être avec lui en communauté de prières. On lira sûrement avec émotion le billet suivant écrit à notre Bienheureux par saint François de Borgia, monument des rapports de mutuelle vénération qui unirent ces deux grandes âmes :

JÉSUS.

« MON TRÈS-RÉVÉREND PÈRE EN J.-C.,

« Que la paix et la grâce de Notre-Seigneur soient à jamais avec nous! Ainsi soit-il. Vos grands travaux, Dieu le sait, sont une des consolations de ma vie. J'irais volontiers m'abriter sous le toit de votre petite solitude, et m'y croirais en paradis ; mais j'apprends que Notre-Seigneur vient d'appeler au ciel le bon Évêque de Badajoz. L'apparition que je comptais faire dans cette ville étant désormais sans objet, je me rends directement à Evora. Je m'occuperai en Portugal des affaires de votre Révérence. Au retour, s'il plaît à Dieu, je vous verrai, et nous causerons. Le P. Zapata était, dit-on, fort avant dans les bonnes grâces du Prélat. Priez pour moi, mon Père ; obtenez du Seigneur qu'il me communique l'Esprit-Saint.

Arandilla, le 22 août 1557.

« *P. S.* Peut-être, en me détournant un peu, vous verrai-je en allant. Le tout au gré de Notre-Seigneur. Quoi qu'il en soit de l'aller, le retour sera comme j'ai dit.

« FRANÇOIS. »

Concluons, et, pour résumer d'un mot les vertus

de notre Saint, disons que Pierre d'Alcantara reproduisit dans sa personne, autant du moins que le comporte la fragilité humaine, le type adorable dont, aux jours de sa jeunesse, un doigt mystérieux lui avait signalé la présence sur *la montagne,* et qu'une voix venue du Ciel lui avait proposé pour modèle : *Fac secundum exemplar quod tibi in monte monstratum est* [1].

[1] Exod., xxv, 40.

XXIX

Le Saint visite divers couvents. — Il tombe malade à Villaviciosa. — Le comte de Oropesa fait transporter le Serviteur de Dieu à son château. — Persistance et aggravation de la maladie. — Le Bienheureux demande à être transféré au couvent d'Arenas.

Ainsi qu'on l'a vu, Pierre, avant de mourir, avait résolu de porter à ses Frères une dernière bénédiction. Le couvent du Pedroso fut celui qu'il visita le premier : c'était le berceau de la réforme. Il revit cette maison avec joie, parcourut avec émotion des lieux consacrés par le souvenir de tant de grâces signalées. A cette époque, sa dévotion prit quelque chose de plus onctueux et de plus tendre. Ses communications avec Dieu semblèrent devenir plus intimes. Souvent on l'aperçut devant l'image de la très-sainte Vierge, en extase, élevé de terre, les bras en croix, absorbé et comme perdu dans la contemplation des choses divines. Son émotion, lorsqu'il parlait du bonheur du Ciel, se traduisait par de saintes larmes. Il était tout à Dieu et tout à ses Frères : la charité débordait de ses discours : « Mes enfants, disait-il, tant que vous regarderez Dieu comme votre père, Dieu vous traitera comme ses enfants. Si les secours manquent aux communautés, c'est que les communautés manquent à Dieu. Quel jour le Seigneur cessa-t-il de vous être propice? Que de faveurs et de grâces répandues sur nos maisons! Mes frères, soyez fidèles au Seigneur, le Seigneur vous sera fidèle. »

Du Pedroso, où il laissa de profonds regrets, le Saint se rendit au couvent du Rosaire, et, quelques jours après, au couvent de Villaviciosa, où il comptait séjourner plus longtemps. Il y reçut des lettres des PP. Michel de la Catena et Alphonse de Llerena. De bonnes nouvelles lui arrivaient touchant les Custodies de Galice et de Valence : ces nouvelles le comblèrent de joie. La réforme s'asseyait; les orages se calmaient; l'air était pur; le succès de la moisson n'était plus douteux. Le Serviteur fidèle avait mis à son œuvre la dernière main. Sa tâche était finie sur la terre; il le comprenait, et désormais toutes ses pensées, tous ses désirs se dirigeaient vers le Ciel. Des aspirations brûlantes s'échappaient de sa poitrine : « Principe aimable, disait-il, bien suprême, mon Dieu, rappelez-moi; transportez-moi dans cet Océan d'amour où rien ne périt. Brisez, ô mon unique Vie! brisez les barrières qui empêchent mon esprit de s'unir à votre esprit, et de vous posséder à jamais! »

Hélas! les vœux du Saint n'allaient être que trop tôt remplis. Sa santé déclinait de jour en jour. Une fièvre aiguë se déclara et le contraignit de s'aliter. La maladie, dès le début, prit un caractère alarmant. Hors d'état de procurer au malade un traitement convenable, les Religieux songèrent au comte de Oropesa et lui donnèrent avis de la situation. Le Comte se rendit sur les lieux, et, à force d'instances, obtint du malade qu'il se laissât transporter au château. Le trajet se fit à cheval. Le Comte et deux religieux escortaient le malade qui arriva mourant. Un lit l'attendait : c'était un lit somptueux ; il refusa de s'y coucher. On dut respecter sa volonté, et établir dans un coin de l'appartement une modeste couche, sans rideaux, sur laquelle il étendit ses membres affaiblis. Pierre exprima le désir d'avoir un autel en face de lui : l'autel fut dressé immédiatement.

Le Comte et la Comtesse, désolés de la maladie du Serviteur de Dieu, étaient cependant heureux d'abriter le Saint sous le toit de leur demeure. Sa présence chez eux, dans une pareille situation, était à leurs yeux une insigne grâce du Ciel. D'habiles médecins furent appelés ; la situation leur parut des plus graves ; ils prescrivirent, à tout événement, des remèdes et un régime à l'efficacité desquels le Saint ne crut pas, mais auxquels, par esprit d'obéissance, il se soumit humblement. La fièvre s'était compliquée d'une inflammation et d'un ulcère à la jambe. L'estomac et les principaux organes ne fonctionnaient plus. Au milieu de beaucoup de souffrances, Pierre demeurait calme et serein : pas un gémissement ne s'échappait de ses lèvres.

Ce malade si cher, si vénéré, était entouré des plus tendres soins. Charitable et pieuse, attentive et dévouée, la Comtesse présidait et pourvoyait à tout, heureuse d'être la servante de cet admirable serviteur des pauvres. Le Comte rivalisait avec sa femme d'empressement. Mais que peuvent les efforts des hommes contre les immuables desseins de Celui qui tient dans ses mains les clefs de la vie et de la mort? Les symptômes devenaient de plus en plus alarmants. Arrivé à Oropesa au mois d'août 1562, le malade sentit, à la fin de septembre, sa situation s'aggraver. Comprenant qu'il n'avait plus que quelques jours à vivre, il demanda d'être transporté au couvent d'Arenas. Ce soldat intrépide tenait à mourir parmi les siens; le martyr de la sainte pauvreté voulait expirer dans la pauvreté du cloître. Les médecins et le comte de Oropesa avaient essayé de combattre cette résolution. Ils s'effrayaient d'un voyage qui pouvait avoir des suites funestes; le Saint persista; il fallut accéder à ses désirs. Les préparatifs se firent avec le plus grand soin; aucune précaution ne fut négligée. Lorsque tout fut prêt, le serviteur de Dieu remercia ses hôtes bien-aimés des soins dont ils avaient daigné le combler; il leur exprima en termes touchants sa profonde gratitude, et les pria d'agréer ses derniers adieux. La comtesse de Oropesa se mit à genoux; des larmes coulaient de ses yeux : le saint vieillard la bénit avec effusion. Il semblait, en quittant l'amie de l'exil, lui donner rendez-vous dans la cité de Dieu, dans cette cité sainte où les amitiés des enfants des hommes seront à l'abri des vicissitudes qui en brisent ici-bas le cours. Les habitants de Oropesa, échelonnés sur le chemin, saluaient de la voix et du geste le guide, le consolateur, l'ami qu'ils ne devaient plus revoir.

Pierre bénissait une dernière fois ces pieuses populations. Il voyageait à cheval ; deux religieux et un médecin l'accompagnaient. Le comte de Oropesa présidait le cortége : ce noble seigneur, dont Pierre avait autrefois dirigé l'inexpérience et protégé la jeunesse, était aujourd'hui, en un sens du moins, le guide, le soutien, le protecteur du vieillard. Heureux qui, comme lui, peut, dans l'âge mûr, acquitter les dettes sacrées d'un autre âge !

XXX

Héroïsme de Pierre d'Alcantara. — Il écrit pour la dernière fois à sainte Térèse. — Il écrit à l'infant don Louis et à l'infante dona Maria. — Il reçoit les derniers sacrements de l'Église. — Il prend congé de ses Frères et leur donne sa bénédiction. — Il rend à Dieu sa grande âme.

A Arenas, le Saint voulut occuper son ancienne cellule : cette cellule ne contenait aucun meuble, pas même de lit. Il y passa quatre jours entiers. Sa faiblesse augmentait d'heure en heure. Les médecins avaient obtenu de lui, non sans peine, qu'il se laissât transporter à l'infirmerie. En y entrant, il se sentit défaillir, et se jeta de lui-même sur un lit, ce qui parut de mauvais augure, car toute sa vie il avait eu horreur de se coucher.

La célébration du saint sacrifice ne lui était plus permise ; mais il continuait de réciter l'office divin, et se tenait encore à genoux. Le courage du Saint ne se démentit pas un moment ; sa force fut héroïque ; la vue de la céleste Jérusalem semblait lui communiquer une ardeur nouvelle : « Anges de Dieu, séraphins qui embrasez le ciel et la terre, s'écriait-il, consumez, ah ! consumez ce cœur de vos feux ! »

Quatre ou cinq jours avant sa mort, on remit à Pierre une lettre de don François de Salcedo apportée par maître Gaspard Daza : de nouveaux embarras venaient d'être suscités à Térèse au sujet de la question déjà tant débattue des revenus. Le contenu de la dépêche émeut le malade. Il se fait apporter du papier, et, d'une main défaillante, écrit à la séraphique Mère, la conjurant de résister à l'orage, et de maintenir les dispositions précédemment arrêtées. Dans l'histoire de sa vie, la Sainte mentionne cette lettre, dernier monument d'une correspondance consacrée tout entière à la gloire de Dieu. La lettre dut porter la date du 15 ou du 16 octobre 1562 : « Quelque temps avant de quitter l'exil, dit la Sainte, il m'écrivit. Instruit de l'opposition faite à notre établissement et de la persécution dirigée contre nous, il en ressentait, disait-il, une joie extrême : suivant lui, cette tourmente du démon était signe que Notre-Seigneur serait, chez nous, fidèlement servi. Je devais, ajoutait-il, ne jamais consentir à posséder des revenus. La recommandation était répétée deux ou trois fois. Si je me conformais au conseil, il se rendait garant que l'œuvre réussirait au gré de nos vœux [1]. »

De toutes parts, les fidèles s'informaient de l'état du malade. Par son ordre, sa porte resta ouverte à quiconque voulut le visiter. Personne ne fut écarté. La charité, chez lui, résistait aux assauts de la souffrance. Il résolvait les doutes des uns, donnait aux autres des conseils, recommandait à tous les salutaires pratiques de la pénitence. Ainsi, jusque dans

---

[1] *Vie*, p. 537.

les derniers moments de sa vie, l'athlète de Jésus-Christ combattait encore.

La maladie de cet humble religieux avait pris le caractère d'un deuil public. Le roi de Portugal, l'infant don Louis, la princesse dona Maria, lui écrivirent. Tout mourant qu'il était, le Saint voulut répondre. Il prit la plume pour la dernière fois, et cette fois encore ce fut pour consoler les heureux du monde.

Ses Frères le conjurant de recevoir les soins des médecins, il s'y refusait doucement : « Mes enfants, répondait-il, laissez la terre faire son office; les remèdes sont hors de saison; la science des médecins ne fait que prolonger ma peine. » D'autres fois, éludant d'affectueuses instances : « Mes Frères, disait-il, la nature convoite contre la grâce. Pour qui me prenez-vous? Suis-je donc un saint Paul? Ce misérable corps n'est-il pas toujours à craindre? Ah! laissez, laissez-le mourir. » Lorsqu'il voyait les siens pleurer : « Pourquoi des pleurs? disait-il; les jours de la captivité ne furent-ils pas assez longs? n'est-il pas temps de quitter l'exil? Mes Frères, le soir est venu, la tâche est finie, Dieu m'appelle; qu'après moi, sa bonté daigne vous soutenir! »

Les médecins crurent devoir pratiquer plusieurs incisions. Les opérations chirurgicales ne firent qu'aggraver le mal. La souffrance s'ajoutait à la souffrance. Impassible et calme au milieu de beaucoup d'épreuves, le serviteur de Dieu souriait à la douleur. Il semblait aimer à se sentir mourir. Les saints sont comme ce vainqueur de Mantinée, qui veut n'arracher le fer de sa poitrine que sur le seuil de l'Olympe. Pierre n'avait plus la force de vivre, il avait encore la force de souffrir. Au plus fort de la fièvre, il refusa d'humecter d'un peu d'eau ses lèvres brûlantes. Ainsi, jusque sur son lit de mort, fidèle aux habitudes de toute sa vie, il voulut que chez lui la chair fût asservie à l'esprit.

Au chevet du Saint veillait un invisible consolateur. Plus d'une fois, les nuits du malade s'écoulèrent en de sublimes contemplations. Ce qui se passait alors entre Dieu et l'homme, les anges seuls l'ont connu. Une fois pourtant, le voile fut comme soulevé. C'était la nuit. La cellule fut illuminée d'une lumière surnaturelle. Au moment où le phénomène se produisit, le Saint parut sortir des limites du monde sensible; il vit des yeux de l'âme la très-sainte Vierge tenant dans ses bras l'Enfant-Jésus. A côté de Marie, apparaissait rayonnant de lumière l'apôtre saint Jean. De la poitrine du malade s'échappaient des soupirs embrasés. L'exilé ne se contenait plus; il gémissait; il déplorait les liens qui, pour un moment encore, l'attachaient à la terre.

Par ordre du Saint, les religieux les plus considérables de la Congrégation avaient été mandés à Arenas. Il les réunit, un jeudi soir, dans sa cellule, afin de leur parler encore une fois. Le soleil à son couchant revêt une splendeur nouvelle; l'astre mourant se ranime, et couronne de ses rayons le sommet des montagnes ; ainsi, près de s'éteindre, l'esprit du Saint planait sur les *cèdres de la solitude,* et répandait sur ceux qu'il avait aimés une dernière clarté.

« Mes Frères, leur dit-il, en vous séparant du monde, Dieu vous a choisis pour ses serviteurs ; il vous a chéris comme ses enfants. Témoignez-lui votre amour par une immuable fidélité à la Règle. Si des difficultés se présentent, souvenez-vous du séraphique patriarche d'Assise et de ses premiers disciples. Gardez la sainte pauvreté. La pauvreté, c'est l'héritage que le Christ, né dans une étable et mort sur la croix, a laissé à nous et aux nôtres, et que saint François nous a transmis. »

Le Saint s'animait en parlant : il exhorta les siens à persévérer dans l'oraison : « Mes enfants, leur dit-il, *priez sans cesse ;* la prière est la vertu du religieux. Si vous mettez en Dieu votre confiance, Dieu aura soin de vous. Cette divine Majesté, je le sais par expérience, ne trompe jamais. Marchez aux grandes choses par la voie de la croix ; allez à la vie par l'anéantissement de la nature corrompue. Attachez-vous à la pénitence. Souvenez-vous du mot de saint François : *Nous avons beaucoup promis à Dieu ; mais Dieu nous a promis encore davantage.* »

Groupés autour du malade, les religieux écoutaient avec attendrissement les accents de cette voix qui allait bientôt s'éteindre. C'était le jeudi soir. Le vendredi, vers quatre heures de l'après-midi, Pierre affaibli demanda à recevoir le saint Viatique. Le médecin toucha le pouls du malade; il déclara qu'on pouvait attendre au lendemain : « Soit, dit notre Bienheureux; laissez-moi seul. » On fit sortir tout le monde; l'Apôtre se recueillit et passa la nuit en prières.

A minuit, un religieux vint, suivant l'usage, réciter avec le malade l'office de Matines. Au point du jour, le Saint se prépara, par la récitation plusieurs fois répétée du *Miserere*, à recevoir le corps de Notre-Seigneur. Lorsqu'il en fut aux mots *amplius lava me*, il éleva la voix et dit avec émotion : « Purifiez-moi, mon Dieu; car rien de souillé ne paraîtra devant votre face. » Après une courte pause, il ajouta : « Mon Dieu, punissez-moi, sauvez-moi dans votre miséricorde; je ne suis que poudre et néant; c'est en vous seul, c'est dans les mérites infinis de votre Passion que je place l'espérance de mon salut. »

Le samedi matin, le curé d'Arenas, accompagné de divers ecclésiastiques, vint le voir, et lui demanda s'il voulait recevoir le bon Dieu : « Oui, monsieur, répondit Pierre d'une voix affaiblie, mais expressive, je veux, je désire, j'attends cette divine Majesté. »

Le curé s'était retiré; bientôt après, il revint couvert des vêtements sacerdotaux, et suivi d'une foule pieuse. En voyant entrer le Saint-Sacrement, le mourant fit un signe de joie. Ses forces paraissent se ranimer. Il se relève, et, agenouillé sur sa couche, les mains jointes, arrête sur la très-sainte Eucharistie des yeux baignés de larmes. Une indicible expression d'amour éclata dans ses traits, lorsque lui fut présenté le pain du *voyageur*. Après qu'il eut communié, le Saint resta un moment à genoux, ravi en extase. Au bout d'un moment, il se recoucha. Ses traits étaient calmes; son front rayonnait d'une angélique sérénité. Le Curé lui demanda s'il entendait recevoir l'Extrême-Onction : « Oui, monsieur, répondit avec simplicité Pierre d'Alcantara; je suis chrétien, je veux participer à tous les sacrements de l'Église : vous reviendrez donc. »

Lorsque l'assistance se fut retirée, notre Bienheureux continua de prier. Son âme fut de nouveau ravie en extase. Dans ce ravissement, il parut connaître et goûter par avance les joies de la patrie. Revenu à lui, Pierre demanda s'il avait longtemps à vivre. Sur la réponse négative du médecin, il se redresse, se relève sur ses genoux, et d'un air d'allégresse : « Je me suis réjoui, s'écria-t-il, des choses qui m'ont été dites : nous irons dans la maison du Seigneur; *Lætatus sum in his quæ dicta sunt mihi, in domum Domini ibimus* [1]. »

Le Curé vint le soir : le Pasteur craignait, s'il différait, de n'être plus à temps. « Tranquillisez-vous, dit Pierre, rien ne presse; demain un peu

---

[1] Ps. CXXI, 1.

avant midi, je serai encore en vie. » Cela se passait le 17 octobre 1562.

A minuit, le mourant appela ses Frères, et les pria de l'aider à réciter une dernière fois l'office de Matines. Le jour qui commençait devait être le jour suprême. C'était la fête de saint Luc, le dimanche. Notre Bienheureux récite l'office avec un redoublement de ferveur. Après la récitation de l'office, il demande à être laissé seul. On déféra à sa prière; il resta en oraison pendant deux heures. A la suite de ce long exercice, on l'entendit répéter d'une voix émue divers passages du Psalmiste : « Soyez béni, mon Dieu! s'écriait-il; notre âme a été arrachée, comme le passereau, au lacet de l'oiseleur; mon appui est dans le Seigneur qui a fait le ciel et la terre. » C'étaient quelquefois, des inspirations soudaines, des invocations sublimes : « Mon Dieu, disait-il, j'espérai en vous toute ma vie; soyez à ce dernier moment toute ma félicité, toute ma joie, ô l'unique trésor de mon cœur! » Cette âme sainte semblait, en quittant la terre, avoir déjà marqué sa place dans les tabernacles éternels. On n'entendit sortir des lèvres du Saint aucun soupir, aucun gémissement. Il se souvenait de Dieu; il oubliait de se plaindre.

Le Curé, accompagné de son clergé et de plusieurs séculiers, se présenta le dimanche, vers dix heures du matin, et administra l'Extrême-Onction à notre Bienheureux. Le malade répondit d'une voix distincte aux prières de la sainte liturgie, puis récita avec ses Frères les sept Psaumes de la Pénitence. Si près de sa fin, telle était encore la lucidité de ses facultés, telle était sa présence d'esprit que, si un religieux se trompait en récitant les paroles sacrées, il l'en avertissait. Le Saint parut heureux d'avoir reçu le sacrement des mourants, et remercia affectueusement le Curé de son assistance et de ses soins.

Les religieux, groupés autour du malade, et tout entiers à leur douleur, gardaient le silence. Pierre, les yeux fixés sur le crucifix, semblait réfléchir. Tout à coup il se mit à genoux, et prenant la parole, s'excusa près de ses Frères de l'embarras qu'il leur causait; il leur demanda humblement pardon des fautes de sa vie et des mauvais exemples qu'il leur avait, disait-il, donnés. Puis, obéissant à un mouvement extraordinaire, voulant, à l'exemple du Sauveur, mourir dépouillé de tout, il quitte son vêtement, le remet au P. Gardien, et prie le Supérieur de lui faire donner l'habit dans lequel il doit être enseveli. Comme il ne se trouva dans la maison aucune tunique plus pauvre, le Supérieur dut rendre à Pierre la sienne, et lui commanda de la reprendre à titre d'aumône. L'attendrissement des Religieux se trahissait par des sanglots. L'un d'eux, le P. Gaspard de Saint-Joseph, pendant que le Saint était ainsi dépouillé de sa tunique, le toucha de la main comme pour l'engager à se recoucher. « Mon fils, dit le Saint, ne touchez pas ce corps de péché. » Et les assistants comprirent que jusque sur son lit de mort, l'homme de Dieu obéissait à l'esprit de virginale pureté qui avait sanctifié sa vie.

On commença la récitation des prières des agonisants. A chaque verset des litanies, le Saint répondit d'une manière claire et intelligible : *Ora pro me*; Priez pour moi. Il se tourna ensuite du côté de ses Frères, et d'une voix affaiblie : « Mes enfants, leur dit-il, en cette dernière heure de ma vie, je vous recommande de nouveau, et plus que jamais, la sainte pauvreté. C'est aux pauvres d'esprit qu'est promis le royaume de Dieu. Observez vos règles, soyez fidèles; le travail est court, la récompense infinie. Vivez de la vie de Notre-Seigneur, sauvez les âmes, conversez avec les anges, priez : si vous observez ces choses, vous serez heureux. »

En achevant ces mots, le Saint embrassa un à un ses Frères; il les bénit au nom de la Très-Sainte-Trinité et de saint François; il bénit avec eux les Frères absents, et se recommanda aux prières de tous. Une sainte joie éclairait sa physionomie. Jusque dans les bras de la mort, il conservait un air riant et serein. On commença le *Miserere*. Le malade, plongé dans une méditation profonde, eut encore une extase qui dura un quart d'heure. Revenu à lui : « Mes enfants, s'écria-t-il, ne voyez-vous pas ici la Sainte-Trinité, la glorieuse Mère de Dieu et saint Jean l'Évangéliste [1]? » Emporté par l'Esprit, et animé d'une force surhumaine, Pierre, en prononçant ces

---

[1] Cette vision est relatée dans la bulle de canonisation.

mots, se lève, se dresse sur ses genoux, et récite à haute voix le psaume *Voce mea ad Dominum clamavi*[1]. Lorsqu'il en fut aux paroles du psaume : « Les justes m'attendent; *Me expectant justi*, » il fit une pause, et parut considérer la bonté avec laquelle le Seigneur et sa Mère l'appelaient à eux; puis, reprenant, il prononça d'une voix douce et angélique les paroles du Psalmiste, que déjà nous avons rencontrées sur ses lèvres, l'hymne saint, l'hymne des collines éternelles : « Je me suis réjoui des choses qui me furent dites : Nous irons dans la maison du Seigneur; *Lætatus sum in his quæ dicta sunt mihi : In domum Domini ibimus*[2]. Un moment après, le Saint poussait un léger soupir, et s'endormait dans la paix de Notre-Seigneur. C'était le dimanche, jour de la fête de saint Luc, le 18 octobre 1562. Pierre avait vécu soixante-trois ans. Comme il expirait, l'horloge du couvent sonna midi. Ainsi se vérifiait la prédiction du Serviteur de Dieu. Au moment où cette grande âme quitta la terre, Philippe II gouvernait depuis environ six ans le royaume des Espagnes, Charles IX régnait en France, et le Pape Pie IV occupait le trône pontifical.

Saint Pierre d'Alcantara était d'une stature élevée. La distinction de ses manières rappelait la noblesse de sa naissance : le gentilhomme se laissait deviner sous la bure du religieux. On lui trouvait de la di-

---

[1] Ps. CXLI, 2.
[2] Ps. CXXI, 1.

gnité et de la grandeur. Sa physionomie régulière et intelligente commandait le respect. La force de volonté fut le trait saillant de son caractère. Des austérités prodigieuses avaient brisé de bonne heure cette nature énergique. Amaigri et exténué par les jeûnes et les longues veilles, le Saint, sur la fin de sa vie, marchait voûté; des rides profondes sillonnaient son front; la nature en lui semblait succomber sous le poids des austérités. De tous les Saints de l'ordre Séraphique, c'est peut-être celui qui a porté le plus loin les rigueurs de la pénitence. A l'Évangile de la réhabilitation de l'esprit par la mortification des sens, la Sagesse contemporaine a opposé l'Évangile de la réhabilitation de la chair par la satisfaction des passions. L'avenir dira laquelle de ces deux lois aura été la plus propice au progrès et au développement régulier des sociétés humaines.

XXXI

Le Saint, après sa mort, apparaît à sainte Térèse. — Cérémonie des funérailles. — Inhumation du corps dans l'église des Franciscains d'Arenas.

Le ciel et la terre, dit saint François de Sales, *ne sont point en assez grande distance pour séparer deux cœurs que Dieu a joints.* Sainte Térèse, à Avila, attendait avec anxiété des nouvelles de l'illustre malade. Le message attendu ne vint point ; mais le jour de la fête de saint Luc, le dimanche, à midi, à l'heure même où la mort frappait à la porte du couvent d'Arenas, Pierre d'Alcantara apparut à la séraphique Mère, affranchi des chaînes de la vie terrestre, rayonnant de majesté et déjà glorifié. Fidèle à l'amitié jusque dans la mort, il venait consoler l'exilée, et semblait lui indiquer le chemin de la patrie. Attirées par une puissance mystérieuse, enveloppées dans un même rayon de la divinité, les deux âmes se cherchaient, se rencontraient sur les confins du temps et de l'éternité. Mais qui sommes-nous pour raconter les merveilles de Dieu? Laissons parler sainte Térèse; abritons notre faible voix sous l'imposante autorité de son témoignage; qui mieux que Térèse nous dira les gloires de Pierre d'Alcantara? « Depuis sa mort, dit la Sainte, j'ai reçu de lui des conseils en diverses circonstances. Je l'ai vu plusieurs fois éclatant de majesté. Dans la première de ces apparitions : Oh ! s'écria-t-il, bienheureuse pénitence qui me procure un si riche salaire ! Comme il rendait le dernier soupir, il m'apparut : Il allait, dit-il, se reposer. Le terme de cette vie si austère le voilà donc, une éternité de gloire ! Depuis qu'il est au Ciel, il me console beaucoup plus, ce me semble, que sur la terre. » Les paroles suivantes de la Sainte méritent d'être remarquées : « Notre-Seigneur, ajoute-t-elle, me dit un jour qu'on ne lui demanderait rien au nom de son serviteur qu'il ne l'accordât. J'ai très-souvent prié le Bienheureux de présenter au Seigneur mes demandes, et les ai vues toujours exaucées [1]. » Ainsi que Térèse nous l'apprend ailleurs, le Saint, dans chacune de ces apparitions, se montrait dans l'état de corps glorieux, étincelant d'une lumière dont elle était pénétrée, et qui inondait son âme de joie. Le Bienheureux apparut à plusieurs autres personnes, à Alcantara et à Avila.

Pierre était mort à genoux, sur son lit, soutenu par les religieux. Dans l'instant où il expirait, une odeur suave s'était exhalée de sa personne ; une lumière surnaturelle avait éclairé sa cellule, et les anges avaient fait entendre une céleste mélodie. Ces signes, ces indices, ces preuves de sainteté tempéraient la douleur de ceux que sa mort laissait orphelins. Le corps du Saint, autrefois comparé par

---

[1] *Vie*, p. 366.

Térèse à un faisceau de racines d'arbres, était devenu blanc et vermeil. Les membres conservaient une souplesse extraordinaire. Les traits avaient de la fraîcheur et de l'éclat ; les yeux brillaient comme des étoiles.

A la nouvelle du trépas de l'illustre Religieux, les fidèles étaient accourus. L'infirmerie en un clin-d'œil fut envahie. Le gouverneur d'Arenas, afin de prévenir les accidents, dut poser des sentinelles sur les principales avenues et aux portes de la maison. Le corps, placé sur un lit funèbre, fut exposé sous la porte principale. Chacun approchait, chacun voulait saluer d'une dernière invocation celui qui avait *passé en faisant le bien*. Son éloge était sur toutes les lèvres. Les vertus, les actes, les traits, les merveilles de sa vie, les travaux et les monuments de son apostolat, occupaient tous les souvenirs. La voix du peuple, préjugeant la décision de Celui qui ici-bas tient les clefs de la gloire, décernait à l'Apôtre l'auréole de la sainteté. C'était un concert unanime de larmes et de regrets, de souvenirs touchants et de saintes espérances. Les fidèles, à l'envi, demandaient quelque chose qui lui eût appartenu ; il fut impossible de satisfaire à leurs pieux désirs : le Saint n'avait rien laissé. Quelques lambeaux découpés dans sa tunique furent les seules reliques distribuées. Plusieurs guérisons miraculeuses obtenues près du lit funèbre accrurent encore l'émotion publique.

Le Chapitre et les chanoines, le clergé paroissial, les confréries, le gouverneur, les autorités, les grands, le peuple, les riches, les pauvres, assistèrent à la cérémonie des funérailles. La parenté des âmes, plus étroite que celle du sang, associait à ce deuil, ou plutôt à ce fraternel triomphe, une population tout entière. De l'infirmerie à l'église, la distance était de demi-lieue. Il faisait une pluie battante ; la pluie cessa comme par miracle au moment de l'enlèvement du corps, qui fut transporté à découvert. Le Saint fut inhumé dans l'église des Franciscains d'Arenas. Les notables habitants auraient voulu qu'on l'enterrât sous l'autel. Les Religieux s'y refusèrent, et, fidèles aux saintes lois de l'humilité, ensevelirent leur Père à quelques pas de l'autel, mais dans un local particulier, en une terre séparée et distincte de toute autre sépulture. On eut soin d'envelopper la tête d'un voile blanc. La cérémonie s'était prolongée fort avant dans la soirée, et n'avait fini qu'à la nuit. La foule émue et respectueuse s'écoula lentement et en silence. La nouvelle de la mort du Saint, promptement répandue dans le royaume, causa en Espagne une douleur qui se propagea au loin et s'étendit jusqu'en Portugal.

XXXII

Vie posthume du Saint. — Ouverture de son tombeau. — Miracles opérés par son intercession. — Il est déclaré Bienheureux. — Il est canonisé et inscrit au rang des Saints. — Conclusion.

La plupart des hommes ne laissent sur la terre aucun vestige durable de leur passage. Sur la scène du monde, l'acteur de la veille est assez ordinairement oublié le lendemain. Le satellite du char du pouvoir ignore le nom des hommes qui, avant lui, brillèrent ici-bas du même éclat que lui. Le savant a retenu le nom des moindres insectes; il sait le nom des plantes; il ignore le nom de ses pères. Ainsi tout s'efface; ainsi, jusque dans sa personne et jusque dans son nom, le fils de l'homme subit l'effet du formidable anathème : « Tu mourras ; *Morte morieris*[1]. » Les Saints sont soumis à la loi commune : la mort les frappe aussi; mais ils triomphent de la mort, et le jour qui les voit mourir voit en même temps commencer pour eux, même ici-bas, une vie nouvelle; vie posthume, étrange, mystérieuse, dont les manifestations extérieures, sensibles et persistantes, nous environnent de toutes parts. Oui, après leur trépas, les Saints agissent encore, et l'annaliste n'a pas dit d'un saint tout ce qu'il en faut dire, s'il s'est borné à décrire ses derniers moments. Par un

---

[1] Gen., II, 17.

privilége exclusif qui est comme le signe distinctif de leur royauté spirituelle, ces *envoyés de Dieu* exercent dans le monde, après leur mort, une influence que quelquefois ils n'exercèrent pas au même degré durant le cours de leur vie mortelle. Nous avons accompagné Pierre d'Alcantara aux diverses haltes de son terrestre pèlerinage; il nous reste à le suivre dans cette seconde et admirable phase de son existence.

Depuis que le Bienheureux avait quitté la terre, quatre années s'étaient écoulées. Beaucoup de souvenirs périssent en quatre années. Mais soixante ans de vertus protégeaient la mémoire du Saint contre l'oubli. Loin de s'affaiblir, la popularité de son nom allait se propageant de jour en jour. Une sorte d'attraction mystérieuse dirigeait les âmes pieuses vers son tombeau. Les malades se recommandaient à cet ami de Dieu, et de nombreuses guérisons miraculeuses autorisaient la confiance toujours croissante des fidèles. Des instances très-actives étaient faites auprès des Pères, en vue d'obtenir que le corps fût transféré en un lieu plus digne. Les religieux s'y refusaient, ne voulant, par aucun honneur spécial, préjuger la décision du Siége apostolique. Toutefois, le Provincial, le P. Barthélemi de Sainte-Anne, pour sa consolation et celle de ses Frères, résolut d'ouvrir le tombeau, et d'en détacher quelques reliques. C'est la nuit, dans le plus grand secret, que les religieux procédèrent à l'ouverture. Le bienheureux corps fut trouvé sans corruption, en bon état, exhalant un parfum miraculeux. Au grand étonnement des religieux, les cheveux, autrefois blancs, avaient pris une teinte fortement dorée. Les yeux conservaient l'éclat et le feu qu'ils avaient eus après la mort du Saint. Le corps distillait une liqueur odorante. Un grand serviteur de Dieu qui était alors au couvent vit, des yeux de l'âme, le saint corps enveloppé de tissus d'une merveilleuse richesse; il déposa juridiquement de cette vision. Persuadés plus que jamais de la sainteté de leur bienheureux Père, les religieux s'abandonnaient aux élans d'une pieuse allégresse. Après avoir, avec ses Frères, vénéré les saints ossements, le Provincial les remit à leur place, et obéissant à nous ne savons quelle étrange inspiration, les fit couvrir de chaux vive, afin de consumer les chairs. On recouvrit ensuite la fosse de terre; mais, instruits du miraculeux état de conservation du corps, les fidèles, affluant en plus grand nombre que jamais, emportaient la terre et l'enlevaient en si grande quantité qu'il fallut plusieurs fois la renouveler. Celui qui a guéri l'aveugle-né avec un peu de boue permit que cette terre guérît les malades.

Pendant plusieurs années, les choses demeurèrent en cet état; mais les prodiges opérés au tombeau du Saint devinrent si nombreux que les religieux crurent devoir solliciter de don Pedro Fernandez de Ternino, évêque d'Avila, l'autorisation de placer les sacrées reliques en un lieu plus décent. Le Prélat, dûment informé, accéda à la demande. Le Provincial, assisté d'un grand nombre de religieux, procéda à l'ouverture du sépulcre. Le saint corps, intact en quelques parties, fut trouvé en quelques autres attaqué par l'action de la chaux. Les os étaient comme imprégnés de cette liqueur odorante surnaturelle déjà mentionnée. Les vénérables reliques, enveloppées avec beaucoup de précaution en un tissu blanc, furent recueillies en une châsse très-belle, et ensuite placées près de l'autel, dans une niche que l'on mura avec des briques. L'opération fut conduite avec le plus grand secret, afin d'éviter toute manifestation populaire prématurée et inopportune. Le Provincial, avant de fermer la châsse, détacha du corps une très-petite relique, et en cela fut sans doute inspiré de Dieu, car l'eau dans laquelle on plongeait la relique opérait de merveilleuses guérisons.

Au commencement du XVIIe siècle, quarante ans après la mort du Saint, la vénération qui s'attachait à sa mémoire s'augmentait encore. On venait de tous les points du royaume ou remercier le Bienheureux, ou lui demander des grâces. L'invocation de son nom produisit des cures miraculeuses jusque dans les Indes. Des pèlerins passaient les mers pour vénérer les reliques de l'homme de Dieu. Le couvent d'Arenas était devenu l'un des sanctuaires les plus fréquentés du royaume. Les fidèles s'étonnaient que des reliques si précieuses fussent enfouies dans l'obscur enfoncement d'une muraille.

Les Pères se consultèrent et résolurent de constater les miracles par une information, dont le résultat serait soumis au souverain Pontife. C'est en effet ce qui se fit, et le Pape, après examen des pièces communiquées, autorisa la translation.

Les choses en étant à ce point, plusieurs seigneurs et plusieurs grands d'Espagne étaient intervenus, offrant des sommes d'une certaine importance, et pressant les Pères de construire, dans leur église, une chapelle spéciale où le corps pût être déposé. Le Provincial, Diego de l'Escurial, se rendit à leurs instances. On construisit la chapelle, et lorsque le travail fut terminé, le P. Diego pria don François de Gamara, évêque d'Avila, d'autoriser la translation, dont le jour fut fixé au 16 décembre de l'année 1616. Le pieux Évêque ne se contenta pas d'accorder l'autorisation demandée, il désira présider la cérémonie. Son entourage l'en dissuadait : on alléguait la délicatesse de son tempérament et la rigueur de la saison. Le Pontife persista, et, bravant la neige et les frimas, poussa l'esprit de mortification et d'humilité jusqu'à vouloir faire à pied le voyage. Le carrosse suivait avec les personnages de la maison épiscopale. L'humble pèlerin arriva à Arenas à pied, sans accident. Le marquis de Arandilla y arrivait en même temps que lui, par une autre route. Sa Seigneurie venait représenter à la cérémonie le comte de Oropesa, son aïeul, ce comte de Oropesa que nous avons tant de fois rencontré dans l'intimité du Saint, et dont le nom a été si souvent prononcé dans le cours de ce récit. Au marquis de Arandilla, s'étaient joints des comtes de Orgax et de Morata, et sans doute beaucoup d'autres gentilshommes du pays. Le 15 décembre, longtemps avant le jour, tout le clergé, toutes les autorités, toute la population d'Arenas, se trouvèrent rassemblés. Il était quatre heures du matin lorsque, par ordre de l'Évêque et sous ses yeux, commença la démolition du pan de briques qui fermait l'excavation de la muraille. La châsse, retirée avec précaution, fut déposée sur une espèce d'estrade près de l'autel. L'assemblée à genoux environnait l'estrade, et formait comme une épaisse couronne autour du précieux dépôt. L'Évêque se lève, s'incline, et, d'une main respectueuse, déplie les saints ossements. Au moment où le Pontife présentait à la vénération des fidèles la tête du Saint, une odeur balsamique miraculeuse se répandit au loin et parfuma toute l'église. L'assemblée s'émut; il y eut une explosion d'allégresse; les cœurs étaient attendris, les yeux se remplissaient de larmes. Les saintes reliques, enveloppées par le Prélat dans un riche tissu de soie, furent renfermées en une châsse nouvelle, plus somptueuse que la première. La châsse fut ensuite déposée sur le principal autel, qui étincelait de lumières. Le régiment d'Arenas était sous les armes; les sentinelles se relevèrent toute la journée et toute la nuit.

Le lendemain dimanche, 16 décembre 1616, de grand matin, les populations des environs se mirent en marche de tous côtés. Elles arrivaient à flots pressés à Arenas, attirées par le désir d'assister à la cérémonie. L'Évêque, couvert de ses vêtements les plus splendides, et assisté d'une foule de prêtres et de religieux, bénit la nouvelle chapelle, suivant le rit accoutumé, et commença ensuite la messe, qui fut chantée en musique. Le P. François de Zuaco, prieur du monastère de Saint-Augustin, chargé de faire le panégyrique, était tombé malade quelques jours avant. Au moment de monter en chaire, la santé lui fut rendue comme par miracle, et sa parole toute remplie de l'esprit de Dieu produisit sur l'auditoire une impression extraordinaire.

A la fin de la messe, on fit la procession. Le signe auguste de la rédemption précédait le Chapitre, le clergé des paroisses et les religieux. On sortit par la porte principale de l'église; on traversa la ville, et la procession se déploya en longues files au travers de ces belles campagnes que le Saint avait tant de fois parcourues et bénies. Le deuil de la nature, dans une saison de l'année déjà rigoureuse, donnait à la solennité quelque chose d'austère et de grave, en harmonie avec le caractère du personnage admirable dont un pays tout entier célébrait la mémoire. La châsse était portée par le marquis de Arandilla, assisté des comtes de Orgax et de Morata, et du Corregidor. Le Prélat marchait entouré de ses assistants. La cérémonie dura toute la matinée. A midi on se sépara, mais seulement pour quelques instants. Les fidèles voulurent assister à l'office de Vêpres. A la suite de l'office, il y eut pour le peuple des jeux, des fêtes, des distributions. Les réjouissances durèrent toute la soirée, et se prolongèrent jusque dans la nuit. Rien n'avait manqué à l'allégresse publique.

Mais d'autres glorifications attendaient celui qui n'avait cherché que l'obscurité pendant sa vie. La puissance du Saint semblait se manifester et se développer en proportion des hommages qui lui étaient rendus. De nouveaux miracles, plus éclatants, plus nombreux provoquèrent de nouvelles manifestations populaires[1]. La gloire de notre Bienheureux prit un caractère national. Le vœu public appelait sur lui la suprême consécration de la sainteté. Renfermé d'abord dans la péninsule, ce vœu passa la frontière, et trouva de l'écho en Europe. Les princes chrétiens étrangers, joignant leurs démarches à celles des rois d'Espagne Philippe III et Philippe IV, se rendirent, auprès du souverain Pontife, les organes du désir des peuples. Le procès de canonisation s'instruisit dans la forme accoutumée. Déclaré Bienheureux par le pape Grégoire XV, le 18 avril 1622, Pierre d'Alcantara ne fut inscrit au Catalogue des Saints que quarante-sept ans plus tard, par le pape Clément IX. La solennité de la canonisation se fit dans la basilique de Saint-Pierre de Rome, le 4 mai 1669, quatre-vingt-dix-huit ans environ après

---

[1] Le P. Francesco Marchese, de l'Oratoire, dans la *Vie du B. Pierre d'Alcantara*, donne la description de *cent quatre-vingt-cinq* guérisons miraculeuses déjà obtenues en 1622, quarante-sept ans avant la canonisation du Saint.

la mort du Saint. Le pape Clément IX étant décédé peu après, la bulle de canonisation ne fut publiée que l'année suivante, par le pape Clément X, son successeur. Cette pièce, dont nous publions le texte à la fin du volume, porte la date du 19 mai 1670. Elle est comme le couronnement de notre travail. La fête du Saint se célèbre le 19 octobre. L'Église a décerné à l'illustre réformateur les honneurs du rit double.

« Plût au Ciel, disait sainte Térèse en parlant du Bienheureux Pierre d'Alcantara, qu'il nous fût donné de voir un de ces hommes de Dieu qui retraçât dans sa personne la vie de Jésus-Christ et de ses apôtres ! » Avec la Sainte, à plus juste titre que la Sainte, nous ajoutons : « Plus que jamais, nous en aurions besoin de nos jours [1]. »

---

[1] *OEuvr. de sainte Térèse*, trad. d'apr. les mss. origin. par le R. P. Marcel Bouix, de la Comp. de J. — Paris, Julien Lanier et Cie, 1852 ; — tom. I, p. 363. Cette édition est celle qui est citée dans le présent ouvrage.

La seconde édition (Julien Lanier et Cie, 1857), exécutée avec encore plus de soin que la première, est ornée d'un beau portrait de sainte Térèse.

FIN.

BULLE

DE CANONISATION.

CANONISATIO

SANCTI PETRI DE ALCANTARA,

ORDINIS MINORUM SANCTI FRANCISCI DISCALCEATORUM.

Hinc Petrum Clemens IX sanctorum catalogo adscripserat, una cum sancta Maria Magdalena de Pazzis; sed, morte præventus, Bullam expedire non potuit, et ideo Clemens X illam expedivit. Edita anno Dom. 1670.

CLEMENS EPISCOPUS, SERVUS SERVORUM DEI.

AD PERPETUAM REI MEMORIAM.

Romanorum gesta Pontificum (præsertim majorem Dei gloriam, ac sanctorum ejus laudes et honorem concernentia) super quibus illorum superveniente obitu litteræ Apostolicæ confectæ non fuerunt, recenseri justum reputamus, et rationi consonum, ut illa universis Christi fidelibus innotescant. Dudum siquidem fel. rec. Clemens Papa IX, prædecessor noster devotæ considerationis indagine perscrutans, quod inter cœlestes heroes, quorum eximia vitæ sanctitas rite comprobata promeretur singularem Christianæ reipublicæ cultum, illis præcipue sancti nominis immortalitatem Apostolica sedes decernere consuevit, quorum honor cum eximia sit populorum

CANONISATION

DE SAINT PIERRE D'ALCANTARA,

DE L'ORDRE DES FRÈRES MINEURS DÉCHAUSSÉS
DE SAINT-FRANÇOIS.

Clément IX avait inscrit Pierre au Martyrologe, avec sainte Marie-Madeleine de Pazzi ; mais prévenu par la mort, il ne put point expédier la Bulle qu'expédia ensuite son successeur, en l'an du Seigneur 1670.

CLÉMENT, ÉVÊQUE, SERVITEUR DES SERVITEURS DE DIEU.

Pour perpétuer le souvenir des présentes.

Nous croyons juste et conforme à la raison de recueillir, et de porter à la connaissance de tous les Fidèles, les actes des Pontifes romains, surtout les actes qui concernent la plus grande gloire de Dieu, les louanges et l'honneur des saints, au sujet desquels ces Pontifes, surpris par la mort, n'ont pas publié de Lettres apostoliques. Notre prédécesseur le Pape Clément IX, d'heureuse mémoire, considérait avec une religieuse attention qu'entre les héros célestes dont la sainteté de vie, dûment constatée, mérite un culte particulier de l'Église, le Siége apostolique a de tout temps décerné de préférence l'immortalité d'un saint nom, à ceux dont l'honneur

utilitate conjunctus. Hinc illi, qui peculiari alicui vitæ instituto ideam sanctitatis exhibuerunt, et sacrorum præsertim ordinum fundatores insigni virtute, ac prodigiis illustres, libentissime sacras ad aras accipiuntur, quibus junguntur ii, qui religiosas familias jam virtute florentes ad severiorem disciplinam revocarunt, et ad sanctioris instituti studium ab excelsa virtute commendati invitarunt, quorum merita exigunt, ut sanctorum Albo adscribantur : magna siquidem haud dubium est in sacram illorum militiam, atque in universam Ecclesiam commoda profectura, quam egregio exemplo ad sanctitatem ardentius provocabunt. Quamobrem cum sanctissimus, Deoque gratissimus vir Petrus de Alcantara, optime meritus sit de Christiana republica, eo quod inculpatam religione, et doctrina sancti Francisci familiam fœtu novæ prolis adauxerit, eamque jam per Hispaniæ, et Indiarum regna dilatatam, per semitas strictissimæ paupertatis ambulare docuerit, et omnibus Christifidelibus præbuerit exemplar incredibilis pœnitentiæ cum summa innocentia conjunctæ, deesse illi non debet sancti nominis gloria, et populo christiano insigne de hoc novo Petri cultu ad virtutem incitamentum.

est lié à l'utilité des peuples. Ainsi sont avec empressement placés sur les autels ceux qui ont offert un modèle de sainteté à quelque institut particulier, et surtout les fondateurs des Ordres religieux qui se sont signalés par d'éminentes vertus et des prodiges, ainsi que ceux qui ont ramené à une discipline plus sévère des familles religieuses déjà édifiantes, et, par l'influence de leur haute vertu, les ont excitées à la recherche d'un genre de vie plus parfait : les mérites de ces hommes-là exigent assurément qu'ils soient inscrits au nombre des Saints; et nul doute qu'il n'en résulte de grands avantages pour la sainte Milice dont ils furent membres, comme pour l'Église entière, que leurs admirables exemples pousseront vivement dans le chemin de la sainteté. Or, Pierre d'Alcantara, cet homme très-saint, très-agréable à Dieu, a admirablement mérité de la République chrétienne, en augmentant d'une nouvelle branche cette famille de saint François, qui s'est toujours distinguée par une foi et une doctrine irrépréhensibles; en lui enseignant, après tous ses progrès dans les royaumes d'Espagne et des Indes, à marcher dans les voies d'une pauvreté plus rigoureuse, et en donnant à tous les fidèles l'exemple d'une pénitence incroyable jointe à une merveilleuse innocence : c'est pourquoi l'auréole de la sainteté ne doit point être refusée à son nom, non plus qu'au peuple chrétien le puissant encouragement à la vertu qu'il trouvera dans ce nouveau culte rendu au Bienheureux Pierre.

Gratias igitur agebat omnipotenti Deo idem Clemens prædecessor, qui sibi hanc mentem inspirasset decernendi supremos honores huic viro admirabili, quem præcipuo cultu venerabatur, et a quo salutarem opem in maximis hisce infelicium temporum discriminibus, præsertim contra superbiam, et ferociam Turcarum implorabat. Ut autem celeberrima Petri sanctitas testimonio etiam suo comprobaretur, et ejus eximias virtutes universis Christifidelibus imitandas exhiberet, ac illius in terris admiratione dignam, et laudabiliter transactam vitam explicaret, sic proponere decreverat.

Exortus in lucem erat sanctissimus hic vir Norba Cæsarea, vulgo Alcantara in Beturia Hispaniarum regione anno reparatæ salutis 1499, ex parentibus genere ac pietate nobilibus, Petro Garobito, et Maria Villela, idemque Petri nomen, quod in sacra familia perpetuum illi fuit, sacro e fonte susceperat. Ab ineunte ætate ambulans in innocentia, vitans lubrica, et voluptatibus obnoxia, et hominum commercium fugiens: contemplandis rebus divinis ita vacabat, ut amore cœlestium incensus, aliquando extra se raperetur. Ideoque sapientia crescens et gratia, mensuram ætatis moribus senilibus excedebat. Studium litterarum ingressus acri ingenio, ingentem spem suis parentibus et magistro indidit. Quia vero noverat sapientem futurum, qui cum sapientibus graditur, religiosorum virorum consortio delec-

Aussi le Pape Clément, notre prédécesseur, rendait-il des actions de grâces au Dieu tout-puissant, de lui avoir inspiré la pensée de décerner les honneurs suprêmes à cet homme admirable, qu'il vénérait avec une dévotion particulière, et dont il implorait le secours efficace dans les critiques conjonctures de ces malheureux temps, et surtout contre l'orgueil et les excès des Turcs. Voulant confirmer, par son propre témoignage, la sainteté déjà si notoire de Pierre, proposer à l'imitation de tous les fidèles ses rares vertus, et faire connaître la vie si digne d'admiration et d'éloges qu'il avait menée sur la terre, Clément avait résolu de décréter ce que nous décrétons aujourd'hui.

Cet homme très-saint naquit en l'an de grâce 1499, à *Norba Cæsarea*, vulgairement Alcantara, ville de Béturie, province d'Espagne, de Pierre Garavito et de Marie Villela, l'un et l'autre nobles par le sang et la piété. Le nom de Pierre qu'il porta en religion lui fut donné sur les fonts baptismaux. Marchant dès son jeune âge dans l'innocence, évitant la sensualité et les plaisirs dangereux, fuyant le commerce des hommes, il s'adonnait à la contemplation des choses divines, et déjà embrasé de l'amour céleste, au point d'être parfois ravi hors de lui-même, il croissait en sagesse et en grâce, et, par la maturité de sa conduite, devançait le cours des années. Lorsqu'il appliqua à l'étude des lettres la vivacité de son esprit, il donna à son maître et à ses parents les plus grandes espérances. Comme il savait

tabatur, ac divinæ præsertim inhians sapientiæ, sacros avidissime quærebat libros, a prophanis abhorrens. Et quoniam ab infantia secum creverat misericordia, omnibus se caritatis operibus assidue dabat. Infirmos proinde, in carcere positos, et egenos quantum poterat, sublevabat. Cum autem in alios pius esset, et misericors, sibi tamen ex tunc incipiebat esse austerus, nam non solum singulari abstinentia sensuales appetitus frenare, sed et levissimos quoscumque defectus flagellis asperis consueverat expiare.

I. Licet autem etiam dum in sæculo versaretur, animo cœlum recoleret; magis tamen ac magis abundans in scientia, et in omni sensu probavit potiora; et annum ætatis sextum decimum ingressus, in custodia sancti Evangelii seu Extramaduræ (quæ nunc S. Gabrielis Provincia dicitur) Fratrum Minorum Discalceatorum habitum, et Evangelicam vivendi formam suscepit.

II. Quod consilium insigni prodigio approbavit Deus: cum enim festinanti ad religiosi ordinis portum moram objiceret fluvius Tietar, qui tunc forte imbribus intumuerat, neque ulla navigii facultas esset, effusus in preces, in altera se ripa divinitus constitutum extemplo reperit Petrus. In cænobio tam magnos in virtute statim progressus fecit, ut initio tirocinii emeritis Christi militibus emineret,

que celui-là deviendra sage, qui converse avec les sages, il aimait à s'entretenir avec des hommes religieux. Avide de la science divine, il recherchait les livres saints, et dédaignait les ouvrages profanes. En même temps, comme dès son enfance l'esprit de miséricorde s'était développé en lui avec les années, il pratiquait avec un zèle assidu toutes les œuvres de charité; soulageait, selon son pouvoir, les malades, les prisonniers et les pauvres. Mais doux et compatissant pour les autres, il commença à être si sévère envers lui-même, que non content de réprimer ses appétits sensuels par une abstinence rigoureuse, il eut soin de punir ses moindres fautes par de rudes disciplines.

I. Quoique vivant dans le siècle, il tournait toute son âme vers le ciel. Il fit des progrès si rapides dans la science des choses spirituelles, qu'il voulut y avancer encore; à peine entré dans sa seizième année, il prit l'habit des Frères mineurs déchaussés, au gardiennat du Saint-Évangile ou de l'Estramadure, maintenant province de Saint-Gabriel, et il y adopta un genre de vie tout évangélique.

II. Dieu approuva cette résolution par un prodige insigne : comme Pierre se hâtait de gagner son saint asile, il fut arrêté dans sa marche par les eaux du Titar, que des pluies avaient grossies. N'apercevant point de barque, le serviteur de Dieu se mit en prière, et se trouva miraculeusement transporté sur l'autre rive. Il fit au couvent de tels progrès dans la vertu, que, dès le début, il surpassa

ad omnium tamen pedes mirabili demissione prosternens se.

III. Præcinxit illum Deus virtute, et posuit immaculatam viam ejus : paupertate, religiosæ disciplinæ rigore, rara oculorum modestia, incredibili siti cruciatuum, magnam in omnibus excitavit admirationem sui.

IV. Solemnem professionem expleto tirocinii anno emisit, et sese elevans supra se, humana omnia transcendens, et anhelans ad cœlestia, oculis tamen in terram semper dejectis, ignorabat an chorus ecclesiæ (quem perpetuo adibat), fornice obductus esset, an laqueari, an cellula sua ex lapidibus, an ex lignis constaret. Et exactis in quodam sui Ordinis cœnobio tribus annis, fratres, non ex vultu, sed ex solo vocis cognoscebat auditu. Silentii quoque rigore linguam reprimere studens, per triennium quosdam in ore lapillos detulit, ut vel sic loquendi pruritum coerceret.

V. Senili prudentia juventutem supergressus, vigesimo ætatis anno præter sacri Ordinis morem, custos cœnobii Sanctæ Mariæ Angelorum renunciatus est, ubi tot charismatum dona cœlitus illi collata sunt, ut ex eo jam tempore prodigiis coruscaret. Cum enim annona omnis defecisset, ac fratres egredi ad petendam eleemosynam prohiberentur

des vétérans du Seigneur, bien que son extraordinaire humilité le portât à se prosterner aux pieds de tous.

III. Dieu le revêtit de sa force, et rendit pures toutes ses voies : aussi excita-t-il autour de lui la plus grande admiration pour sa pauvreté religieuse, l'austérité de sa vie, la rare modestie de ses regards, et son incroyable soif de souffrances.

IV. A la fin de l'année de noviciat, il fit sa profession solennelle. Dès ce moment, il s'éleva de plus en plus au-dessus de lui-même et des choses humaines, pour ne plus aspirer qu'aux choses célestes. Il tenait les yeux toujours baissés vers la terre, à tel point qu'il ne savait si le chœur de l'église, où il se rendait tous les jours, était couvert d'une voûte ou d'un plafond, et si sa cellule était construite en pierre ou en bois. Après trois ans passés dans certain couvent de son Ordre, il ne connaissait point ses Frères de vue, et les distinguait seulement au son de leur voix. Attentif en même temps à réprimer sa langue, pendant trois ans il garda de petits cailloux dans la bouche, pour s'ôter ainsi la démangeaison de parler.

V. Doué dans sa jeunesse de la prudence des vieillards, il n'avait que vingt ans, lorsque, contrairement aux usages de l'Ordre, il fut nommé Gardien du couvent de Sainte-Marie-des-Anges. Un jour, les provisions étaient épuisées ; la neige qui obstruait les abords du couvent empêchait les Frères de sortir pour aller demander l'aumône ; ils commençaient

(altissima nive conventum obsidente) conqueri de Petro cœperunt, qui etiam rigente hyeme ipsis cogitare de crastino vetuisset ; quidquid mensæ supererat, quotidie in pauperes distribuere consuetus : at ille certo sciens enutriendos esse, qui jactant cogitatum suum in Domino, jussit ad ostium puerulos pergere, ubi super acervum nivis postibus hærentem, præ grande canistrum refertum panibus invenerunt, tam importuno tempore, et itinere alta nive obsito, non nisi ab angelis eo delatum : quam divinæ Providentiæ curam aliis quoque vicibus est expertus.

VI. Sed mirabilior erat Petri vita, quæ ut viva lex perfectionis alumnos provocabat ad sanctitatem. Pro quovis præconio sufficeret referre illa quæ de hoc viro sanctissimo dixit sanctissima pariter Virgo Theresia Carmelitarum reformatarum parens; videlicet ne momento quidem diei ac noctis Petrum ab oratione cessasse, et ne somnus oranti obreperet, flexis genibus, cum quieti tandem indulgere cogebatur, ad ligni stipitem parieti infixum caput admovebat. Illius cella, eadem Theresia teste, pedum quatuor longitudinem cum dimidio non excedebat; adeoque depressa erat, ut flexis genibus et curvis semper humeris, in illa hærere cogeretur.

à se plaindre de l'imprévoyance de Pierre, qui défendait, malgré les rigueurs de l'hiver, de songer au lendemain, et faisait distribuer tous les jours aux pauvres les restes des repas. Mais lui, sûr qu'il sera toujours pourvu à la nourriture de *ceux qui jettent leurs inquiétudes dans le Seigneur*, il ordonna aux plus jeunes Frères d'aller à la porte, et là, sur un tas de neige encombrant le seuil, ils trouvèrent un grand panier rempli de pains ; et certes, par un temps si mauvais, et alors que tous les chemins étaient couverts de neige, ce panier n'avait pu être apporté que par les Anges. Ce soin de la divine Providence, il l'expérimenta en plusieurs autres circonstances.

VI. Ce qu'il y avait de plus étonnant, c'était la vie de Pierre, loi vivante de perfection, qui ne cessait d'appeler les novices à la sainteté. Pour tout éloge, il suffirait de rapporter ce qu'a dit de ce très-saint homme son émule en sainteté, l'illustre vierge Térèse, fondatrice des Carmélites déchaussées : « Pierre, dit-elle, n'interrompait sa prière à aucun « moment du jour et de la nuit ; et de peur que le « sommeil ne le surprît pendant qu'il priait à ge- « noux, quand il était forcé de prendre un peu de « repos, il se posait la tête contre un morceau de « bois attaché au mur. » Suivant le témoignage de la même Sainte, « la cellule de Pierre n'avait pas « plus de quatre pieds de longueur sur deux de lar- « geur ; elle était si basse qu'il était obligé de s'y « tenir toujours à genoux, les épaules courbées. »

VII. Per quadraginta annorum decursum sesquihoram tantum somno concessit. Jejunium amavit adeo ut ad triduum ordinarie, et ad octo aliquando dies inediam protraxerit : asperrimo præterea cilicio armatus, bractea ferrea per viginti annos præfixis aculeis corpus dilanians, bis in die flagellis in se crudelissime animadvertens, itinera quamvis longissima atque asperrima, capite semper detecto, nudisque pedibus per æstus et frigora suscipiens, ita ut cum nudum caput imbribus et nive exponeret, interdum capilli gelu concreti deciderent, et æstate præfervida, exurentibus solis radiis, vehementissime cruciaretur, respondere solitus interrogantibus cur detecto capite semper incideret : Nefas esse coram Deo tecto capite ambulare. Cum vetustum ac vilem saccum abluebat, madidum corpori aptabat : quin etiam in gelidam aquam, rigente hyeme, sese plerumque injiciebat. Præter hæc, familiare illi erat, hyeme summa, urgente nivis frigore, deposito pallio, fenestram et januam cellæ reserare, ut frigidissimo excepto aere et gelu, acrius torqueretur caro mox eximenda diris cruciatibus, cum fenestram clausisset et januam. Eo devenit hæc sæva maceratio membrorum ut, ex narratione sanctæ Theresiæ, arido et exsangui corpore, radicum arboris speciem exhibuerit : oculis autem in cavam recedentibus, et sulcatis perpetuo lacrymarum imbre genis, mirabile pœnitentiæ simulacrum videretur.

VII. Pendant le laps de quarante années, il n'accorda, chaque jour, qu'une heure et demie au sommeil. Il aimait tellement le jeûne qu'il s'abstenait de toute nourriture ordinairement trois jours de suite, quelquefois une semaine entière. Déjà couvert d'un rude cilice, il se déchira pendant vingt ans le corps avec une baguette de fer garnie à son extrémité de pointes aiguës, et se donna deux fois par jour une cruelle discipline. Quant aux voyages les plus longs, les plus fatigants, il les faisait toujours tête découverte et pieds nus, par la chaleur, par le froid. Lorsqu'il exposait sa tête aux frimas et à la neige, la gelée quelquefois figeait et faisait tomber ses cheveux, et par les fortes chaleurs de l'été, les rayons d'un soleil brûlant le torturaient. Si on lui demandait pourquoi il allait tête découverte, il répondait d'ordinaire qu'*il n'est point permis de marcher devant Dieu tête couverte.* Lorsqu'il avait lavé sa vieille et grossière tunique, il se la remettait toute mouillée ; et au plus fort de l'hiver, se jetait souvent dans l'eau glacée. Au milieu des plus rudes hivers, par la neige et les temps les plus froids, il lui arrivait souvent d'ôter ses vêtements et d'ouvrir la porte et la fenêtre de sa cellule, afin qu'exposée à la rigueur du froid et de la gelée, sa chair fût encore plus sensible aux dures macérations qu'il lui faisait subir, quand il refermait la fenêtre et la porte. L'effet des terribles mortifications auxquelles il soumettait ainsi ses membres fut tel, qu'au dire de sainte Térèse, « son corps décharné

VIII. Ex hac eximia vitæ sanctitate vires hausit ad egregia quævis præstanda in honorem divinitatis, eaque prodigioso morum suorum exemplo assequi potuit. Latere quidem ille præoptasset, et paternam sancti Francisci humilitatem secutus, regale sacerdotium formidasset accipere, nisi ad illud superiorum imperio coactus fuisset. Itaque non sumens sibi honorem, sed vocatus a Deo tanquam Aaron, sacrum quotidie peragebat tam uberes in fletus effusus, ut exitus aquarum deducentes oculi ejus, viderentur fons hortorum, et puteus aquarum viventium, quæ fluunt impetu de Libano.

IX. Jussus etiam in suggestum ascendere, ac verbi divini panem eo tempore populis esurientibus frangere : cumque de ore ejus erumperent quasi sagittæ potentis acutæ, innumeros felicissime sauciatos eruit de potestate tenebrarum, et transtulit in regnum Filii Dei. Præterea confluebant ad eum privatim erudiendi non modo infimi et populares, sed etiam nobiles ac principes viri, quos mira suavitate et efficacia verborum ad salutarem pœnitentiam invitabat. Confessarii tamen munus apud Carolum

« et exténué ne ressemblait plus qu'à un faisceau
« de racines d'arbre, tandis que ses yeux enfoncés
« dans leur orbite, et ses joues sillonnées de larmes,
« le présentaient comme le plus admirable modèle
« de la pénitence. »

VIII. C'est dans cette merveilleuse sainteté de vie que Pierre puisa les forces nécessaires pour entreprendre, en l'honneur de la Divinité, les œuvres les plus difficiles, et c'est par l'incroyable influence de ses exemples qu'il parvint à les mener à bonne fin. Sans doute il eût préféré rester caché; imitateur de l'humilité de son Père, saint François, il eût reculé devant la dignité du sacerdoce; mais l'ordre des supérieurs fit cesser son hésitation. Ainsi, loin de s'arroger l'honneur, appelé de Dieu, comme Aaron, chaque jour célébrant le saint sacrifice, il versait des larmes si abondantes, que ses yeux rappelaient *la fontaine des jardins mystiques, la source des eaux vivantes qui descendent impétueuses des collines du Liban.*

IX. Ayant reçu l'ordre de monter en chaire et de distribuer le pain de la parole divine aux peuples affamés, il laissa tomber de sa bouche des traits *pénétrants comme les flèches du puissant,* et sut arracher des ténèbres un nombre infini d'heureux blessés, qu'il introduisit dans le royaume des enfants de Dieu. On voyait accourir individuellement près de lui, pour s'instruire, les gens du commun et du peuple, et aussi des nobles et des princes, qu'il exhortait à une pénitence salutaire avec une mer-

V. Cæsarem declinavit, captus amore solitudinis et demissionis, ac metu discriminnm aulæ regalis.

Plura cœnobia sui ordinis sanctissime temperavit, videlicet illud S. Honuphrii in provincia S. Gabrielis, S. Michaelis Placentiæ, aliaque : subinde provinciæ definitor et custos, ac deinde omnium suffragiis in provincialem electus est provinciæ S. Gabrielis, cujus regimini sedulo incumbens exemplis et verbis, quasdam edidit constitutiones, quibus strictioris observantiæ nitor in ea refloreret. In Lusitaniam quoque perrexit, ut nascentem Arabidorum provinciam juvaret et promoveret.

X. Cum autem arctiorem sui Ordinis disciplinam urgere desideraret et longius extendi, superatis gravissimis difficultatibus, munitus præsidio, et apostolica fretus auctoritate, primum novæ reformationis cœnobium angustissimum et pauperrimum, sub Immaculatæ Conceptionis titulo prope Pedrosum Cauriensis diœcesis in Bæturia, vulgo Estramadura, oppidum construxit, ubi cum paucis sociis apostolicam sui Patris Francisci vitam renovavit. Hinc a Paulo IV summo pontifice ejusdem Clementis, ac nostro prædecessore commissarius generalis novæ reformationis institutus, alios ædificavit con-

veilleuse suavité et persuasion de langage. Il refusa les fonctions de confesseur de l'empereur Charles-Quint : tant il aimait la solitude et l'abaissement ! tant il redoutait les dangers et les embarras de la cour !

Il établit les règles les plus saintes dans plusieurs couvents de son Ordre, au couvent de Saint-Onuphre, dans la province de Saint-Gabriel, au couvent de Saint-Michel, à Plasencia, et ailleurs. Nommé Définiteur et Gardien, puis choisi par le suffrage unanime de ses Frères comme Provincial de la province de Saint-Gabriel, il s'appliqua à rendre son gouvernement utile par la force de ses exemples et de ses paroles, et promulgua plusieurs constitutions propres à faire refleurir dans son éclat la primitive observance. Il alla jusqu'en Portugal, aider à l'établissement et aux progrès de la province de l'Arabida, récemment fondée.

X. Désirant mettre en vigueur le plus tôt possible les réformes, et en propager l'observance, il parvint, malgré les plus graves obstacles, avec l'assistance divine et le concours de l'autorité apostolique, à construire près du Pedroso, au diocèse de Coria, en Béturie ou Estrémadure, un très-petit et très-pauvre couvent, le premier de sa réforme, sous le vocable de l'Immaculée-Conception ; et là, avec quelques compagnons, il fit revivre l'esprit apostolique de son Père saint François. Bientôt nommé commissaire général de la nouvelle réforme, par le souverain Pontife Paul IV, prédécesseur du Pape Clément et le

ventus, ex quibus et quibusdam aliis ejus se regimini ultro subdentibus, provinciam S. Josephi fundavit ; mox destinatis ad regnum Valentiæ sociis, provinciæ S. Joannis Baptistæ fundamenta jecit. Ac tandem illud strictissimum vitæ genus in varias Hispaniæ provincias ad Indias et Japonium usque feliciter dilatum est, ubi ex ipsa reformatione multi martyrio coronati sunt.

XI. Sanctam quoque virginem Theresiam in stabilienda Carmelitarum reformatione indefessus adjuvit, ita ut ipsamet testante, recentis illius propaginis sit præcipuus promotor existimandus. Et revera multas pro re tanta peregrinationes suscepit, et labores tulit, imo et absenti opem et consilium laturus aliquando miraculose apparuit.

XII. Quam gratum acciderit Deo studium hoc observantiæ strictioris, et quanto haberi vellet in pretio seraphicum zelum hujus viri, Deus ipse prodigiis ingentibus comprobavit : cum non solum rapidissimas Tagi et alterius fluminis aquas siccis ipse pedibus aliquando transivit ; sed et puer qui asello insidens canistrum panibus refertum ad illum et fratres deferebat, Petri de Alcantara nomine invocato, jumentum impulit in flumen, quod solidum ac tutum supra suas aquas ingressum eidem præbuit.

nôtre, il érigea divers couvents; avec ces couvents, et plusieurs autres qui se soumirent volontairement à sa direction, il constitua la province de Saint-Joseph. Quelque temps après, il envoya un certain nombre de ses compagnons dans le royaume de Valence, et y jeta les fondements de la province de Saint-Jean-Baptiste. Enfin, ce genre de vie si rigoureux fut adopté dans les monastères de diverses provinces d'Espagne, et heureusement jusque dans les Indes et au Japon, où beaucoup de religieux réformés obtinrent la couronne du martyre.

XI. Il aida aussi sainte Térèse avec un zèle infatigable dans l'établissement de la réforme des Carmélites, de telle sorte que, d'après le témoignage de l'illustre vierge, il doit être considéré comme le principal promoteur de cette réforme. Il entreprit à cet effet beaucoup de voyages, se donna beaucoup de peines, et apparut plus d'une fois miraculeusement à la Sainte, pour l'assister de ses conseils.

XII. Dieu prouva, par de grands prodiges, combien lui était agréable, chez son serviteur, cette recherche de la stricte observance, et combien il voulait qu'on appréciât ce zèle séraphique. Le saint homme traversa plus d'une fois à pied sec les eaux rapides du Tage et d'un autre fleuve; il arriva même qu'un jeune homme, qui portait au couvent un panier rempli de pains, ayant poussé sa monture dans le fleuve, et invoqué le nom de Pierre d'Alcantara, le fleuve lui fournit un passage sûr et solide sur ses eaux.

Cum Joannes de Neira Petri in itinere socius, inedia et siti confectus pene decideret in loco ubi ad orandum sanctus hic vir se composuerat, fons illico erupit et panis cum pisce ad esum paratus apparuit.

Infixus ab eo terrae aridus baculus viridem ficulneam excrevit, cujus fructus etiam nunc aegris salutem redonat.

Atrocem pertinacis mulieris injuriam non modo patientissime toleravit, verum etiam flexis coram ea genibus pro culpa, quam non patrarat, humillime deprecatus est.

Semel crucem in horto Pedrosi devotis oculis contemplans, sursum ferri et in aere coram ipsa suspendi, et lucidissimos quoque ex oculis radios in eamdem crucem emittere visus est, candidaque nube caput ejus circumdari.

XIII. Quemdam adolescentem benedictionem suam enixe efflagitantem, cum ab urbe quamprimum recedere decrevisset, de gravi discrimine, quod illi imminebat in haereticam quamdam opinionem incidendi praemonuit.

Scholarem alium respiciens, mundo quam primum renunciaturum, secumque religionis habitum suscepturum divinitus agnovit.

In magna siccitate precibus suis copiosum a Deo imbrem obtinuit.

Accensum ignem in quodam conventu, per flammas ipsas innoxius incidens sine mora extinxit.

Un jour Juan de Neira, qui faisait route avec Pierre, était près de succomber à la faim et à la soif. Dans l'endroit où le saint homme s'était mis en prière, une source jaillit tout à coup, et un pain s'y trouva avec un poisson.

Une branche desséchée, par lui fixée dans le sol, se changea en un figuier verdoyant, dont les fruits rendent aujourd'hui encore la santé aux malades.

Non-seulement il supporta avec grande patience les violentes injures d'une méchante femme, mais fléchissant devant elle les genoux, il s'excusa très-humblement d'une faute qu'il n'avait pas commise.

Un jour, dans le jardin du Pedroso, il contemplait dévotement une croix. On le vit s'élever en l'air, et rester suspendu devant la croix, tandis que de brillants rayons partaient de ses yeux dans la direction de l'arbre sacré, et qu'un éclatant nuage entourait sa tête.

XIII. Un jeune homme, décidé à quitter prochainement la ville, lui demandait sa bénédiction avec instance : le Saint connut qu'il courait risque de tomber dans certaines opinions hérétiques et l'en avertit.

Rien qu'à regarder un autre jeune homme, il reconnut qu'il devait bientôt renoncer au monde, et prendre avec lui l'habit religieux.

Dans une grande sécheresse, il obtint de Dieu, par ses prières, une pluie abondante.

Un incendie s'était déclaré dans un couvent : le Saint l'éteignit, et traversa sain et sauf les flammes.

Demersum in puteo infantem, chorda qua cingebatur in eum locum demissa, mirabiliter extraxit.

Mulieris oculos luce orbatos leviter tangens, data ei benedictione protinus illuminavit.

Feminam quamdam a Dæmone per multum temporis deceptam, de prava illa consuetudine, quam cum maligno tentatore habuerat, commonefecit et liberavit.

In reditu ad conventum de Arenas a civitate Abulæ, obrutus fuisset nivibus, quarum vis ingens e cœlo devolvebatur, nisi ejus precibus coercitæ, in aere pendulæ constitissent, et prodigiosum tabernaculi genus artificioso fornice composuissent, quo inclusus Petrus ab aliarum læsione nivium prohibebatur.

Imbres quoque copiosissimi eum madefacere non sunt ausi, quod etiam dum augustum sacrificium Missæ offerret, ipsi et circumstantibus semel evenit.

Corporaliter videndum se præbuit plurimis procul distantibus.

Prophetico lumine remotissima locorum ac temporum spatio prædixit.

Demum usque adeo fuit in deliciis divinitatis ut omnium vota, quando Petrus intercessorem exhiberet se, implenda esse professus fuerit sanctæ virgini Theresiæ, ut ipsamet sibi semper accidisse fatetur.

Un enfant tombé dans un puits en fut miraculeusement tiré, au moyen de la corde dont Pierre ceignait ses reins, et qu'il fit descendre dans le puits.

Une autre fois il rendit la vue à une femme aveugle, en lui touchant légèrement les yeux et lui donnant sa bénédiction.

Une autre femme se laissait depuis longtemps abuser par le démon : il lui révéla les relations funestes qu'elle avait eues avec l'esprit malin, et l'en délivra.

Un jour qu'il retournait d'Avila au couvent d'Arenas, il eût été enseveli dans la neige, qui tombait à flocons épais, avec une extrême violence, si, par la force de ses prières, la neige ne fût restée suspendue en l'air, et n'eût formé au-dessus de sa tête comme la voûte architecturale d'un merveilleux pavillon, à l'abri duquel Pierre se trouvait garanti de l'atteinte des flocons.

Des pluies, même torrentielles, n'osaient, pour ainsi dire, pas le mouiller ; et un jour qu'il célébrait l'auguste sacrifice de la messe, elles le respectèrent, lui et les assistants.

Il se montra corporellement à plusieurs personnes absentes, à de grandes distances.

Éclairé d'une lumière prophétique, il annonça des choses très-éloignées de lieux ou de temps.

Enfin, il était si agréable à Dieu, que Dieu déclara à sainte Térèse que tout vœu appuyé de l'intercession de Pierre serait exaucé ; et Térèse assurait en avoir fait elle-même l'expérience.

XIV. Et illius quidem preces adeo incensæ erant igne divino, ut inter orandum brachiis in modum crucis expansis in altum sæpissime ferretur; ac dum sacrum faceret, elevari in sublime coram populo aliquoties conspectus fuerit: imo tanta ejus erat assiduitas orationis, ut nunquam ab ea cessaret, et intuentibus ipsam homo alterius sæculi videretur.

Edoctus ergo, etiam dum in terris agebat, ad cœlum evolare, tandem meritis plenus, ætatis anno sexagesimo tertio, in febrim ac dolores molestissimos incidit. Augebatur simul cum ægritudine hilaritas Petri prohibentis religiosam suam familiam a lacrymis, in quas ob amittendum amantissimum parentem agebatur. Ecclesiæ sacramentis rite susceptis, ac prædicta mortis hora, non jacens, sed humi erectus in genua, in altissimam extasim erupit; ac deinde sensibus restitutus: Lætatus sum, inquit, in his quæ dicta sunt mihi, in domum Domini ibimus. Et manu fratibus benedicens, ita illos est allocutus: Non intuemini, Fratres mei, sanctissimam Trinitatem, et Dominam meam gloriosissimam Virginem Mariam et S. Joannem evangelistam? Quibus dictis, adhuc stante genibus corpore, migravit anima in cœlum, et sancta Theresia procul distans ab oppido de Arenas, in quo Petrus decesserat, illum vidit recto et lucido tramite delatum ad sempiternam felicitatem; ac sæpe postea eidem oranti apparuit ple-

XIV. A la vérité, ses prières étaient si enflammées de l'amour divin que, lorsqu'il vaquait à l'oraison, les bras étendus en croix, il se soulevait très-souvent de terre; et, pendant qu'il disait la sainte messe, les assistants le virent plus d'une fois s'élever à une grande hauteur. Du reste, son assiduité à l'oraison était telle, qu'il ne l'interrompait jamais; il semblait, à ceux qui le regardaient prier, qu'ils voyaient un homme appartenant à un autre monde.

Ainsi, dès cette vie, il s'élançait vers le ciel. Enfin plein de mérites, il ressentit, à l'âge de soixante-trois ans, des douleurs violentes accompagnées de fièvre. Les infirmités ne faisaient qu'augmenter la sérénité de Pierre; il défendait les larmes à sa famille religieuse, désolée de perdre un Père bien-aimé. Après avoir reçu les sacrements de l'Église et annoncé l'heure de sa mort, non couché, mais agenouillé en terre, il tomba en une sublime extase; puis ayant repris ses sens, s'écria : *Lætatus sum in his quæ dicta sunt mihi : in domum Domini ibimus.* Et bénissant ses Frères de la main, il leur adressa ces paroles : « Ne voyez-vous pas, « mes Frères, la très-sainte Trinité, ma glorieuse « reine la Vierge Marie, et saint Jean l'Évangé- « liste? » Quand il eut dit ces mots, toujours à genoux, son âme s'envola au ciel, et sainte Térèse, qui se trouvait assez loin de la ville d'Arenas, où Pierre était mort, le vit entrer au séjour de la félicité éternelle, par une route droite et brillante; il

nus immensa gloria et purissimæ lucis radiis circumfusus. Corpus vero pulcherrimum cœlesti quodam colore perfusum, oculis apertis et miro splendore radiantibus, suavissimo de membris odore manante, intuentes replebat admiratione, utque fidelium adventantium devotioni satisfieret, eminentiori extra portam loco expositum fuit, ad cujus conspectum populus suspiriis ac vocibus sanctum inclamabat, auxilium ab eo petebat, vel minimam habitus particulam pro summo quilibet bono reputabat. Inde processum est ad funus, numeroso populo cum facibus ac candelis accensis sacrum depositum comitante.

Contigit autem inter cætera notabilia, quod cœlum imbre ac vento furens, delato in medium corpore subito placaretur, dum in circuitu omnia streperent et inundarent, ita ut a valetudinario, in quo decesserat, usque ad conventum, duobus milliaribus distantem, quieto cœlo omnes immadefacti processerint, et ceram pro funere honorando accensam in tanto spatio nihil immunitam repererint. Ejus corpus in ecclesia Fratrum minorum Discalceatorum depositum, singulari populorum veneratione invisitur.

XV. Excessit anno salutis millesimo quingentesimo sexagesimo secundo, 18 die octobris.

lui apparut souvent dans la suite, pendant qu'elle priait, comblé d'une gloire immense et rayonnant d'une éblouissante lumière. Son corps, revêtu d'une beauté et d'une grâce céleste, les yeux ouverts et brillants d'un éclat extraordinaire, les membres exhalant l'odeur la plus suave, pénétraient les spectateurs d'admiration. Afin de satisfaire la dévotion des visiteurs, on exposa le corps sur une estrade extérieure, à la vue du peuple, qui proclamait sa sainteté, invoquait sa protection, et considérait comme un précieux trésor la moindre parcelle de ses vêtements. On célébra ensuite les funérailles, au milieu d'un grand concours de fidèles, qui accompagnèrent les restes vénérés du Saint avec des flambeaux et des cierges allumés. Il arriva, entre autres choses notables, que le vent et la pluie qui bouleversaient l'atmosphère, cessèrent tout à coup au moment où l'on sortit le corps, tandis que l'orage continuait de tout ravager aux environs. Les personnes qui suivaient le convoi cheminèrent, sous un ciel serein, de l'infirmerie, où il était mort, jusqu'au couvent, situé à deux milles de distance; et les cierges allumés pour les funérailles ne diminuèrent point pendant un si long trajet. Le corps, déposé dans l'église des Frères mineurs déchaussés, est aujourd'hui encore visité par la foule avec une vénération singulière.

XV. Pierre mourut le 18 octobre de l'an de grâce 1562.

Plurimis etiam post mortem miraculis coruscavit.

Alphonsus Sanchez, faber lignarius, fracti cruris integrandi mortalem omnem spem projecerat; sed ad sepulchrum Petri momento temporis convaluit.

Laborantem exitiali morbo Mariam de Paramo, et a medicis desperatam haustus aquæ reliquiarum Petri contactu sacræ, dicto citius integræ sanitati restituit.

Sacramento extremæ unctionis munita jam erat Maria Velasquez, quæ Petri opem exposcens illico surrexit incolumis.

Franciscus Ramires sexennis puer cruribus contractis oleo lampadis ante Petri sepulchrum lucentis inunctus, repente sanatur.

Balthasari Rodriguez sexenni puero, fracto utroque latere, ac defluentibus intestinis pene confecto, effusæ ante Petri sepulchrum preces saluti fuerunt.

Francisca Martinez, trienno claudicans, quæ desperata fracti pedis salute, genibus et manibus reptaverat ad Petri sepulchrum, incolumis et solido pede innixa regressa est domum.

Utraque aure surdus Bartholomeus Gazia, contactu aquæ, cui fuerant admotæ Petri reliquiæ, recuperavit auditum, et eodem contactu visum momento recepit Isabella Gonzalez a tribus mensibus

Après sa mort, il se signala par de nombreux miracles.

Alphonse Sanchez, charpentier, avait perdu tout espoir humain de recouvrer l'usage d'une jambe qu'il s'était cassée; la santé lui fut rendue instantanément près du tombeau du Saint.

Marie de Paramo, atteinte d'une maladie mortelle, et abandonnée des médecins, ayant bu de l'eau consacrée par les reliques de Pierre, recouvra sur-le-champ la santé.

Marie Velasquez, déjà munie du sacrement de l'Extrême-Onction, implora le secours de Pierre, et se leva aussitôt bien portante.

François Ramirez, enfant de six ans, perclus des jambes, frotté avec de l'huile d'une lampe allumée devant le tombeau de Pierre, fut immédiatement guéri.

D'ardentes prières, faites auprès du même tombeau, suffirent pour sauver Balthasar Rodriguez, autre enfant de six ans, qui avait les côtes cassées, et était sur le point d'expirer.

Françoise Martinez, qui boitait depuis trois ans, après s'être cassé le pied, et qui désespérait de sa guérison, s'était traînée sur les genoux et sur les mains jusqu'au tombeau de Pierre : elle rentra chez elle guérie et marchant d'un pas ferme.

Barthélemy Gazia, sourd des deux oreilles, recouvra l'ouïe au contact d'une eau dont on avait approché les reliques de Pierre; au même contact, Isabelle Gonzalez, aveugle depuis trois mois, recou-

cæca : et fedo apostemate laborans in dextero genu Joannes puerculus, repente convaluit.

XVI. Jacuit autem Petri corpus per multos annos in humili loco, in quo primo recunditum fuerat, sed cum undique ad illud ex tota conflueretur Hispania, episcopi abulensis auctoritate in locum decentiorem a religiosis conventus de Arenas translatum est, et oleo similem liquorem distillans, repertum; candidis velis fuit involutum, retenta quadam reliquiæ particula, et in arca prope altare majus iterum muro inclusum.

XVII. Gratias igitur immortales agebat Deo omnipotenti idem Clemens prædecessor, et in illo cor suum exultabat, quod nullis ejus suffragantibus meritis, sed altitudine divitiarum sapientiæ et scientiæ Dei, hanc servi sui Petri de Alcantara canonisationis solemnitatem, per ejus humilitatis ministerium, ad sui nominis gloriam, et catholicæ fidei exemplum voluerit celebrari. Cum enim præter eximia prodigia, quibus Petri vita effulsit, post mortem etiam quam plurimis aliis miraculis claruerit, ut ejus sanctitatem testaretur Deus, aditus aperiebatur ad sacros honores Petro deferendos.

XVIII. Propterea crebrescente fama ejus sanctitatis, venerationis et miraculorum, editi super his fuere processus auctoritate apostolica et ordinaria: et accedentibus precibus claræ mem. Philippi III et IV,

vra la vue, et un enfant nommé Jean, qui souffrait d'un affreux abcès au genou droit, fut guéri instantanément.

XVI. Le corps de Pierre resta longtemps dans l'humble lieu où il avait d'abord été déposé; mais les fidèles accourant de toutes les parties de l'Espagne, l'évêque d'Avila autorisa les religieux du couvent d'Arenas à le transférer en un lieu plus convenable; le corps distillait un liquide ressemblant à de l'huile; on l'enveloppa de voiles blancs; et, après en avoir enlevé quelques reliques, on le replaça dans un cercueil, qui fut scellé dans le mur, près du maître-autel.

XVII. C'est pourquoi le Pape Clément, notre prédécesseur, rendait d'immortelles actions de grâces au Dieu tout-puissant, et son âme tressaillait d'allégresse en pensant que, sans l'avoir aucunement mérité, mais par un haut dessein de la sagesse et de la science de Dieu, il avait été appelé, malgré sa petitesse, à célébrer cette solennité de la canonisation de son serviteur Pierre d'Alcantara, pour la gloire de son nom et l'édification des fidèles catholiques. En effet, les prodiges éclatants qui avaient marqué la vie de Pierre, et ceux qu'en témoignage de sa sainteté, Dieu permit après sa mort, appelaient sur lui les honneurs sacrés.

XVIII. Le bruit de la sainteté de Pierre, de la vénération dont il était l'objet, et de ses miracles, se répandant de plus en plus, la constatation juridique en fut faite par l'autorité du Saint-Siége et de

catholicorum Hispaniarum regum, nec non fere omnium Hispaniæ regnorum, cæterisque de more peractis, sacra Rituum congregatio, cui supradictorum processuum revisionem injunxerat Gregorius papa XV, etiam prædecessor noster, tunc suus, respondit referente bon. mem. Marco Antonio tituli sancti Eusebii presbytero cardinali Gozadino, juxta seriem relationis trium causarum Palatii apostolici auditorum, pluries examinatam fuisse causam servi Dei Petri de Alcantara, ac plenissime constare de validitate processuum, fama sanctitatis, fidei puritate, cæterarum virtutum excellentia, reliquiarum ac sepulchri veneratione, et plurimis tandem miraculis : ac propterea posse, si summo pontifici placuisset, eumdem Petrum sanctum, ac in cœlis regnantem, omnibus fidelibus solemni canonizatione proponi venerandum : dum interim episcopus Abulensis in capellam quamdam novam a se dedicatam, sacrum ejus corpus odorem suavissimum spirans solemniter transtulisset, præsentibus nonnullis Hispaniæ magnatibus, qui ferendis reliquiis nobiles humeros submiserunt.

XIX. Quapropter idem Gregorius XV, fel. rec.,

l'Ordinaire, à la demande de Philippe III et de Philippe IV, rois catholiques des Espagnes, d'illustre mémoire, et de presque toutes leurs provinces. Les formalités ayant été remplies, la sacrée congrégation des Rites, que le Pape Grégoire XV, notre prédécesseur, alors prédécesseur du Pape Clément, avait chargée de la révision des pièces du procès, déclara, sur le rapport présenté par Marc-Antoine Gozadino, cardinal-prêtre du titre de Saint-Eusèbe, d'heureuse mémoire, que la cause du serviteur de Dieu Pierre d'Alcantara avait été examinée plusieurs fois, dans l'ordre des trois procédures suivies au palais apostolique des auditeurs; qu'elle était pleinement édifiée sur la régularité des procédures, sur la réputation de sainteté, sur la pureté de la foi et l'excellence des autres vertus de l'illustre personnage; sur la vénération dont ses reliques et son tombeau étaient l'objet; et enfin sur l'authenticité des miracles qu'il avait opérés; et que, par conséquent, le même Pierre pouvait, s'il plaisait au souverain Pontife, être proposé à tous les fidèles, par une canonisation solennelle, comme Saint régnant dans le ciel et digne de leur vénération. Sur ces entrefaites, l'Évêque d'Avila avait transféré solennellement le corps du Saint, qui répandait une odeur balsamique, en une nouvelle chapelle qu'il lui dédia, en présence de plusieurs grands d'Espagne, qui portèrent les reliques sur leurs nobles épaules.

XIX. C'est pourquoi le même Grégoire XV, d'heu-

prædecessor noster, tunc suus, annuit precibus ejusdem Philippi IV, regis, et ministri generalis, et fratrum ordinis minorum; atque Petrum Beati titulo insignivit die decima octava aprilis, anno salutis millesimo sexcentesimo vigesimo secundo, ac de eo tanquam de confessore non pontifice die decima nona octobris, qua ipsius memoriam celebrandam esse statuit ubique terrarum ab universo ordine Minorum observantium utriusque sexus, in oppido vero de Alcantara, ubi natus est, atque in altero de Arenas, ubi corpus ejus requiescere acceperat, ab omnibus tam regularibus quam sæcularibus clericis recitari officium posse, et missam celebrari, datis desuper literis in forma Brevis, concessit. In provincia vero sancti Josephi, cujus auctor extitit Petrus, a fratribus discalceatis de illo veluti de patrono etiam cum octava officium ac missam celebrari posse.

XX. Deinde vero novus processus conditus est ob nova decreta ab Urbano VIII edita, et fama sanctitatis perseverans, et crescens fidelium veneratio reperta est.

XXI. Alia deinde miracula a fel. rec. Innocent X, prædecessore nostro, tunc suo, comprobata sunt die octava martii 1630, cum processus novi super his, quæ post Petri beatificationem, formati fuissent, instantibus inprimis iteratis supplicationibus episcoporum, principum ac civitatum totius Hispaniæ.

XXII. Repetito voto sac. Rituum congregatio die

reuse mémoire, notre prédécesseur, et alors celui du pape Clément, se rendant aux prières du même roi Philippe IV, du Ministre général et des Frères de l'Ordre des Mineurs, décerna à Pierre, le 18 avril de l'an de grâce 1622, le titre de Bienheureux, et permit par une lettre en forme de bref, à tous les clercs tant réguliers que séculiers résidant à Alcantara, où il était né, et à Arenas, où son corps reposait, de dire la messe et de réciter l'office des confesseurs non Pontifes en sa mémoire, le 19 octobre, jour auquel les membres de l'Ordre des Mineurs observants, de l'un et l'autre sexe, devraient, par toute la terre, célébrer sa fête ; en outre, il permit aux Frères déchaussés de la province de Saint-Joseph, que Pierre avait fondée, de l'invoquer comme patron, et de célébrer son office et sa messe avec octave.

XX. Mais plus tard une nouvelle procédure ayant été ouverte, à la suite de nouveaux décrets d'Urbain VIII, il fut reconnu que la réputation de sainteté de Pierre se maintenait, et que la vénération des fidèles ne faisait que s'accroître.

XXI. Innocent X, notre prédécesseur et celui du Pape Clément, constata ensuite d'autres miracles, le 8 mars 1630, après de nouvelles procédures sur les faits qui s'étaient produits depuis la béatification de Pierre, procédures entamées sur les instances réitérées des évêques, des princes et des villes de l'Espagne entière.

XXII. Le 22 avril 1660, la sacrée congrégation

22 aprilis, anno 1660, censuit posse tuto deveniri ad solemnem Petri canonizationem, ac in Domino plurimum expedire, ut diuturnæ mortificationis assiduus labor plane ad prodigii genus accedens, argumentum insigne perfectissimæ caritatis in Deum, cum salubri animarum profectu sane admirabili Christi fidelibus colendus et imitandus omnino proponeretur.

XXIII. Sed interim succedente interitu fel. rec. Alexandri VII, prædecessoris nostri, tunc sui, quo annuente decretum supradictum emanaverat ab eadem sacra Rituum congregatione, et eodem Clemente ad S. Petri cathedram evecto, priores diligentiæ fuerunt instauratæ, et accedentibus novis principum catholicorum instantiis, præsertim vero regis catholici Caroli II, secretum consistorium fuit habitum die 18 martii, anno 1669, in quo per venerabilem fratrem nostrum, tunc suum, Martium episcopum Portuensem S. R. E. cardinalem Ginetum status causæ B. Petri relatus fuit; et omnium cardinalium, qui adfuerunt, suffragia dixerunt placere eis, ut idem Clemens ad solemnem canonizationem deveniret.

XXIV. Quapropter sequente publico consistorio, in quo de canonizatione dicti B. Petri verba fecit dilectus etiam filius Alexander Capraria, nostræ, tunc suæ, consistorialis aulæ advocatus, et nomine præfati Caroli regis, nec non regnorum prædictorum, ac ministri generalis et fratrum Ordinis Minorum ei-

des Rites émit de nouveau l'avis que l'on pouvait s'occuper sans inconvénient de la canonisation solennelle de Pierre, et qu'il serait aussi agréable à Dieu qu'utile aux peuples, de proposer aux hommages et à l'imitation des fidèles, comme modèle de charité très-parfaite envers Dieu, le labeur assidu d'une mortification continuelle, qui tenait du prodige, et que les âmes en tireraient certainement des fruits merveilleux.

XXIII. Mais la mort d'Alexandre VII, d'heureuse mémoire, notre prédécesseur, sous le pontificat duquel ladite sacrée congrégation des Rites avait publié ledit décret, étant survenue sur ces entrefaites, et Clément ayant été élevé à la chaire de saint Pierre, on reprit les anciennes procédures, et sur les nouvelles instances des princes catholiques, et notamment du roi catholique Charles II, il fut tenu, le 8 mars 1669, un consistoire secret, dans lequel notre vénérable Frère Marzio Ginetti, évêque d'Ostie, et cardinal de la sainte Église romaine, rendit compte de l'état de la cause du Bienheureux Pierre; et tous les cardinaux présents opinèrent que le Pape Clément promulguât un décret de canonisation solennelle.

XXIV. C'est pourquoi, dans un consistoire public qui suivit, et où notre cher fils, Alexandre Capraria, avocat de notre cour consistoriale, prit la parole sur la canonisation du Bienheureux Pierre, d'humbles supplications furent adressées à ce sujet audit Pape Clément, notre prédécesseur, au nom du roi Char-

dem Clementi prædecessori fuit humiliter supplicatum.

XXV. Idem Clemens prædecessor noster in tam gravi causa orationibus et jejuniis publice indictis, et concessa pro hoc fidelibus indulgentia, divinæ voluntatis beneplacitum explorare sategit.

In semipleno postmodum consistorio cardinalium, patriarcharum, archiepiscoporum et episcoporum, de quorum numero tunc eramus, scripta suffragia canonizationis solemnitatem approbantium, eidem Clementi prædecessori diem Dominicam in albis unanimiter innuerunt.

XXVI. Tandem cum nihil aliud desideraretur eorum quæ ex sanctorum Patrum auctoritate, sacrorum canonum decretis, S. R. E. consuetudine ac novorum decretorum præscripto agenda et observanda erant, dicta die dominica in albis, quæ erat quarto kalendas maii, anno 1669, pontificatus sui, anno secundo, in sacrosancta B. Petri apostolorum principis basilica, in qua solemni ritu, cum ejusdem S. R. E. cardinalibus, patriarchis, archiepiscopis, et episcopis, et dilectis filiis Romanæ curiæ prælatis, officialibus et familiaribus suis, clero sæculari et regulari et maxima populi frequentia, mane convenit, et post repetitas pro canonizationis decreto petitiones nomine ejusdem Caroli regis a dilecto etiam filio nostro, tunc suo, Jacobo, tituli sancti Sixti presbytero cardinali Rospigliosio nuncupato;

les, et des royaumes sus-indiqués, comme au nom du Ministre général et des Frères de l'Ordre des Mineurs.

XXV. Le même Clément, notre prédécesseur, s'attacha, dans une si grave affaire, à connaître le bon plaisir de la volonté divine, en ordonnant des prières et des jeûnes publics, et en accordant à cet effet aux fidèles une indulgence spéciale.

Peu de temps après, dans un consistoire de cardinaux, de patriarches, d'archevêques et d'évêques, au nombre desquels nous étions, d'unanimes suffrages en faveur de la canonisation solennelle décidèrent le Pape Clément, notre prédécesseur, à la prononcer le dimanche des rameaux suivant.

XXVI. Enfin, comme il ne restait plus à remplir aucune des formalités dont l'autorité des Saints-Pères, les décrets des sacrés canons, les usages de la sainte cour romaine, et la teneur des nouveaux décrets prescrivaient l'observation, au jour fixé, c'est-à-dire au dimanche des Rameaux, qui correspondait au quatrième jour des calendes de mai 1669, dans la seconde année de son pontificat, et dans l'auguste basilique de Saint-Pierre, prince des apôtres, où il s'était rendu avec une pompe solennelle, au milieu des cardinaux, des patriarches, des archevêques et des évêques de la sainte Église romaine, et de ses chers fils les prélats de la cour romaine, de ses officiers et des gens de sa maison, et d'une immense affluence, tant du clergé séculier et régulier que des fidèles ; après le postulat itératif

post sacros hymnos, litanias, aliasque preces, post Spiritus Sancti gratiam rite imploratam, ad honorem sanctissimæ et induviæ Trinitatis, ad exaltationem fidei catholicæ et christianæ religionis augmentum, auctoritate Domini nostri Jesu Christi, beatorum apostolorum Petri et Pauli, ac ejus matura deliberatione præhabita, et divina ope sæpius implorata, ac de venerabilium Fratrum nostrorum tunc suorum, cardinalium, patriarcharum, archiepiscoporum et episcoporum in urbe existentium consilio, beatum Petrum de Alcantara Sanctum esse decrevit, et definivit, ac sanctorum catalogo adscripsit, statuens ab universali ecclesia quolibet anno decima octava octobris, illius obitus die memoriam ejus inter sanctos confessores non pontifices, pia devotione recoli habere. In nomine Patris, et Filii, et Spiritus Sancti. Amen.

XXVII. Postea idem Clemens prædecessor noster, ejusdem sancti festum die decima nona octobris celebrari quotannis decrevit, in qua die omnibus Christi fidelibus qui aliquam ex ecclesiis universi ordinis S. Francisci, tam fratrum quam Monialium, tam hactenus erectis quam in posterum erigendis, et ubicumque locorum existentium visitaverint, indulgentiam plenariam perpetuam concessit.

à fin de canonisation, dressé au nom du roi Charles par notre cher fils, Jacques Rospiglioso, cardinal-prêtre du titre de Saint-Sixte; après le chant des hymnes sacrés, des litanies et d'autres prières, et après avoir invoqué la grâce de l'Esprit-Saint, le Pape Clément, notre prédécesseur, en vertu de l'autorité de Notre-Seigneur Jésus-Christ et des Bienheureux apôtres Pierre et Paul; en conséquence des mûres délibérations et des nombreuses prières qui avaient été faites, et sur l'avis de nos vénérables Frères, alors les siens, les cardinaux, les patriarches, les archevêques et évêques se trouvant dans la ville, décréta et définit, à l'honneur de la très-sainte et indivisible Trinité, à l'exaltation de la foi catholique et à l'accroissement de la religion chrétienne, que le Bienheureux Pierre d'Alcantara était Saint, et inscrivit son nom au martyrologe, ordonnant que chaque année l'Église universelle célébrerait pieusement sa mémoire parmi les saints confesseurs non Pontifes, le 18 octobre, anniversaire de sa mort. Au nom du Père, du Fils et du Saint-Esprit. Ainsi soit-il.

XXVII. Plus tard le même Clément, notre prédécesseur, décréta que la fête du même Saint serait annuellement célébrée le 19 octobre, et il accorda pour ce jour-là une indulgence plénière à perpétuité à tous les fidèles qui visiteraient quelqu'une des églises de l'Ordre de Saint-François, soit dans les couvents d'hommes, soit dans les couvents de femmes, érigés ou à ériger dans quelque lieu que ce soit.

XXVIII. Deo igitur optimo maximo, a quo est omne datum optimum et omne donum perfectum, gratias agere eumdem Clementem prædecessorem decebat, qui benedixit hunc servum suum in omni benedictione spirituali, ut esset sanctus et immaculatus coram ipso et curreret in via mandatorum divinorum dilatato corde et eximia charitate : cumque illum divina pietas huic nostro sæculo indulserat, qui antiquæ sanctitatis prodigia instauraret, eumdem singulari cultu prosequeretur, ejusque auxilium in hisce christianæ reipublicæ necessitatibus enixius imploraret.

XXIX. Ne autem de decreto, definitione, adscriptione, statuto, concessione, aliisque præmissis, pro eo quod ipsius Clementis prædecessoris literæ, ejus superveniente obitu, confectæ non fuerunt, valeat quomodolibet hæsitari : volumus et apostolica auctoritate decernimus, quod decretum, definitio, adscriptio, statutum, concessio aliaque præmissa a dicta die quarto kalendas maii suum consequantur effectum, ac si super illis ipsius Clementis prædecessoris literæ sub data ejusdem diei confecta fuissent, prout superius enarratur. Quodque præsentes literæ ad probandum plene decretum, definitionem, adscriptionem, statutum, concessionem, aliaque præmissa ubique sufficiant, nec ad id probationis alterius adminiculum requiratur.

XXVIII. Il convenait donc que le même Pape Clément, notre prédécesseur, rendît mille actions de grâces au Dieu très-bon et très-grand, de qui procède toute grâce excellente et tout don parfait, de ce qu'il avait daigné combler Pierre, son serviteur, de toutes ses bénédictions spirituelles, afin qu'il fût saint et immaculé en sa présence, et qu'il courût dans la voie des commandements divins d'un cœur généreux et avec un ardent amour; et de ce qu'après avoir accordé à notre siècle, dans sa divine miséricorde, un modèle qui a renouvelé les prodiges de sainteté des temps primitifs, il l'eût élevé aux honneurs d'un culte particulier, et eût porté les fidèles à implorer son secours avec ferveur dans les besoins actuels de la république chrétienne.

XXIX. Mais pour qu'il ne puisse y avoir aucun doute sur le décret, la définition, l'inscription au martyrologe, les prescriptions et les permissions, et les autres choses sus-énoncées, à raison de ce que la mort a empêché le même Pape Clément, notre prédécesseur, de publier ses Lettres, Nous voulons et Nous statuons, en vertu de l'autorité apostolique, que les susdits décrets, définition, inscription au martyrologe, prescriptions et permissions sortissent leur effet à partir dudit quatrième jour des calendes de mai, comme si les Lettres du Pape Clément, notre prédécesseur, à ce sujet, eussent été publiées à cette date, de la manière sus-indiquée; et que les présentes Lettres suffisent partout à confirmer pleinement lesdits décret, définition, inscription

XXX. Cæterum quia difficile foret præsentes nostras literas ad singula loca, ubi opus esset, deferri : volumus ut earum exemplis etiam impressis, manu publici notarii subscriptis, et sigillo alicujus personæ dignitate ecclesiastica constitutæ munitis, eadem ubique fides habeatur, quæ ipsis præsentibus adhiberetur, si essent exhibitæ vel ostensæ.

XXXI. Nulli ergo omnino hominum liceat hanc paginam nostrarum voluntatum et decreti infrangere vel ei ausu temerario contraire. Si quis autem hoc attentare præsumpserit, indignationem omnipotentis Dei ac beatorum Petri et Pauli apostolorum ejus se noverit incursurum.

Datum Romæ, apud S. Petrum, anno Incarnationis Dominicæ 1670, quinto idus maii, pontificatus nostri anno primo.

† Ego CLEMENS,
Catholicæ Ecclesiæ Episcopus.

Sequuntur subscriptiones 59 cardinalium, episcoporum, etc., sanctæ Romanæ Ecclesiæ.

Juxta exemplar magni Bullarii Romani, quod Lugduni prodiit 1673, sumpt. Laur. Arnaud et Petri Borde.

au martyrologe, prescriptions, permissions, etc., de sorte qu'aucune autre confirmation ne soit requise.

XXX. Au surplus, comme il serait difficile que nos présentes Lettres parvinssent dans tous les endroits où cela serait nécessaire, Nous voulons que leurs copies, même imprimées, pourvu qu'elles soient signées de la main d'un notaire public, et revêtues du sceau d'une personne quelconque constituée en dignité ecclésiastique, obtiennent la même foi que les présentes, si elles étaient représentées ou exhibées.

XXXI. Qu'il ne soit donc permis à qui que ce soit d'enfreindre cet écrit, contenant nos volontés et notre décret, ou de le combattre par une présomption téméraire ; que celui qui oserait s'arroger ce droit, sache qu'il encourra l'indignation du Dieu tout-puissant, et des Bienheureux apôtres Pierre et Paul.

Donné à Rome, à Saint-Pierre, l'an de l'Incarnation 1670, le cinquième jour des ides de mai, dans la première année de notre pontificat.

† Moi, CLÉMENT,
Évêque de l'Église catholique.

Suivent les signatures de 59 cardinaux, évêques, etc., de la sainte Église Romaine.

Conforme à l'exemplaire du grand Bullaire Romain, publié à Lyon, en 1673, par Laurent Arnaud et Pierre Borde.

TABLE DES MATIÈRES

CONTENUES DANS LE VOLUME.

Préface. v

Chap. I. Naissance du Saint. — Son enfance. — Premiers indices de sainteté. — L'université de Salamanque. — Vocation religieuse. — Entrée dans l'Ordre séraphique. 1

Chap. II. Prise d'habit au couvent de Manjarès. — Noviciat. — Vertus héroïques. — Le Saint prononce ses vœux. — Il est chargé de divers emplois. — La pauvreté considérée du point de vue de la foi. . . 10

Chap. III. Le Saint est envoyé à Belvis. — Prodigieuses austérités. — Il préside la fondation du couvent de Badajoz, et gouverne cette maison. — Extases admirables. 25

Chap. IV. Promotion aux Ordres sacrés. — Lettres patentes de prédicateur. — Le couvent de Notre-Dame-des-Anges. — Prédications en Estremadure. — Diverses conversions. — Le couvent de Plasencia. — Guérison miraculeuse. — Pierre Cordova. — Les dîners du comte de Mirabel. — Une extase. 32

Chap. V. Le Saint gouverne pour la seconde fois le couvent de Badajoz. — Prédications, catéchismes, plantations de croix. — Le couvent de San-Onofre-de-la-Lapa. — Publication du *Traité de l'oraison*. — Popularité des écrits du Saint. — Un mot de la reine Christine de Suède. 43

Chap. VI. Procès à soutenir. — Voyages à Plasencia et à Alcantara. — Guérison miraculeuse du jeune don Fernand de Ponz de Léon. — Une vision d'Agnès Vaez. — Retour par Zarza. — Double voyage à Lisbonne. — Le roi Jean III, l'infant don Louis, l'infante dona Maria. — Dissensions apaisées à Alcantara. — Nourriture miraculeuse. . . 50

Chap. VII. Le Saint est élu Provincial. — Il visite la province de Saint-Gabriel. — Réforme. — Fondations diverses. — Départ pour Mantoue.

— Une maladie l'arrête à Barcelone. — Retour. — Apparition angélique.. 57

CHAP. VIII. Le F. Martinho de Santa-Maria. — Fondation de l'Arabida. — Fondation de Palhaës. — Pierre d'Alcantara maître des novices. 64

CHAP. IX. Retour en Estremadure. — Voyage à Belvis. — Obsèques de don François de Monroi. — Visite au comte de Oropesa. — Extases. — Nouveau voyage à l'Arabida. — Prédications à Lisbonne. — Le P. Louis de Grenade. — Piété de l'infant don Louis. — Don Louis de Losa. — Fondation à Casaricca. — Juan de Aquila supérieur de la custodie de l'Arabida. 70

CHAP. X. Voyage à Plasencia. — La Guadina miraculeusement traversée. — Une assemblée à Xerès de los Cavalleros. — Chapitre général de l'Ordre à Salamanque. — La comtesse de Oropesa ; prédiction réalisée. — Le vénérable Juan d'Avila. — Voyage à Séville. — Le P. Gaspard de Saint-Joseph. 77

CHAP. XI. Le Saint se sépare de la province de Saint-Gabriel. — Projet d'une observance plus rigoureuse. — Bref du pape Jules III. — Don Diego Henriquez de Almansa, évêque de Coria. — L'ermitage de Sainte-Croix de Cevola. — Extases et ravissements. — Promenades du soir. — Fontaine de Saint-Pierre d'Alcantara. 83

CHAP. XII. Situation morale et religieuse de l'Europe au XVIe siècle. — L'Espagne préservée des invasions du protestantisme. — Le Saint se rend à Rome. — Il obtient un bref du pape Jules III. — Retour en Espagne. — Cruelles épreuves. 91

CHAP. XIII. Le Saint fonde au Pedroso le premier couvent de la réforme. — Historique de cette fondation. — Voyage à Avila. — Noces d'un gentilhomme. — Ravissement admirable. — Un procès devant l'évêque de Plasencia. — Maladie. — Rivière miraculeusement traversée. — Inauguration du couvent du Pedroso. 101

CHAP. XIV. Austérité du régime du Pedroso. — Dévotion du Saint pour le mystère de la Passion. — Adjonction de quatre couvents. — Pierre nommé Commissaire général de la réforme. — Deux fondations du comte de Oropesa. — Un mort rendu à la vie. — Premier Chapitre général. — Le duc de Lerme. — Notre-Seigneur ordonne au Saint de se rendre à Avila, près de sainte Térèse. 107

CHAP. XV. Sainte Térèse. — Son enfance. — Son entrée au couvent de l'Incarnation d'Avila de l'Ordre du Carmel. — Grave maladie. — Guérison miraculeuse. — Tiédeurs. — Vie nouvelle. — Extases. . . 115

CHAP. XVI. Afflictions de sainte Térèse. — La Sainte est accusée d'illusion. — Ses confesseurs se méprennent sur le caractère des grâces dont elle est comblée. — Saint Pierre d'Alcantara redresse sur ce point l'opinion. — Il prend ouvertement, dans Avila, la défense de la séraphique Mère. — Portrait du Saint par sainte Térèse. 121

CHAP. XVII. Voyage à Valladolid. — La princesse Jeanne d'Autriche. — Une mourante consolée. — Le couvent de Villaviciosa. — L'Almonte et le Tage traversés miraculeusement. — Nouvelles afflictions de sainte Térèse. — Admirable écrit du Saint. 131

CHAP. XVIII. Inauguration du couvent du Rosaire. — Incendie miraculeusement éteint. — Voyage à Madrid. — Annulation d'un édit du Conseil royal. — Présence miraculeuse du Saint dans deux endroits à la fois. — Prorogation des fonctions de Commissaire général. — Nouveau voyage à Rome. 142

CHAP. XIX. Retour au Pedroso. — Arbre miraculeux. — Notre-Seigneur ordonne à sainte Térèse de s'occuper de la réforme du Carmel. — Opposition violente. — Le Saint consulté. — Voyage à Avila. — Portrait de don François de Salcedo. — Isabelle de Ortega appelée à la vie religieuse. 147

CHAP. XX. Courses apostoliques. — Voyage à Avila. — Conseils à sainte Térèse. — Extase sublime. — Antoinette de Enao et Marie de la Paix. — Fondation de Aldea del Palo. — Rescrit délivré par le Saint. — Le couvent du Rosaire cerné par les neiges. — Pains miraculeux. . 153

CHAP. XXI. La Custodie de Saint-Joseph érigée en province. — Constitutions nouvelles. — Fondation d'Arenas. — Le Duero miraculeusement traversé. — Litige déféré au tribunal de l'Évêque d'Avila. — Le Saint gagne sa cause. — Un dîner chez sainte Térèse. — Extases. — Visions. 159

CHAP. XXII. Retour à Arenas. — Une station à el Baraco. — Pluie miraculeuse. — La vue rendue à une aveugle. — Les PP. Gaspard de Saint-Joseph et Diego de Marciado. — Piété et simplicité des princesses Jeanne d'Autriche et dona Maria de Portugal. — Le P. Louis de Grenade consulte notre Bienheureux. — Apparition de Pierre à sainte Térèse. — Fin prochaine de Pierre révélée à la bienheureuse Mère. — Voyage à Avila. — Neige miraculeuse. 167

CHAP. XXIII. Sainte Térèse à Tolède. — Dona Luisa de la Cerda. — Le Saint va à Tolède. — Il conseille de fonder le nouveau Carmel sans revenus. — Il se rend à Avila pour cette affaire. — Lettre de lui à l'Évêque d'Avila. 175

CHAP. XXIV. Deux fondations dans le royaume de Valence. — Le couvent de Caldahalso. — Manœuvres du démon et des ennemis de la Réforme. — La Réforme passe sous la juridiction du Ministre général de l'Observance. — Fondation de Paracuelos. — Érection de deux nouvelles Custodies. — Voyage à Avila. — Admirable lettre du Saint. — Marie d'Avila. — Prédiction réalisée. 181

Chap. XXV. Séjour à Arenas. — Courses apostoliques. — Le Saint tombe en défaillance à Monbeltrano. — Voyage à Avila. — Patience sublime. — Persécution apaisée. — Entrevue de sainte Térèse et de l'Évêque d'Avila. — Inauguration de la Réforme du Carmel. 190

Chap. XXVI. Vertus du Saint. — Foi. — Espérance. — Charité. — Pureté. — Humilité. — Esprit de pauvreté. — Patience. — Mortification. — Douceur. — Joie spirituelle. 202

Chap. XXVII. Oraison. — Extases, ravissements, élévations corporelles. — Résumé du Traité de l'Oraison. 212

Chap. XXVIII. Dévotion du Serviteur de Dieu pour la très-sainte Eucharistie et la très-sainte Vierge. — Puissance de sa parole. — Intuition de l'avenir. — Vénération dont il est l'objet. — Ses relations avec la princesse Isabelle de Portugal et saint François de Borgia. . . 223

Chap. XXIX. Le Saint visite divers couvents. — Il tombe malade à Villaviciosa. — Le comte de Oropesa fait transporter le Serviteur de Dieu à son château. 230

Chap. XXX. Héroïsme de Pierre d'Alcantara. — Il écrit pour la dernière fois à sainte Térèse. — Il écrit à l'infant don Louis et à l'infante doña Maria. — Il reçoit les derniers sacrements de l'Église. — Il prend congé de ses Frères et leur donne sa bénédiction. — Il rend à Dieu sa grande âme. 234

Chap. XXXI. Le Saint, après sa mort, apparaît à sainte Térèse. — Cérémonie des funérailles. — Inhumation du corps dans l'église des Franciscains d'Arenas. 245

Chap. XXXII. Vie posthume du Saint. — Ouverture de son tombeau. — Miracles opérés par son intercession. — Il est déclaré Bienheureux. — Il est canonisé et inscrit au rang des Saints. — Conclusion. . . 249

Texte de la Bulle de canonisation. 262

FIN DE LA TABLE DES MATIÈRES.

Paris. — Imprimerie W. REMQUET et Cie, rue Garancière, n. 5.

www.ingramcontent.com/pod-product-compliance
Lightning Source LLC
Chambersburg PA
CBHW072012150426
43194CB00008B/1085